Die besten Pferdegeschichten

Jo Pestum

Inhalt

Im Sommerwind

Inhalt

Das Fest der Pferde

Die junge Stute war ziemlich nervös. Kein Wunder bei so vielen Zuschauern, die die große Wiese umringten! Aber das Mädchen in sandfarbenen Jeans lächelte gelassen und führte das trippelnde Pferd am Halfter auf die Holzklötze zu, die in meterweiten Abständen im Gras aufgereiht lagen. Und als das Pferd begriff, dass hier eine kleine Bodenaufgabe zu lösen war, verlor es auf einmal alle Aufgeregtheit. In wacher Aufmerksamkeit trat es in beinahe rhythmischen Schritten über die Klötze und nahm dann unter eifrigem Nicken die lobenden Klapse des Mädchens entgegen.

Die Jungen und Mädchen, Frauen und Männer, die auf den Zuschauerbänken saßen, spendeten fröhlich Beifall. Am heftigsten klatschte Lena. Ja, das gefiel ihr, was hier auf dem Freizeitreiter-Festival geschah! So spielerisch hatte sie sich schon immer den Umgang der Menschen und der Pferde vorgestellt.

„Hast du gesehen, wie die Stute ihre Angst verloren hat?", rief sie Annette zu. „Sie hat einfach Vertrauen zu dem Mädchen. Ganz ohne Zwang löst sie die Aufgabe, macht einfach das Spielchen mit, weil es ihr Spaß macht."

„Ich hab's gesehen", antwortete Annette und verdrehte

gelangweilt die Augen. „Kleinigkeit! Soll das vielleicht eine ernsthafte Aufgabe sein? Über so ein paar Klötzchen laufen, ph! Das kann doch ein Blinder mit Krückstock. Unter Pferdesport stelle ich mir was anderes vor."
„Das hier hat mit Pferdesport nichts zu tun", fauchte Lena, „und das ist auch gut so. Pferde sind keine Sportgeräte. Warum bist du denn überhaupt mitgekommen, wenn du bloß auf Leistungssport scharf bist?"
Annette schob sich einen Kaugummi in den Mund und zuckte mit den Schultern. „Ich weiß es selber nicht. Vielleicht hatte ich mir eingebildet, hier wär richtig was los."
Die beiden Freundinnen hatten schon immer völlig unterschiedliche Vorstellungen vom Umgang mit Pferden. Leistung: Das war das Stichwort für Annette. Jugendreiterabzeichen, Turniere, Leistungsprüfungen, erste Preise, Einzel- oder Mannschaftsspringen, Herausforderung im Parcours, möglichst oben zu stehen bei der Siegerehrung. Annettes Ansichten vom Springsport hatten eindeutig vor allem mit Ehrgeiz zu tun. Der Reiter trage die Verantwortung und müsse wissen, bis zu welcher Leistungsgrenze er sein Pferd antreiben kann, meinte sie, und das Pferd habe sich unterzuordnen und müsse die Befehle des Reiters gehorsam befolgen.
Annette war sich ihrer Sache ganz sicher, dass die Reiterinnen und Reiter ihren Pferden unmissverständlich ihren Willen aufzwingen müssten, weil nur so jenes blinde Vertrauen entstehen könne, auf das es im Pferdesport

entscheidend ankomme. Klar, Annette überforderte ihren herrlichen Fuchswallach Odin nicht, sie sorgte sehr gut für das Pferd. Aber wenn sie in der Reithalle oder auf dem Übungsplatz an den Hindernissen trainierte, kam ihr niemals die Frage in den Sinn, ob auch Odin Lust hatte an der anstrengenden Springerei.

Lena sah das alles ganz anders. Sie würde niemals ein Pferd zu einer Leistung zwingen, die es nicht auch von Natur aus und mit der eigenen Lust an der Bewegung bringen könnte, und zwar ohne Hilfszügel und scharfe Gebisse und Sporen und Gerten. Sie wusste, dass Pferde eigentlich Fluchttiere waren und niemals ohne Not hohe Hindernisse überspringen würden. Also hatte sie auch kein Verständnis dafür, dass die Menschen ihren eigenen Ehrgeiz befriedigten und dazu die Tiere missbrauchten.

Der Reitlehrer hatte einmal über sie gespottet, sie beherrsche sämtliche Sitzfehler wie im Schlaf und hänge wie ein Apache auf dem Pferd. Da hatten nur die anderen gelacht. Lena hatte die Rüge beinahe als Kompliment aufgefasst. Ja, wie eine Indianerin auf dem Pferd sitzen, locker und möglichst ohne Sattel, und Schritt für Schritt jede Bewegung des Pferdes mit dem eigenen Körper aufnehmen und so eins werden mit dem Tier: Das war Lenas Vorstellung vom Glück auf dem Rücken der Pferde. Und die Indianerin Lena liebte es, auf Rajas Rücken langsam durch die Wiesen zu reiten und sich und die alte Stute zu spüren.

Miteinander geht es besser: So lautete das Motto des Freizeitreiter-Festivals in Reken. Lena hatte die Mutter nicht lange bitten müssen, mit ihr zu diesem Fest der Pferde zu fahren, und dann hatte Annette plötzlich erklärt, sie wolle auch mit. Hunderte von Zuschauern waren gekommen und hatten genauso wie Lena ihre Freude an dem bunten Spiel auf dem Rasen. Doch während alle anderen voll Spannung und Begeisterung zuschauten, nörgelte Annette mit Miesepetergesicht herum. Lena verstand das nicht.

Da wurde Lena auf einmal aus ihren Gedanken gerissen, denn Annette stieß ihr den Ellenbogen in die Rippen und begann wie Donald Duck unter Starkstrom zu zappeln.

„Also, das find ich jetzt echt Klasse!“, rief Annette bewundernd aus. „Das ist cool!“ Sie zeigte aufgeregt zu den jungen Reiterinnen und Reitern hinüber, die auf ihren Pferden in breiter Kette in schnellem Tempo auf niedrige Hindernisse zustrebten.

„Dass die sich das trauen!“ Lena hielt den Atem an.

Ja, das war ein hinreißendes Bild. Die jungen Leute mussten absolutes Vertrauen zu ihren Pferden haben; sie gebrauchten nicht die Zügel, sondern ritten mit weit ausgebreiteten Armen auf die kleinen Hürden zu. Und die Pferde sprangen!

Die Menge jubelte, die Reiterinnen und Reiter winkten fröhlich, und es sah fast so aus, als ob auch die Pferde ihren Spaß an der Darbietung gehabt hätten.

Anschließend versank Annette wieder in gelangweiltes Schweigen. Das turbulente Programm, das die vielen Hobbyreiter mit ihren Pferden und Ponys den zahlreichen Zuschauern boten, reizte sie nicht besonders. Außerdem setzte ihr die pralle Nachmittagssonne zu. Annette glättete mit den Fingern ihr weißblondes kurzes Haar und döste vor sich hin.

Lena allerdings ließ sich weiter verzaubern von dem farbigen Geschehen auf der Wiese. Pferde der unterschiedlichsten Rassen und Größen wurden dort vorgeführt und zeigten wie im Spiel, was sie gelernt hatten. Besonders die Kinder hatten ihren Spaß an den Gespannen und an der Demonstration der verschiedenen Reit- und Fahrstile. Pummelige Ponys trippelten geschickt durch Reifen und zwischen bunten Bällen. Erfahrene Reiterinnen und Reiter führten vor, wie sie ihre Tiere ohne Zügel und nur mit dem Halsring und leichtem Druck der Schenkel lenken konnten.

Das hatte Lena begriffen, dass die Freude für Pferd und Reiter und natürlich auch für die vielen, vielen Zuschauer der Sinn dieses Festes war, doch sie erkannte auch, dass für all das, was so leicht aussah, fundiertes Wissen, geduldiges Üben und ein über lange Zeit gewachsenes Vertrauensverhältnis die Voraussetzungen waren.

„Rutsch mal ein Stück!“, forderte da plötzlich eine Stimmbruchstimme schräg über Lenas Kopf. Und bevor

Lena nachschauen konnte, zu wem diese Stimme gehörte, platschte ein nasser Strahl auf ihre Schenkel. Mit einem spitzen Schrei fuhr Lena hoch.
„Oh, v-v-verdammt!", stammelte der schlaksige Junge, der da auf einmal neben Lena stand. „Tut mir Leid. Aber Colaflecke gehen locker raus beim Waschen. Hier, nimm mal 'nen Schluck!"
Der Junge, der vor Verlegenheit rot geworden war bis zu den Ohren, hielt Lena seine Colaflasche hin. Sein Dackelblick hinter den Brillengläsern schien zu bitten: Sei nicht sauer! Aber seine Lippen zuckten so, als könnte er sich das Grinsen kaum verkneifen. Der Junge war einen Kopf größer als Lena. Sein schweißnasses Haar war beinahe so dunkel wie Lenas dicker Haarschopf. Auf seinem blauen T-Shirt leuchtete pinkfarben die Schrift *Pass bloß auf!*
Lena deutete mit der linken Hand auf ihre feuchten Jeans und mit der rechten auf die merkwürdige Aufschrift. „Wenn du schon mit solchen Parolen rumläufst, solltest du dich auch dran halten." Sie lachte.
Da lachte auch der Junge. „Ich bin der Familientölpel. Wenn bei uns jemand beim Essen kleckert, dann bin ich das immer. Noch böse?"
Lena schüttelte den Kopf. Sie dachte: Und bei uns zu Hause ist Pitt der Kleckerweltmeister. Dann griff sie, ohne lange zu überlegen, nach der Colaflasche des fremden Jungen und nahm einen tiefen Schluck. Plötzlich

spürte sie die Schmetterlinge im Bauch und das lag nicht an der Cola.

Dann quetschte sich der Junge neben Lena auf die Holzbank und sagte: „Ich heiße übrigens Wanja."

Annette war längst hellhörig geworden. Das gefiel ihr gar nicht besonders, was sich da neben ihr abspielte. „He, und was ist mit mir?", fragte sie brummelig. „Krieg ich nichts zu trinken?"

Lena reichte die Colaflasche weiter an Annette. Zu Wanja sagte sie: „Das ist meine Freundin Annette. Sie hat miese Laune, weil's hier keine spektakulären Stürze gibt. Sie liebt nämlich Mächtigkeitsspringen und solchen Käse."

„Hör schon auf!", zischte Annette.

„Und du?", wollte Wanja wissen.

„Ich?" Lena stieß die Luft aus den Backen. „Ich finde Springturniere bescheuert!"

„Das meine ich nicht." Der Junge kicherte. „Wie heißt du?"

„Lena."

„Schöner Name! Und was du für ein cooles Stirnband hast!"

Verwirrt dachte Lena: Warum hört das doofe Kribbeln im Bauch nicht endlich auf? Es gibt doch nicht den klitzekleinsten Grund, so aufgeregt zu sein. Oder? Ein fremder Junge sitzt neben mir. Na und? Und er hat mir mit seiner blöden Cola die Jeans nass gespritzt. Na und? Sie

sagte: „Wanja klingt aber auch nicht schlecht. So heißt nicht jeder."
„Ja, stimmt." Der Junge tippte mit dem Zeigefinger auf Lenas Knie. „Wohnst du auch hier in der Gegend? Ich meine ... Also, ich frag bloß, weil ich dich noch nie bei solchen Reiter-Festivals gesehen hab."
Es war ein bisschen so, als versetzte der Finger ihr einen elektrischen Schlag. Schnell antwortete Lena: „Ich wohne in Uhlendorf. Nicht so richtig im Ort, verstehst du? Paar Kilometer außerhalb. Eigentlich stamme ich ja aus der Stadt, aber vor einem Jahr, da sind wir aufs Land gezogen, weil wir so einen alten Pferdehof ..."
Wanja fiel ihr überrascht ins Wort. „Meinst du etwa den berühmten Pferdehof? Sag bloß, da wohnst du! Ist ja irre. Mensch, Lena, da beneide ich dich aber!"
„Kennst du den Pferdehof?", fragte Lena erstaunt.
„Den kennt doch jeder!" Wanja fasste nach Lenas Arm. „Manchmal, also, manchmal reite ich dort in der Gegend rum, und dann schaue ich mir aus der Ferne den Pferdehof an und wünsche mir jedes Mal: Verflucht, Junge, warum hast du nicht das Glück, auf so 'nem astreinen Hof zu wohnen? Irgendwann schaffst du das aber mal! Doof, nicht? Wünschen hilft nur im Märchen. Ich wohne übrigens in Billerbeck."
Lena pfiff anerkennend durch die Zähne. „Da machst du aber lange Ausritte. Vom Pferdehof bis nach Billerbeck, das ist ziemlich weit."

„Und von Billerbeck bis zum Pferdehof ist's genauso weit." Wanja verzog das Gesicht, weil er seine Bemerkung nicht besonders witzig fand. Rasch fügte er hinzu: „Ich mag es halt, so allein durch die Gegend zu reiten. Da leg ich mit meinem Crazy Horse manchmal ganz schön weite Strecken zurück." Er blinzelte in die Sonnenstrahlen.
„Crazy Horse?" Lena starrte Wanja verwundert an. „Heißt dein Pferd so?"
„Komischer Name", sagte Wanja, „ich weiß. Aber ich hab ihn so genannt, weil er manchmal richtig verrückt ist, weil er so ein seltsam geschecktes graues Fell hat und weil es einen berühmten Indianerhäuptling gab, der Crazy Horse hieß. Das sind die Gründe. Darum hab ich mein tolles Pferd so genannt. Weißt du übrigens, dass du auch so ein bisschen was Indianisches an dir hast? Wie du so aussiehst, mein ich."
Ja, wollte Lena rufen. Sie wollte antworten: So will ich auch aussehen, wie eine Indianerin. Doch sie legte nur den Kopf schief und sagte: „Quatsch!" Und ehe der Junge widersprechen konnte, redete sie schnell weiter. „Wenn du mal wieder in unserer Gegend bist, dann kannst du uns doch besuchen kommen mit deinem Crazy Horse. Ich zeige dir den Pferdehof und unsere Tiere. Wir haben nämlich auch Pferde und ..." Lena brach ab, weil sie auf einmal vor ihrer eigenen Schwatzhaftigkeit erschrak. Wie kam sie überhaupt dazu, den

fremden Jungen aufzufordern, sie zu besuchen! Jetzt war sie an der Reihe, rot zu werden. Die Schmetterlinge tobten im Bauch.

„Mache ich glatt“, sagte Wanja. Ihm schien die Idee zu gefallen. „Aber wenn jetzt die Sommerferien anfangen, geht für mich die Maloche los. Ich krieg ’nen Ferienjob bei der Molkerei. Keine Ahnung, ob ich dann Zeit für lange Ausritte haben werde.“ Und als ob er Lena eine Erklärung schuldig wäre: „Für mein Pferd und seinen Unterhalt muss ich nämlich selber aufkommen. Meine Eltern haben’s nicht so dicke.“

„Könnt ihr zwei Großmäuler nicht mal einen Moment die Klappen halten?“, schimpfte Annette. „Schaut euch mal diese Superhengste an! Richtige Prachtexemplare sind das. Wow, da könnte ich glatt ausflippen!“ Und auf einmal hatte Annette nur noch Augen für die Vorstellung auf der Wiese.

Lena und Wanja waren still geworden und mit ihnen all die Leute auf den Zuschauerrängen, denn ihnen bot sich ein beeindruckendes Bild. Ein junger Mann auf einem Lipizzaner und eine junge Frau auf einem Andalusierhengst kamen ins Areal geritten. Anmut, Schönheit, Kraft: solche Wörter fielen Lena ein.

Die Moderatorin, die im Namen der Veranstalter den ganzen Nachmittag über witzig und kenntnisreich die Vorführungen erklärt hatte, verkündete über die Lautsprecheranlage: „Der Umgang mit Pferden ohne sportlichen Ehrgeiz bedeutet ganz und gar nicht, dass die Leistungen zweitklassig sind. Bitte, überzeugen Sie sich selbst vom Gegenteil! Was nun kommt, kann für viele Pferdefreunde ein Vorbild sein. Eine Spitzenleistung der toleranten Art, ganz ohne Stress!“ Dann nannte sie die Namen der Pferde, der Reiterin und des Reiters.

Die beiden Paare demonstrierten klassische Dressur in höchster Vollendung, doch mit den genormten Zwängen, die man sonst bei vielen Dressurwettbewerben sehen kann, hatte dies nur wenig zu tun.

Die Reiterin und der Reiter zeigten geradezu tänzerische Figuren ganz anderer Art, voll Harmonie und spielerischer Vielfalt, und das alles war neu und überraschend, als ob die beiden Hengste sich diese Reigen und graziösen Schrittbewegungen selber ausgedacht hätten.

Wanja flüsterte Lena ins Ohr: „Den Reiter kenne ich. Bei ’nem Seminar neulich hat er gesagt, den Zwang der herkömmlichen Dressur im Turnierbetrieb finde er ausgesprochen dumm. Die vorgegebenen Figuren schränkten die Fantasie des Reiters und die natürlichen Bewegungen des Pferdes ein. Seine Kreativität und das Vergnügen seines Lipizzaners würd er sich doch nicht kaputtmachen lassen von verknöcherten Punktrichtern, die ihm vorschreiben wollen, wie oft das Pferd auf der Stelle treten muss und mit welchen Muskeln es zu zucken hat. Und Zylinderhüte und solchen albernen Schnickschnack findet er außerdem beknackt. Das hat er auch gesagt.“

Lena nickte nur. Sie schaute und schaute und wiegte den Kopf im Rhythmus der tanzenden Pferde.
Zum Schluss des Festes gab es eine Quadrille der verschiedenen Pferderassen. Stämmige töltende Isländer waren genauso dabei wie ausgreifende Traber, großrahmige Warmblüter und zierliche edle Araber. Die großen und kleinen Zuschauer jubelten dazu. Ein wunderbares Festival war zu Ende.
Und auf einmal war Wanja verschwunden. So plötzlich, wie er aufgetaucht war, so plötzlich war er im allgemeinen Gedränge untergetaucht. Nur die Colaflasche stand auf der Bank und erinnerte daran, dass dort gerade noch ein schlaksiger Junge gehockt hatte mit der komischen Aufschrift auf dem T-Shirt *Pass bloß auf!*
Verwirrt guckte Lena auf ihre Schuhspitzen. Schämte sie sich etwa? Sie konnte das Gefühl, das sie nun überkam, nicht recht deuten. Eine Mischung aus Erleichterung und Enttäuschung war das – vielleicht.
Annette lachte. „Na, der Typ ist aber schnell verduftet! Wie kann man nur Wanja heißen!"
Lena gab keine Antwort.
Die beiden Mädchen eilten zur Pappelchaussee, wo links und rechts in schier endlosen Reihen die Autos der Besucher parkten. Schon von weitem sah Lena das gelbe Leinenkleid der Mutter leuchten. Hanna verabschiedete sich gerade von ein paar Leuten aus der Coesfelder Naturschützer-Gruppe. Lena erkannte den quirligen Mann,

dessen Namen sie nicht wusste, weil er von allen nur Öko-Nana genannt wurde, und die hoch aufgeschossene Bibliothekarin Malchen Bix, die als Spezialistin für einheimische Vogelarten galt.

„Rein in die gute Stube!“, rief Hanna den Mädchen zu. Sie hatte Türen und Fenster des alten Volvo-Kombi weit geöffnet, damit der leichte Wind die Gluthitze vertreiben konnte, die sich im Laufe des langen Nachmittags im Wageninneren angestaut hatte.

Annette und Lena hockten sich auf die hintere Sitzbank. Hanna brauchte fast eine Viertelstunde, bis sie den Volvo aus dem Pulk der anderen Autos manövriert hatte. Alle schienen es auf einmal ungeheuer eilig zu haben. Später ließ sie den Wagen gemächlich durch die blühende Sommerlandschaft rollen. Der Heimweg war ja nicht weit, höchstens eine halbe Stunde.

„Wie hat es euch gefallen?“, fragte Hanna. „Ich fand’s zauberhaft schön.“

„Ich auch!“, rief Lena. „All die schönen Pferde!“

„Und du, Annette?“ Hanna wandte den Kopf nach hinten.

„Och, so mittelprächtig. Paar sehr gute Pferde waren ja wirklich dabei, alle Achtung! Aber dieses kindische Gewusel … Na!“

„Annette findet’s nur spannend, wenn die Pferde über haushohe Hindernisse gescheucht werden“, sagte Lena bissig.

„Red doch keinen Mist!“, fauchte Annette die Freundin an. „Hatten wir nicht abgemacht, dass wir uns über dieses Thema nicht mehr streiten wollten? Du hast eben deine Auffassung vom Reiten und ich hab meine.“

„Jetzt käm es bloß noch darauf an, welche Auffassung die Pferde vom Reiten haben“, stichelte Lena. Sie hatte Lust auf Streiten. Das vertrieb die Schmetterlinge im Bauch.

Hatte Annette gespürt, warum Lena auf Zoff aus war? Sie verzog das Gesicht und flötete mit gespitzten Lippen: „Es gibt natürlich auch noch andere Gründe, warum man so ’ne Volksbelustigung überaus reizend und spannend finden kann.“

Lena kniff Annette in den Arm. „Wenn du nicht sofort still bist!“, zischte sie.

Hanna merkte, dass die zwei Mädchen über irgendwelche Heimlichkeiten tuschelten, darum wechselte sie rasch das Thema. „Wirst du in den Ferien verreisen, Annette?“

„Nur für eine Woche“, antwortete Annette. „Ich muss meine langweilige Patentante in Stuttgart besuchen. Wenn ich das nur schon hinter mir hätte! Ich will mich nämlich auf das Herbstturnier in Warendorf vorbereiten. Odin hat ein bisschen Speck angesetzt. Außerdem brauchen meine Eltern mich auf dem Hof. In der Erntezeit müssen alle anpacken.“

„Ich bleibe natürlich zu Hause“, sagte Lena.

Beim großen Gehöft von Schulze-Gehling setzten sie Annette ab. Der Münsterländer im Zwinger hatte das Autogeräusch gehört und tobte wie verrückt. Wieder einmal tat der muntere Hund Lena Leid. Warum der nur immer eingesperrt war!
„Tschüss!“, rief Annette und eilte durch das Hoftor.
Am Rand des Feldwegs protzten Margeriten und Kuckucksklee, Klatschmohn und Butterblumen mit ihren leuchtenden Farben um die Wette. Fasane flatterten keckernd in die Maisfelder hinein. Als die Räder des Volvos den Kies vor der Freitreppe zum Knirschen brachten, flog die Haustür auf und die Wuschelhündin Ronja kam freudig bellend angestürmt. Und hinter ihr her rannte natürlich Pitt.
Lenas Blick wanderte die Backsteinfassade hinauf bis zu den hölzernen Pferdeköpfen am Giebel. „Was für ein Glück, dass ich jetzt hier zu Hause bin!“, flüsterte Lena so leise, dass nur sie es hören konnte. Schnell stieg sie aus dem Wagen und ließ Ronjas Begrüßungsgeschlecke lachend über sich ergehen.
„Gibt’s jetzt endlich was zu essen?“, schrie Pitt.

Morgentau und Bussardschrei

Hatte das Gurren der verwilderten Tauben sie geweckt? Nur allmählich konnte Lena sich aus dem Albtraum befreien, in dem sie über ein froststarres Schneefeld getaumelt war, das kein Ende zu nehmen schien. Die eisige Kälte hatte ihre Beine gefühllos gemacht.
Kein Wunder! Lena kicherte und bibberte zugleich, als sie endlich die Augen aufriss und begriff, dass sie in ihrem Bett war. Die Steppdecke lag auf dem Fransenteppich, irgendwann in der Nacht hatte Lena sie von sich geschüttelt in ihrem unruhigen Schlaf und nun drang kühler Morgenwind durch den Spalt des Kippfensters ins Zimmer. Schnell raffte Lena die Decke an sich und zog Arme und Beine dicht an den Körper, um möglichst rasch warm zu werden.
Wieder und wieder gurrten die Tauben in den hohen Ulmen neben dem Haus. Fahlgraues Licht fiel wie Nebel in Lenas Zimmer. Im Gebälk knackte es leise. Das alte Haus schien zu atmen.
Lena lächelte erleichtert. Die Angst aus dem Traum fiel langsam von ihr ab. Lena war jetzt hellwach.
Sie dachte: Ferien! Ich liege in meinem Bett. Ich könnte die Augen schließen und wieder einschlafen. Der Tag hat noch gar nicht richtig begonnen, und ich habe Zeit, Zeit,

Zeit. Ferien! Also kein Gedanke an die Schule. Ich bin in meinem Wigwam hoch unter dem Dach. Wer außer mir besitzt solch ein zauberhaftes Zimmer? Niemand. Und langsam wurde ihr warm. Behaglich räkelte sie sich unter der weichen Decke. Dann schaute sie minutenlang auf das milchweiße Rechteck der Fensterscheibe und flüsterte das Wort: „Morgengrauen."

Woher auf einmal die Lust kam, aus dem warmen Bett zu hüpfen, wusste Lena nicht und es spielte ja auch keine Rolle. Zuerst knallte sie mit dem Knie gegen die Geheimniskiste, in der sie all ihre Schätze aufbewahrte, dann musste sie sich mächtig anstrengen, um das Fenster aufzureißen, denn der Rahmen hatte sich verzogen.

Prickelnd frische Luft fuhr ihr ins Gesicht. Lena atmete dreimal, viermal tief ein. Tauben stoben mit lautem Flügelschlag davon, der Wind schien zu singen und trieb die Dunstschlieren um die Baumstämme herum. Da schimmerte eine seltsame Helligkeit über den Feldern am Horizont, doch dies war noch nicht die Dämmerung, dieses matte Licht kündigte die Morgendämmerung erst an. Lena dachte: Was da draußen geschieht, gehört noch zur Nacht. Es sah so aus, als ob das Morgengrauen die fahle Halbmondscheibe umhüllte, die dann und wann zwischen den Wolken am Hügelkamm sichtbar wurde und mehr und mehr an Leuchtkraft verlor. Lena lauschte auf das Raunen und Rascheln in den Büschen. Weiter weg, irgendwo hinter der Scheune, ertönte Amselschlag.

Lena schloss zitternd das Fenster. Dann machte sie behutsam die Zimmertür auf, und genau das geschah, was sie erwartet hatte: Ronja stürmte herein.

„Pst!“, flüsterte Lena beschwörend, während sie das wuschelige Fell der Hündin kraulte. „Pst!“ Sie kniete sich hin und nahm Ronjas Kopf zwischen die Hände. „Ganz ruhig, Ronja, hörst du? Ganz leise sein! Wir dürfen die anderen nicht stören. Es ist ja fast noch Nacht.“

Und merkwürdigerweise bellte Ronja nicht ein einziges Mal. Ob sie Lenas Mahnung verstanden hatte? Die Hündin schlief über Nacht immer vor Pitts Bett, doch wenn sich im Haus jemand regte, war sie wie der Blitz zur Stelle. Pitts Zimmertür stand nämlich immer offen.

„Warte hier!“, befahl Lena der Hündin, als sie flink aus dem Schlafanzug schlüpfte und nackt ins Badezimmer huschte.

Zwar gab Lena sich alle Mühe, keinen Lärm zu machen, doch die Wasserspülung rauschte wie ein Wasserfall, der Strahl der Dusche klatschte auf den Kacheln, und Lenas Gegurgel nach dem Zähneputzen gluckerte wie das Kullern eines Truthahns. Dennoch wurde niemand von den Geräuschen aufgeweckt. Pitt atmete unruhig, als müsste er etwas zerkauen. Aus dem Schlafzimmer der Eltern war Hannas rhythmisches Atmen zu hören, in das sich Gregors Schnarchtöne mischten. Lena war sich sicher, dass das vom Pfeiferauchen kam.

Kaum hatte Lena Jeans und Pullover übergestreift, da

trappelte Ronja auch schon die gewundene Holztreppe hinunter in die Wohnhalle. Lena eilte der Hündin nach, obwohl sie noch barfuß war. Ronja hatte nämlich die Angewohnheit, heftig an der Haustür zu kratzen, wenn ihr nicht rasch genug die Tür aufgemacht wurde.
Der große Schlüssel knirschte im Schloss. Die Hündin quetschte sich an Lena vorbei und schoss ins Freie. Zuerst einmal bepinkelte sie sämtliche Rhododendronbüsche, dann eilte sie um die Hausecke voraus zu den Hausweiden und zum Pferdestall, denn selbstverständlich wusste sie, wohin Lena wollte.
Lena stakste vorsichtig über den Kies, der pikste wie ein Nagelbrett unter den Fußsohlen. Als sie die Wiese vor dem großen Hausgarten erreichte, blieb sie erst einmal verwundert stehen. Tau! Das war bisher für sie nur ein Wort gewesen. Doch nun spürte sie, wie das nasse Gras ihre nackten Füße umschmeichelte. Die Kälte biss aber nicht, sondern ließ das Blut erfrischend durch die Adern pulsen. „Ich wate durch den Morgentau", flüsterte Lena kichernd.
Deutlich hoben sich die Pfosten des Zauns von der farblosen Fläche der Weide ab. Tewes hatte die Gatter so gestellt, dass die Pferde nach Belieben von den beiden Hausweiden aus in den offenen Stall wechseln konnten. Offenbar hatten die drei Haflinger die Nacht draußen verbracht. Sie ruhten im Gras und standen auch nicht auf, als Lena über den Zaun geturnt war und sich ihnen

langsam näherte. Ronja umtanzte derweil den Ziegenbock Xerxes so lange, bis der endlich die Aufforderung zum Kampfspiel annahm und auf die Beine sprang. Die beiden rauften gern.

Lena berührte mit der Hand nacheinander die warmen Leiber der Pferde. „Hallo, Motte! Hallo, Benno! Hallo, Mux, du kleiner Spinner! Wollt ihr Schlafmützen nicht allmählich aufstehen?“

Sie wollten nicht. Noch nicht.

Lena ging weiter durch den Morgentau zum Stall hinüber, der in dem milchigen Frühdunst wie ein Schiff im Nebel wirkte. Einmal trat sie mit dem rechten Fuß in einen Haufen Pferdeäpfel, einmal stapfte sie mitten in eine Distel. Schon wollte sie losschimpfen, doch da erschrak sie.

Etwas Großes hockte da auf einem Pfahl.

Lena spürte ihren Herzschlag plötzlich im Hals. Wie erstarrt schaute sie das geheimnisvolle Etwas an, das da keine zehn Schritte von ihr entfernt war und sich fast unmerklich bewegte. Ein verrückter Gedanke schoss Lena durch den Kopf: Da sitzt ein Kobold!

Aber da stieß der Kobold einen schrillen Schrei aus, breitete mächtige Flügel aus und erhob sich mit pfeifendem Schwingenschlag von seinem Sitzplatz. Auch Lena schrie, obwohl sie in diesem Augenblick erkannte, dass der Kobold ein Bussard war, der wahrscheinlich auf Mäuse gelauert hatte.

Aufgeregt bellend raste Ronja dem großen Vogel nach, der flach über Gras und Buschwerk strich und dann im Grau verschwand. Noch einmal schrie der Bussard, doch da war er schon weit entfernt. Lena pustete die Luft aus den Backen und lachte sich selber aus. Der Wind trieb die milchigen Schwaden vor sich her. Über den weich geschwungenen Hängen im Osten kündigte ein rosa Streifen das Licht an. Von Gerlinghoffs Hof her, der weit hinter dem Erlenbruch lag, krähte aufgeregt ein Hahn. Vielleicht wird es ein schöner Tag, dachte Lena.

Unter der Stalltür stand Raja zur Begrüßung bereit. Die alte Stute verbrachte die Nächte niemals im Freien. Offenbar spürte sie instinktiv, dass die Feuchtigkeit nicht gut war für ihre Knochen. Lena wusste auch, dass Raja im Stehen schlief. Tewes hatte ihr erklärt, dass die meisten alten Pferde es so halten, weil sie Schwierigkeiten haben, wieder auf die Beine zu kommen.

„Raja, meine liebe Freundin!", rief Lena schmeichelnd. Sie knipste im Stall das Licht an. „Hast du auf mich gewartet?" Behutsam schlang sie die Arme um Rajas Hals und legte das Gesicht an die Mähne der Stute. So stand sie minutenlang, saugte den vertrauten Geruch des Pferdes ein und lauschte auf den Atem, der unregelmäßig und rau ging.

Dann tupfte Raja die weichen Lippen auf Lenas Stirn, und es war wie ein Kuss. Auch das gehörte zum Begrüßungsritual der beiden. Lena ließ die Finger über das raue Fell des alten Pferdes gleiten. Raja stand still wie eine Statue. Im Zwielicht konnte Lena die Stute lächeln sehen. Dass Raja lächeln konnte, wusste natürlich nur Lena.

„Du bist schön, meine Freundin!", flüsterte Lena.

Wieder einmal musste Lena an Dörthes dummes Gequatsche denken. Monate war das her, da waren die ehemaligen Schulfreundinnen Kerstin und Dörthe aus der großen Stadt zu Besuch auf den Pferdehof gekommen. Was als fröhliches Wiedersehen gedacht war, endete im Streit. Und zu allem Überfluss hatte Dörthe bei Rajas Anblick ausgerufen: „Das ist aber ein alter Klepper! Kriegt der bei euch sein Gnadenbrot?" Lena hätte Dörthe damals am liebsten die Augen ausgekratzt. „Raja ist meine Freundin!", hatte sie geschrien. „Und sie ist das schönste Pferd der Welt!" Nur mühsam hatte Lena sich beherrscht, als Dörthe auch noch blöde grinste, und außer sich vor so viel Dummheit hatte sie gefaucht: „Alte Menschen können schön sein und alte Pferde auch. Du kennst Pferde ja bloß aus Bilderbüchern!" Das war das Ende der Freundschaft mit Kerstin und Dörthe gewesen.

„Machen wir nachher einen Ausritt zum Bach hinunter?", fragte Lena. „Nur wir zwei, ja?"

Rajas leises Schnauben bedeutete eindeutig ein Ja.

In der Ecke des Stalles raschelte es plötzlich, und die Strohschütte geriet in Bewegung. Sturmwind, das Pony mit dem bunten Fell, das so lustig aussah wie ein Clown, wollte auch begrüßt werden. Gregor hatte ganz spontan den kleinen Pummel mit den kurzen Beinen nach einem Turnier der jungen Reiter von Temming ersteigert. Ganz einsam stand er nach der Auktion da, denn niemand hatte ihn haben wollen. Und Gregor hatte Pitt damit zum glücklichsten Jungen und stolzesten Pferdebesitzer des ganzen Münsterlandes gemacht. Selbstverständlich hatte Pitt seinem Pony diesen Namen gegeben: Sturmwind.

„Hallo, Sturmwind! Endlich aufgewacht?" Lena tätschelte den kleinen Burschen, der ihr gerade bis zum Bauchnabel reichte, und ließ es geschehen, dass er ihr die Zehen ableckte, obwohl es höllisch kitzelte. „Du bist einer der Allerbesten!"

Sturmwind hatte sich der alten Stute angeschlossen, die gelassen seine Nähe duldete. Motte und Benno dagegen schoben das Clownpony bisweilen barsch zur Seite, wenn es ihnen beim Grasen in die Quere kam, und Mux, der offenbar nicht aus den Flegeljahren kam, ärgerte den kleinen Burschen durch rasante Scheinattacken, weil es ihm Spaß zu machen schien, wenn Sturmwind dann ängstlich davonhoppelte. Xerxes, der Einzelgänger, hatte außer den Raufereien mit Ronja wenig Kontakt zu den anderen Tieren.

Ronja! Warum bellte sie auf einmal so laut und aufgeregt?

Lena lief zur Stalltür und spähte zum Wiesenweg hinunter. Aus dieser Richtung tönte nämlich das Gebell. Lief die Hündin etwa hinter einem Reh her? Aber nein! Da funzelte ein hüpfender Lichtstrahl, der kam näher und näher, und dann war auch das Geknatter des Motors zu hören. Tewes war gekommen.

„Hallo, Herr Tewes! So früh schon?"

Der massige alte Mann stellte den Motor ab und nahm den Schutzhelm vom Kopf. Und während er die stürmische Begrüßung der Wuschelhündin über sich ergehen ließ, rief er lachend: „Was heißt früh? So ein oller Mann wie ich braucht nur wenig Schlaf. Warum bist du schon auf den Beinen, Lena? Ich denke, du hast Ferien."

Lena lachte. „Müde bin ich morgens nur, wenn ich in die Schule muss. Wenn ich freiwillig aufstehe, ist das was ganz anderes."

„Das kann ich verstehen", sagte Tewes.

Ganz deutlich konnte Lena erkennen, dass sich auch Raja und Sturmwind freuten, als Tewes zu ihnen trat und sie streichelte und tätschelte. Dann ging Tewes zum Futterkasten in den Nebenraum, wo er das spezielle Zusatzfutter aus Hafer und Mais mixte. Er hatte da sein eigenes Rezept. Für Raja wurden die Körner zerquetscht und angeteigt, weil ihre Zähne nicht mehr gut waren. Tewes schleppte auch einen frischen Mineralien-Leckstein zur Tränke am Rand der Weide.

„Kannst schon mal frisches Wasser holen!", rief er.

Lena nickte. Sie schaute dem kurz gewachsenen Mann nach. Es tat ihr weh, dass Tewes seit dem Mopedunfall hinkte. Er habe keine Schmerzen, betonte er stets, und der Oberschenkelknochen sei bestens zusammengewachsen, doch Lena glaubte ihm nicht so recht.
Wenn wir Tewes nicht hätten!, dachte sie wieder einmal. Klar, die ganze Familie Belker kümmerte sich rührend und zuverlässig um die Tiere, aber Menschen, die aus der Großstadt stammen, müssen noch viel lernen, wenn sie für ihre Tiere die Verantwortung übernehmen. Von Tewes konnten die Belkers eine Menge lernen, denn einen besseren Lehrmeister gab es nicht. Sogar Doc Kranenburg, der seehundsbärtige Tierarzt, holte sich manchmal Rat und Hilfe bei dem ehemaligen Stallmeister des alten Pferdehofes.
Der Tag war angebrochen. Die Tauperlen gleißten wie Milliarden von Diamanten, der Frühwind trug den Geruch von reifem Korn heran, der Rosenbusch am Gartentor glühte in den ersten Sonnenstrahlen. Motte, Benno und Mux trabten mit erhobenen Köpfen ein paar Ehrenrunden am Weidezaun entlang.
„Das wird ein schöner Tag“, flüsterte Lena der Hündin zu.
Tewes untersuchte die wunden Stellen auf Rajas schütterem Fell und besprühte sie behutsam mit gelblichem Puder. Die Stute hielt still und ließ die Behandlung geduldig über sich ergehen.

„Du darfst ihr keinen Sattel mehr auflegen, hörst du?“, sagte Tewes zu Lena.
„Aber das tu ich doch schon lange nicht mehr!“, antwortete Lena empört. Tewes musste doch wissen, dass sie seit Wochen nur noch die Filzauflage benutzte, wenn sie mit Raja ausritt. Und sie nahm ja auch nur noch die gebisslose Zäumung, die Tewes eigens für Raja hergerichtet hatte.
„Ich weiß ja, dass du Raja nur ganz langsam gehen lässt“, murmelte Tewes, „aber lass sie auch nicht mehr bergauf und bergab laufen.“
„Ist doch klar“, erwiderte Lena, „wir bleiben immer auf der ebenen Wiese.“ Sie überlegte: Warum sagt Tewes mir das alles? Wir haben das doch schon so oft abgesprochen.
Sehr leise sagte Tewes mit seiner tiefen Orgelstimme: „Du vergisst nicht, dass Raja schon sehr, sehr alt ist, Lena?“
„Natürlich vergesse ich das nicht.“ Lena schluckte.
„Und du weißt auch, was ich damit sagen will?“
Lena spürte, wie ihr plötzlich ganz kalt wurde. Warum musste Tewes ausgerechnet an diesem Morgen darüber sprechen? „Ich weiß es“, sagte sie, und ihre Stimme klang zittrig, „aber ich will nicht daran denken.“
„Du musst aber daran denken!“ Das sagte Tewes fast grob. „Du bist alt genug. Hast du die Tränke gefüllt?“
„Gleich bin ich fertig“, entgegnete Lena rasch. „Nur

noch zwei, drei Eimer." Sie war froh, dass sie jetzt etwas tun konnte. In ihrem Kopf sirrten die Gedanken wie aufgescheuchte Bienen.

Gerade war Lena mit der Arbeit fertig, da rief jemand vom Wohnhaus her: „Lena? Wo steckst du?" Es war Gregors Stimme.

Also war ihr Vater auch schon ungewohnt früh aus dem Bett gestiegen! Lena konnte es kaum glauben. Sie rief, so laut sie konnte: „Bei den Pferden! Wo denn sonst?"

Ronja bestätigte das mit fröhlichem Jaulen.

„Kannst du mir beim Frühstück helfen?", rief Gregor.

„Geh schon!", forderte Tewes sie auf. „Den Rest schaff ich allein, und dann komme ich nach." Es hatte sich so eingespielt, dass Tewes häufig bei den Belkers frühstückte.

Lena lief, so schnell das auf den nackten Füßen ging, zum Wohnhaus hinüber. Die Wuschelhündin wetzte voraus.

Dann gab es eine neue Überraschung. Auch Pitt war schon auf den Beinen! „Iiii!", lachte Pitt. „Die Lena hat Pferdescheiße an den Füßen!"

Lena ging zum Wasserhahn an der Kellertür. „Warum seid ihr denn schon aufgestanden?", fragte sie verwundert.

„Weißt du nicht, dass heute ein Feiertag ist?" Gregor grinste.

Zwölf rote Nelken

Was für ein Feiertag soll das denn sein?, überlegte Lena angestrengt. Sie hatte sich die Füße gewaschen und tänzelte die Freitreppe hinauf. Der Duft von Kaffee, Kakao und Spiegeleiern schlug ihr entgegen. Und erstaunt nahm sie wahr, dass heute nicht in der Wohnküche, sondern am großen Tisch in der Halle gefrühstückt werden sollte. Also hatte Gregor die Sache mit dem Feiertag ernst gemeint!

Pitt war damit beschäftigt, Honigtöpfe und Marmeladenschüsselchen zu verteilen und hatte bereits für den ersten Klecks auf der feinen Leinentischdecke gesorgt. Gregor trug das große Silbertablett mit rohem und gekochtem Schinken, verschiedenen Wurst- und Käsesorten und Gürkchen, Tomaten und Silberzwiebeln aus der Küche in die Wohnhalle.

„Lena, du könntest schon mal das Geschirr aus dem Wandschrank holen“, forderte Gregor, „aber das gute.“

„Zum Teufel, jetzt will ich endlich wissen, was für einen Feiertag wir heute haben!“ Lena stampfte mit dem nackten Fuß auf. „Oder ist das ein Geheimnis?“

„Denk doch mal nach!“ „Ich hol jetzt erst mal einen Festtagsblumenstrauß aus dem Garten.“ Und schon war er, begleitet von Ronja, verschwunden.

„Hast du ’ne Ahnung, was der Quatsch zu bedeuten hat?“, fragte Lena ihren Bruder. Es gefiel ihr natürlich, dass es an diesem Tag besonders feierlich zugehen sollte, aber dass der Vater sie mit seiner Geheimniskrämerei foppte, mochte sie gar nicht.
Pitt legte den Kopf schief und dachte nach. „Vielleicht hab ich Geburtstag!“, schrie er dann. „Kann doch sein!“
Lena tippte sich an die Stirn. „Du Dödel! Seit wann hast du im Juli Geburtstag? Aber wenn Gregor es unbedingt spannend machen will: Ich bleibe cool.“
Oben im Haus rauschte die Dusche. Hanna war an diesem Morgen die Letzte, so etwas kam nicht oft vor. Während Lena die Gedecke auf dem Tisch verteilte, probierte der Vielfraß Pitt schon einmal die Wurstsorten durch.
„Stehst du mal wieder kurz vor dem Hungertod?“, schimpfte Lena.
„Einer muss das ja erst mal testen!“ Pitt verteidigte sich mit vollem Mund. „Wenn’s gleich losgeht, weiß ich jedenfalls schon genau, in welcher Reihenfolge ich von den Würsten esse.“
„Als ob das bei dir eine Rolle spielt!“
Gregor und Ronja kamen zurück. Die Hündin trug stolz die Reste eines Krähenflügels in der Schnauze. Gregor brachte zwölf rote Nelken mit und dazu haufenweise Petersilie und Schnittlauch; seine Kordhose war nass bis zu den Knien, Tautropfen glitzerten auch auf den Brillengläsern, im Bart und im Haar.

„Nimm deinem Köter mal das Ding aus dem Maul!“, sagte Gregor zu Pitt, während er nach einer geeigneten Vase Ausschau hielt.
Pitt drohte ihm. „Du sollst zu Ronja nicht Köter sagen! Das kann sie nicht leiden und ich auch nicht.“
Ronja flüchtete mit ihrer Beute hinter das Ledersofa, Pitt jagte ihr nach, dann kugelten sich beide auf dem Parkettfußboden herum und lärmten wie eine Horde Fußballfans.
Lena holte die schlanke China-Vase aus dem Wandschrank und nahm Gregor den Blumenstrauß aus der Hand. „Gib schon her! Du stehst sonst morgen noch wie so'n verschüchterter Bräutigam in der Landschaft rum.“ Lena schnupperte an den Nelken. „Hör sich einer diese kesse Göre an!“ Gregor lachte. „Aber wenn du das alles besser kannst als dein oller Vater, dann nimm auch dieses Grünzeug hier, ja? Kannst ja noch fix ein bisschen Quark zurechtmischen. Einmal pikant mit Kräutern und Zwiebeln, einmal süß mit Erdbeeren und so. Du weißt schon.“
„Zu Befehl, Massa Bwana!“ Lena machte einen tiefen Bückling. „Die Sklavin gehorcht auch ohne Peitschenhiebe.“ Bevor Gregor ihr einen Klatsch auf den Hintern geben konnte, sauste sie in die Küche. Sie stellte fest, dass das Erdbeerkörbchen leer war. „He, Sklave Pitt, saus mal rasch in den Garten und hol ein paar Erdbeeren!“

Das tat Pitt natürlich gern, denn so konnte er sich an Ort und Stelle den Bauch voll schlagen mit frischen Erdbeeren. Er war sich nämlich sicher, dass sie ungewaschen am besten schmeckten. Ronja versteckte den Krähenflügel unter dem Teppichrand und trollte hinter Pitt her. Dann, als der Frühstückstisch festlich gedeckt war, zündete Gregor sogar noch die drei Kerzen im Silberleuchter an. Jetzt fehlten nur noch Hanna und Tewes. Pitt hockte mit dem Messer in der Hand gespannt auf seinem Stuhl, als wartete er wie ein Sprinter auf den Startschuss.

Hanna erschien oben am Treppengeländer. Sie trug beigefarbene Shorts und einen ärmellosen Pulli. „Was ist denn mit euch los, dass ihr schon so früh ..." Da fiel ihr Blick auf die feierliche Frühstückstafel, und was sie dort sah, verschlug ihr die Sprache. Staunend stemmte sie die Hände in die Hüften.

„Heute ist Feiertag", erklärte Lena.

„Was denn für'n Feiertag?" Hanna schaute irritiert von einem zum anderen.

„Weiß ich auch nicht", sagte Lena. „Da fragst du am besten mal deinen komischen Ehemann. Von ihm stammt die Idee."

Hanna boxte Gregor in die Rippen. „Hopp, du komischer Ehemann, dann klär uns mal auf! Willst du uns auf den Arm nehmen, oder gibt es wirklich was zu feiern?"

„Kommst du tatsächlich nicht selber drauf?" Gregor

spielte den Entrüsteten. „Dann setz dich bitte mal ans Klavier, ja? Solch ein Tag muss mit Musik begonnen werden."

Hanna verdrehte die Augen, und das sollte besagen: Jetzt hat der Mann völlig durchgedreht. Doch sie ging zum Flügel und spielte ein paar Takte der Valse romantique von Claude Debussy.

Kaum war der letzte Anschlag verklungen, da kam auch schon Tewes herein. Er hatte vor der Tür gewartet, um Hannas Spiel nicht zu stören. „So gehört sich das!" Der alte Mann schmunzelte, zeigte mit beiden Händen auf die Kerzen und meinte zufrieden: „Sie haben also auch daran gedacht."

„Woran denn, zum Kuckuck?" Lena schrie es fast.

Tewes ließ sich schwer auf seinen Stuhl sinken. „Na, dass genau heute vor einem Jahr die Familie Belker auf dem Pferdehof eingezogen ist!"

„Das ist es also!" Hanna schlug sich an die Stirn.

„Bin ich doof!", kreischte Lena. „Wieso bin ich nicht von selber draufgekommen? Ich glaub, ich hab Stroh im Hirn."

Gregor genoss seinen Triumph grinsend.

Pitt fragte: „Kann ich jetzt endlich anfangen zu essen?"

Ronja hockte sich neben Pitts Stuhl nieder und forderte unter steinerweichendem Gewimmer ihren Anteil. Ihr ging das Getue der Leute am Tisch offenbar auf die Nerven. Und dass nun albernes Gelächter und fröhliches

Durcheinandergequassel einsetzten, fand sie auch überflüssig. Sie legte die Vorderpfoten auf Pitts Knie und hechelte und sabberte, bis Pitt ihr endlich ein Stück Brot mit Leberwurst in die Schnauze schob.

„Mensch, Gregor, da hast du uns ganz schön ausgetrickst", kicherte Lena und häufte sich süßen Quark auf den Teller. „Eins zu null für dich!"

„Aber Herr Tewes wusste Bescheid", gab Gregor zu bedenken. „Wenigstens einer." Dann putzte er sich die Brillengläser am Tischtuch und sagte ernst: „Also, ein Jahr sind wir jetzt hier zu Hause. War verdammt schnell herum, das Jahr. Aber ein Tag wie dieser ist vielleicht Anlass für eine kleine Zwischenbilanz. War es eine gute Idee, dass wir aus der Stadt aufs Land gezogen sind? Wenn man mal die Vorzüge und die Nachteile des Lebens in der Provinz abwägt ..."

Lena ließ den Vater nicht weiterreden. „Amen, Herr Pastor! Ihre Predigt ist beendet. Mann, Gregor, das hat doch niemand von uns auch nur eine Sekunde bedauert, dass wir auf den Pferdehof gezogen sind!" Und spitz fügte sie hinzu: „Außer dir vielleicht."

„Lena hat völlig Recht", entschied Hanna. „Dieses wunderbare Haus, die Tiere, der große Garten, der freie Blick über die Landschaft: Das alles gehört doch längst zu unserem Leben. Fühlst du dich hier etwa nicht wohl, Gregor?"

Gregor setzte die Brille wieder auf und dachte ein paar

Sekunden nach. „Doch, im Grunde fühle ich mich wohl auf dem Hof, auch wenn mir diese täglichen Autofahrten zur Stadt ein bisschen auf den Keks gehen. Abends ist es was anderes. Da kriege ich den Stress vom langen Tag am Gericht aus den Knochen, wenn ich so schön langsam durch die Landschaft rolle. Für Lena und Pitt ist der Schulweg übrigens auch kein Pappenstiel, das muss man auch bedenken."

„Was du so laberst!" Lena schüttelte den Kopf. „Mit dem Schulbus nach Habichtsbeek, das ist doch ein Klacks. Außerdem kann ich immer schön zusammen mit Annette fahren. Fast alle Kinder von den Höfen ringsum fahren zur Droste-Schule nach Habichtsbeek. Ich finde es ganz toll so!"

Pitt schluckte einen mächtigen Bissen runter, rülpste laut und verkündete dann: „Ich finde meinen Schulweg auch gut!" Dazu hatte er auch allen Grund, denn oft kutschierte Hanna ihn mit dem Pferdewagen zur Grundschule nach Uhlendorf, und er durfte unterwegs die Zügel halten. Wenn sie dann bei der Schule vorfuhren, platzte Pitt beinahe vor Stolz. Welches Kind wurde schon mit dem Pferdewagen zum Unterricht gefahren – außer ihm! Motte und Benno waren längst die Lieblinge aller Schülerinnen und Schüler der Gustav-Heinemann-Grundschule.

Tewes schlürfte seinen Kaffee und hörte schweigend zu. Ihm gefiel es, dass die Familie Belker sich wohl fühlte auf dem Pferdehof, wo er selber damals so viele Jahre gearbeitet hatte und wo ihm jeder Quadratzentimeter vertraut war.

Gregor lud sich drei Spiegeleier mit Speck auf eine große Weißbrotschnitte, dann mampfte er los, um allen zu beweisen, dass man an einem Feiertag auch richtig schlemmen muss. Als er den Mund wieder leer hatte, hob er die Gabel wie einen Dirigentenstab und redete weiter. „Erster Teil der Zwischenbilanz beendet. Wir sind uns also einig, es war ein guter Entschluss, auf den Pferdehof zu ziehen. Nun kommt die Frage Nummer zwei."

„Da bin ich aber neugierig", gluckste Pitt, der sich gerade ein Stück Löcherkäse mit Ronja teilte.

Klar, Gregor machte es wieder einmal spannend. Er guckte alle am Tisch der Reihe nach an. „Lena und Pitt haben Ferien ..."

Lena knallte die Teetasse auf die Untertasse und machte dem Vater eine lange Nase. „Blitzmerker! Wär ich nie draufgekommen. Und weiter?"

Gregor ließ sich nicht aus der Ruhe bringen. „Und ich habe vierzehn Tage Urlaub. Das wäre doch eigentlich eine astreine Gelegenheit, ein bisschen zu verreisen. Zum Bodensee zum Beispiel oder ans Meer oder in die Berge. Aber wir können nicht weg, wir sind an diesen Hof gebunden, die Tiere müssen versorgt werden."

„Um die Tiere könnte ich mich ja eine Weile kümmern", meinte Tewes, „das mach ich gern."

„Über Nacht kann man so ein Gehöft nicht allein lassen“, gab Gregor zu bedenken. „Einbrecher schlagen nicht nur in den Städten zu, die verschonen auch die Provinz nicht.“ Gregor wusste ganz genau, dass man den alten Tewes nicht bitten konnte, sein Nachtlager auf dem Pferdehof aufzuschlagen, denn der Kotten hinter dem Gronerdinger Wäldchen, den er mit vier schwarzen Katzen teilte, war ihm wie eine wohlige Höhle ans Herz gewachsen, und er verließ dieses spukige Häuschen nur für Stunden.

Doch Gregor hätte die Frage nach der Ferienreise überhaupt nicht aufzuwerfen brauchen, denn der Protest prasselte sofort auf ihn nieder. Gregor hielt sich zum Schutz die Serviette vor das Gesicht.

Pitt keifte: „Ich will nicht verreisen! Was sollen denn Ronja und Sturmwind ohne mich machen? Du hast doch wohl ’n Rad ab, Gregor!“

Hanna sagte: „Ist ja schön, dass ihr alle Ferien habt, aber ich muss unbedingt arbeiten. Meine Lektorin im Verlag reißt mir die Ohren ab, wenn ich die Übersetzung nicht pünktlich abliefere. In diesen Dingen ist mit der Vera Olbricht nicht zu spaßen. Ich hab gerade noch zehn Tage Zeit für satte hundert Seiten. Und *Faelden klapper* ist der schwierigste Text, den ich bisher aus dem Dänischen zu übersetzen hatte.“ Hanna breitete die Arme aus. „Bei mir ist Verreisen nicht drin.“

„Und bei mir auch nicht!“ Lena war aufgesprungen und

hätte dabei fast den Kerzenleuchter umgeworfen. „Die Pferde brauchen mich dringend. Besonders Raja. Klasse, dass ich mal ein paar Wochen nicht zur Schule muss! Da kann ich mich den ganzen Tag um die Pferde kümmern. Außerdem hab ich überhaupt keinen Bock aufs Verreisen, weil es hier nämlich am schönsten ist." Lena ließ sich wieder auf den Stuhl plumpsen und langte nach der Schale mit der Johannisbeermarmelade.
Hanna schielte ein wenig besorgt zu Lena hinüber, dann sagte sie leise: „Eins darfst du nicht vergessen, Lenamädchen: Unser Pferdehof ist nicht der Nabel der Welt. Es ist gut, dass du gern hier zu Hause bist, aber du darfst dich auch nicht wie Dornröschen hier zuwachsen lassen. Eines Tages musst du sowieso die Nase rausstrecken in die Weltgeschichte. Berufsausbildung, Studium – was weiß ich! Vergiss nicht, dass du mal dein eigenes Leben leben musst."
„Das tu ich auch jetzt schon", antwortete Lena. Trotz klang in ihrer Stimme mit. Sie wollte sagen: Ich weiß selbst, dass ich eines Tages von hier fortmuss. Aber ich schwöre, dass ich immer wieder zurückkommen werde, weil ich hier glücklich bin. Lena wischte die Gedanken weg. „Darüber muss ich mir ja wohl jetzt noch nicht den Kopf zerbrechen", sagte sie unvermittelt. „Außerdem hab ich Ferien."
Gregor rieb sich die Hände. „Nachdem nun alle Fragen zur Zufriedenheit aller beantwortet sind, kann ich euch

ja auch verraten, dass ich gar nicht scharf bin auf eine Ferienreise. Ich will faulenzen. Ich werde in den nächsten zwei Wochen in der Hängematte liegen und Bücher lesen."

„Und außerdem wirst du uns tüchtig im Garten helfen. Das ist gut für deine Kondition. Wer das ganze Jahr über in muffigen Gerichtsstuben herumhockt, muss sich in den Ferien mal so richtig körperlich betätigen!" Erbarmungslos lächelte Hanna ihren Mann an.

„So ein Mist!", knurrte Gregor und gab sich alle Mühe, so traurig wie ein Bernhardiner zu gucken. „Ihr gönnt mir auch gar nix!"

Plötzlich schrie Pitt: „Ich weiß, warum der Gregor zwölf rote Nelken gepflückt hat! Wegen der zwölf Monate nämlich, die wir jetzt schon hier wohnen."

Gregor klopfte ihm anerkennend auf den Rücken. „Du hast es erfasst, Pitt! Und nun futtert alle mal ordentlich. Es gibt nämlich kein Mittagessen."

Pitt hielt entsetzt im Kauen inne. „Kein Mittagessen? Warum denn nicht? Da könnte man doch leicht verhungern!"

„Du verhungerst schon nicht, du Fressweltmeister", tröstete Lena den Bruder. Und sie fragte Gregor: „Hat es einen Grund, dass wir das Mittagessen ausfallen lassen?"

„Hat es!" Gregor nickte eifrig. „Wir veranstalten zur Feier des Tages einen Grillabend im Freien. Da muss man richtig großen Hunger haben, denn sonst lohnt sich das nicht."

Pitt jubelte, Lena jubelte, Ronja bellte.

„Sie kommen doch hoffentlich auch?", fragte Gregor den alten Tewes.

Tewes wand sich ein bisschen verlegen. „Na ja, wenn Sie meinen."

Hanna freute sich auch, doch sie dachte sofort auch an die Vorbereitungsarbeiten. „Da müssen wir aber noch einiges einkaufen. Und schmücken müssen wir auch. Girlanden, Lampions. Grillkohle brauchen wir und Getränke. Am besten, einer stellt mal eine Liste zusammen."

„Ich natürlich", erklärte Pitt.

„Und am Nachmittag fahren wir dann gemeinsam nach Uhlendorf zum Einkaufen, ja?" Lena geriet in Fahrt. Selbstverständlich würde sie auch Annette einladen. Um Ioannis brauchte sie sich nicht eigens zu kümmern. Wo es was Leckeres zu essen gab, tauchte er von selbst auf.

„Wir fahren natürlich mit dem Pferdewagen!", rief Pitt.

„Ehrensache", bestätigte Gregor. „An so einem Feiertag fährt der feine Mensch immer mit der Pferdekutsche."

Sie saßen noch lange gemütlich am Frühstückstisch und aßen und tranken und redeten und lachten. Die Sonne brachte die Butzenscheiben zum Blitzen. Die Zweige der Ulmen wiegten sich im Wind.

Pitt versteht die Welt nicht mehr

Benno und Motte blähten aufgeregt die Nüstern, als sie Lenas und Pitts Rufe hörten. Sie begriffen, dass sie vor den Wagen gespannt werden sollten, und das gefiel ihnen zweifellos. Ein bisschen Abwechslung im Alltag! Sofort kamen sie zum Gattertor getrabt, sie ließen sich brav die Halfter anlegen und von Pitt und Lena zum Stall führen. Mux wurde bockig. Er stieg und keilte aus und gab durch wildes Schnauben zu verstehen, dass er mitkommen wollte. Erstaunt stellte Lena fest, dass Mux inzwischen Bennos und Mottes Größe erreicht hatte. Als Motte damals von dem bekannten Haflingerhengst Pirmin gedeckt worden war, hatten Kenner schon vorausgesagt, dass das Fohlen einmal größer werden würde als die Mutter.

„Ruhig, Mux!“, rief Pitt. „Du kannst nicht mit. Aber wir sind ganz schnell wieder zu Hause. Ehrenwort!“

Mux antwortete mit schrillem Wiehern.

Tewes kontrollierte genau, ob Lena den beiden Haflingern das Geschirr auch fachgerecht überstülpte. Pitt war vorausgelaufen zur Scheune. Als Lena die Pferde zum Wagen führte, befestigte er gekonnt die Deichselhalteriemen, dann hakte er die Zugstränge bei der Waage ein.

„Reibt sie bitte gut ab, wenn ihr wieder zurück seid!“,

mahnte Tewes. „Bei der Hitze werden sie ins Schwitzen geraten. Und ich mach mich jetzt mal auf den Heimweg. Meine Katzen warten. Alles klar?“

„Alles klar!“, rief Lena. Sie winkte Tewes nach, der zu seinem Moped humpelte. Lena überlegte: Ob sein Bein schmerzt?

„Wo bleiben denn Hanna und Gregor?“, maulte Pitt. Er war schon auf den Kutschbock gestiegen und hielt die Leinen. „Die trödeln mal wieder!“

„Ich schau mal nach!“ Lena schlenderte zum Haus. Das Knattern von Tewes’ Moped verlor sich zwischen den Wiesen unten am Bach. Gregor kam pfeifepaffend aus der Seitentür. Er hatte sich einen breitkrempigen Strohhut auf den Kopf gestülpt und sah ein bisschen aus wie ein Tropenforscher.

„Immer die Stinkepfeife im Schnabel!“ Lena drohte mit dem Finger und heuchelte einen Hustenanfall.

„Pfeifenqualm vertreibt die Mücken und die Wespen“, erklärte Gregor. „Ist Pitt schon beim Wagen?“

„Logo! Er kann’s kaum erwarten.“

Hanna saß noch vor ihrem Computer. Hastig schrieb sie einen Absatz zu Ende, zu dem sie sich allerlei Bleistiftnotizen für die Übersetzung gemacht hatte.

„Was heißt das eigentlich: Faelden klapper“, fragte Lena, „ich meine, auf Deutsch?“

„Etwa so viel wie: Die Falle schnappt zu. Aber das klingt nicht originell. Ich muss mir noch überlegen, wie ich das sinngemäß übersetzen kann." Hanna schaltete den Computer aus und stand vom Stuhl auf. „Eine richtig spannende Kriminalgeschichte ist das." Sie schloss das Fenster ihres Arbeitszimmers und eilte durch die Wohnhalle zur Galerie hinauf, um sich umzuziehen.

Ronja hatte nur scheinbar dösend in der Diele gelegen. In Wirklichkeit war ihr nicht entgangen, dass eine Fahrt mit dem Pferdewagen bevorstand, und da wollte sie selbstverständlich mit.

„Du musst hier bleiben und das Haus bewachen", redete Lena der Wuschelhündin gut zu. „Du bist doch unsere Beste!"

Ronja wollte aber nicht das Haus bewachen, und sie wollte auch nicht die Beste sein: Sie wollte mit. Und darum schlug sie ein so steinerweichendes Geheul an, dass Hanna und Lena allen Widerstand aufgaben und Ronja nach draußen sausen ließen. Pitt war natürlich begeistert. Seine Ronja durfte mitfahren!

Mit einem mächtigen Satz sprang die Hündin auf die Ladefläche und kuschelte sich glücklich winselnd an Lena, die sich dort auf eine zusammengeknubbelte Wolldecke gesetzt hatte. Pitt hatte sich zwischen Gregor und Hanna seinen Platz auf dem Bock erobert und schnalzte stolz wie ein alter Fuhrmann mit der Zunge. Die Haflinger setzten sich voll Eifer in Bewegung.

Der rasche Wechsel zwischen Licht und Schatten huschte wie ein Schwarz-Weiß-Film über Lenas Gesicht, als der

Wagen durch die Apfelbaumchaussee rollte. Motte und Benno waren auf der ebenen Straße von selber in Trab gefallen. Jubelnd schrie Pitt den Pferden unsinnige Befehle zu. Sie achteten nicht auf ihn. Lena kraulte Ronjas Wuschelfell. Sie fühlte sich in der Wärme wohlig müde. Die Leute guckten neugierig, als der Pferdewagen durch Uhlendorf fuhr. Selbst in dieser Gegend, wo es so viele Pferde und Reiter gab, war ein Pferdefuhrwerk etwas Besonderes. Gewiss, man kannte die Belkers und ihre Haflinger inzwischen, aber immer wieder flogen Türen und Fenster auf, wenn das Hufgeklapper zu hören war. Einige Kinder liefen winkend auf dem Bürgersteig mit. Drei, vier waren aus Pitts Klasse.

„Hallo, Pitt!", riefen die Kinder.

„Hallo, Fans!", rief Pitt zurück.

Beim Marktbrunnen hielten sie an. Benno und Motte steckten die Nasen ins Wasser, Hanna ließ sie aber nur kurz von dem kalten Wasser trinken. Im Schatten der Ludgerikirche band sie die Pferde an einem Laternenmast an. Pitt übernahm, umringt von Mädchen und Jungen, die Wache. Alle Kinder wollten natürlich die Haflinger streicheln. Gregor beobachtete aus einigem Abstand die Szene, er traute dem Frieden nicht so recht. Hanna und Lena gingen inzwischen zum Supermarkt, zum Metzger und zum Bäcker, um für die Grillparty einzukaufen. Und wer stand da plötzlich vor ihnen? Ioannis natürlich!

„He, ihr habt ja einen mächtig vollen Einkaufskorb!" Ioannis staunte. „Da wette ich doch meine Nase gegen zehn Elefantenrüssel, dass auf dem Pferdehof 'ne Fete steigen wird. Richtig?"

„Richtig." Hanna lachte. „Kannst deine Nase behalten."

„Wir feiern unser Einjähriges auf dem Pferdehof", erklärte Lena. „Willst du zur Grillparty kommen?"

„Das versteht sich doch von selbst", sagte Ioannis. Er schob sich einen Kaugummi in den Mund und hielt auch Lena das Päckchen hin.

Lena bediente sich.

„Wann geht denn eure Ferienreise nach Griechenland los?", wollte Hanna wissen.

„Montag. Ganz früh."

„Mit dem Flugzeug?", fragte Lena. Sie war noch nie mit einem Flugzeug geflogen, und darum empfand sie es immer als aufregend, wenn Leute mit dem Flugzeug in fremde Länder reisten.

Ioannis schüttelte entschieden den Kopf. „Mein Vater hat gesagt, nach Griechenland verreist man nicht mit dem Flieger. Wir fahren bis Brindisi in Süditalien mit dem Zug, und dann steigen wir um auf die Fähre nach Piräus. Mit dem Schiff, hat mein Vater behauptet, mit dem Schiff muss man sich einem Land wie Griechenland nähern. Immer vom Wasser her."

„Ich glaube, dein Vater hat Recht", sagte Hanna. „Ich sehe das auch so."

Ioannis biss sich auf die Unterlippe. Dann sagte er: „Eins ist komisch. Ich bin in Deutschland geboren. Meine Geschwister sind's auch. Und meine Eltern leben schon so lange hier in Uhlendorf. Wir sind hier zu Hause. Aber jetzt sagen meine Eltern: Nächste Woche fahren wir nach Hause, wir machen Urlaub in Griechenland. Ist das nicht seltsam?"

„Vielleicht kann man hier zu Hause sein und in Griechenland auch", gab Hanna zu bedenken.

„Vielleicht." Diese Vorstellung schien Ioannis zu gefallen. „Jedenfalls lerne ich mal die ganze Verwandtschaft kennen."

„Am schönsten wär's, wenn man sich auf der ganzen Welt zu Hause fühlte." Hanna wischte sich mit dem Hemdärmel über die verschwitzte Stirn. „Wir sehen uns dann heute Abend, Ioannis."

„Alles klar!" Ioannis hüpfte davon und winkte mit beiden Händen.

Gregor stöhnte erleichtert, als Hanna und Lena endlich wieder beim Pferdewagen erschienen. Er hatte viel Mühe gehabt, die zwei Haflinger vor den mehr oder minder rauen Zärtlichkeiten der Kinder zu schützen. Da waren auch ein paar Männer, die fachsimpelten lautstark und beurteilten dann den Zustand des Gespanns als gut. Pitt wuchs vor Stolz um einen halben Meter.

Auf der Heimfahrt spukte unentwegt Hannas Satz in Lenas Kopf herum: Am schönsten wär's, wenn man sich auf der ganzen Welt zu Hause fühlte. Ob das möglich wäre? Dann müsste man aber viel herumreisen, um all die Länder und die Menschen auch kennen zu lernen! Während sie die schläfrige Ronja kraulte, dachte Lena sich geheimnisvolle Reiseziele aus: Himalaya, Kilimandscharo, Mississippi, Nordkap, Madagaskar, Jangtsekiang, Feuerland ... Die Stechfliegen holten sie aus ihrem Tagtraum zurück. Lena schlug schimpfend um sich. Aber ich bin und bleibe am liebsten auf unserem Pferdehof, dachte sie.

Da war eine Menge zu tun am Nachmittag! Hanna konnte nicht mithelfen bei den Festvorbereitungen, denn sie musste an der Übersetzung weiterarbeiten. Gregor erwies sich zwar als großartiger Organisator, und er wuchtete auch ganz allein den eisernen Gartengrill aus dem Keller, doch bei der Vorbereitung der Speisen stand er nur im Weg. Zum Glück kam Ioannis schon sehr früh auf seinem Mountainbike angerast, und so konnte er Lena hervorragend in der Küche helfen. Zwar schnitt sich der ewige Unglücksrabe in seinem Übereifer beim Gurkenschneiden erst einmal in den Zeigefinger, doch nachdem Gregor die Wunde mit einem Pflaster versorgt hatte, arbeitete Ioannis unverdrossen weiter. Pitt und Ronja wurden nach draußen verbannt. Sie störten.

Annette erschien nach Lenas Ansicht reichlich spät. Beim Salate-Erfinden waren Lena und Annette nämlich ein eingespieltes Team. Aber Annette kam nicht allein.

Sie hatte Ingeborg mitgebracht, die in der Gärtnersiedlung wohnte. Allerdings war sie nur während der Ferien daheim, denn sie besuchte ein Internat in der Eifel. Ingeborg war ungefähr so alt wie die beiden anderen Mädchen, doch sie wirkte jünger. Das lag wahrscheinlich an ihrer Pferdeschwanzfrisur und an der kleinen Stupsnase. Ingeborg hatte leckere Sachen aus den Treibhäusern mitgebracht: Auberginen und Paprika, Maiskölbchen und Zuckererbsen.

Gregor und Ioannis hatten in der Zwischenzeit ein bisschen Mühe, die Grillkohle zum Glühen zu bringen, doch mit Pitts Hilfe gelang es schließlich.

„Weil ich so toll gepustet habe!“, behauptete Pitt.

Hanna freute sich, als sie alles so prächtig angerichtet sah. Auf einem Tisch standen Schüsseln mit frischen Salaten bereit, Kartoffeln, Paprikaschoten und Auberginenhälften waren in Alu-Folie gewickelt, scharfe Soßen und Kräutertunken dufteten fein, Säfte waren zu erlesenen Kreationen gemixt. Für die Eiswürfel hatte Pitt gesorgt.

Dann knatterte auch Tewes auf seinem Moped an. Er hatte sich zur Feier des Tages eine Krawatte umgebunden und reichte Hanna feierlich eine Flasche von seinem selbst gemachten Schlehenschnaps. Gregor bekam auch ein Geschenk überreicht: eine Stange Kautabak. Für das junge Volk hatte Tewes Karamellen mitgebracht.

Es wurde eine wunderschöne Einjahrfeier!

Gregor begann, eine Rede zu halten. Aber weil ihm niemand zuhörte, machte er den Mund wieder zu. In der gestreiften Schürze, mit den wattierten Fausthandschuhen und der hölzernen Grillzange sah er wie ein Filmkomiker aus. Das fand Lena wenigstens.
Ioannis übernahm die Saftbar. Mit großer Geste füllte er die Gläser, und er goss auch nur verhältnismäßig wenig daneben. Doch als Gregor rief, die ersten Nackenkoteletts und Bratwürste seien gar, verließ er fluchtartig seinen Barkeeperposten. Pitt stand selbstverständlich schon längst wartend beim glühenden Grill, Ronja hockte mit sabbernden Lefzen neben ihm.
Mal wieder typisch!, dachte Lena. Die Fleischfresser unter sich. Hanna und sie predigten seit Monaten, dass es ungesund sei, zu viel Fleisch zu essen, und an den schändlichen Schweinemastställen und an der Brandrodung in Südamerika, wo Weideland für die gigantischen Rinderherden in unverantwortlicher Weise geradezu aus dem Boden gestampft wurde, seien maßlose Fleischvertilger wie Gregor und Pitt Schuld. Gregor hatte sich schon ein bisschen einsichtig gezeigt, aber an Pitts Ohren prallten solche Mahnungen ab.
Und genau in diesem Augenblick höhnte Pitt ausgerechnet: „Gegrilltes Grünzeug! Igitt! Ich glaub, mich tritt ’n Pferd!“
„Du hast ja keine Ahnung, du Gartenzwerg“, gab Ingeborg gelassen zurück. Sie träufelte zerlassene Butter auf

einen heißen Maiskolben und knabberte dann genüsslich.
Hanna und die Mädchen probierten alle Salate durch. Es schmeckte ihnen. Die gegrillten Paprikastücke mit den pikanten Soßen erwiesen sich als Köstlichkeiten.
Ioannis und Pitt standen mit fettigen Mündern immer dicht beim Grill und warteten auf Nachschub. Auch Tewes mampfte genüsslich ein paar Koteletts, er aß auch ein Schüsselchen Rettichsalat. Gregor kam kaum zum Essen, weil er als Grillmeister hin und her wetzte, denn er musste Fleisch und Würste vor dem Verbrennen bewahren. Er schwitzte wie ein Stahlarbeiter vor dem Hochofen und trank wie ein Verdurstender ein Bier nach dem anderen. Hanna nahm das mit gerunzelter Stirn zur Kenntnis, doch sie sagte nichts. Heute war ein besonderer Tag.
Ioannis versorgte auch die Mädchen mit Rostbratwürstchen. Besonders schien ihm das leibliche Wohl von Ingeborg am Herzen zu liegen. Pitt bemerkte das.
Später, als selbst Ioannis und Pitt proppesatt waren und eine Essenspause einlegen mussten, sangen Gregor und Tewes Seemannslieder. Pitt begleitete sie als Schlagzeuger auf ein paar Blechdosen, Ronja stieß rhythmische Heullaute aus. Fledermäuse huschten durch den Lichtkreis. Erste Sterne blitzten auf.
Annette, Lena und Ingeborg aber waren an den Männergesängen nicht sonderlich interessiert. Sie holten den

Kassettenrekorder aus Lenas Zimmer und schlossen das Kabel in der Diele an. Sie tanzten zur Musik von Sting und Phil Collins. Ioannis half ihnen dabei, doch sein Gezucke und Gehüpfe fiel reichlich eckig aus. Meist hielt er sich in der Nähe von Ingeborg auf.

Pitt war es, der das Telefon im Haus klingeln hörte. Er stieß Gregor an. „Telefon!“

„Wir sind nicht zu Hause!“ Gregor winkte ab.

„Es könnte ja was Wichtiges sein“, meinte Hanna.

Also stapfte Gregor ergeben stöhnend ins Haus. Die anderen Feiernden ließen sich nicht stören. Pitt und Ioannis hatten auch schon wieder ein bisschen Platz in ihren Bäuchen.

Mit süßsaurem Gesicht kam Gregor zurück. „Mein fetter Vetter Heribert!“, rief er Hanna zu. „Er will uns besuchen. Zusammen mit seiner Frau. Ich konnt's ihm nicht abschlagen.“

„Warum auch?“, gab Hanna zurück. „Sie sind uns willkommen, die beiden. Wir haben sie seit Jahren nicht gesehen.“

„Da lerne ich endlich mal deinen Vetter kennen“, sagte Lena.

„Du wirst dich wundern!“ Gregor grinste hintergründig.

Das Feuer verglühte. Müdigkeit überfiel alle. Tewes dankte für den schönen Abend und knatterte davon, nachdem er Lena eingeschärft hatte, die Pferde noch mit

Wasser zu versorgen. Ingeborg und Annette halfen, Geschirr und Besteck in die Küche zu tragen. Ioannis schleppte die leeren und vollen Flaschen. Dann radelten Annette und Ingeborg los. Ioannis wollte sie unbedingt noch ein Stück auf seinem Mountainbike begleiten, obwohl sein Heimweg doch genau in die andere Richtung führte. Der Abschied war laut und lustig.

Pitt flüsterte Lena zu: „Weißt du was? Ich glaube, der Ioannis steht auf Ingeborg. Ich lache mich krumm!"

„Man darf sich nicht lustig machen über einen, der sich verliebt hat, du Hirni!" Sie war selbst verblüfft über die Schärfe, mit der sie das sagte.

Pitt zuckte zusammen. „Jetzt versteh ich die Welt nicht mehr! Mensch, Lena, sonst machst du doch auch immer Witze über verknallte Leute!" Wütend rannte er mit Ronja ins Haus.

Gregor stopfte sich eine Pfeife. „Ich warte noch ein bisschen, bis die Kohlen ausgeglüht sind. Ein letztes Bierchen kann ich auch noch vertragen."

„Und ich schau nach den Tieren", sagte Lena.

Als sie zur Koppel kam, sah sie, dass die Haflinger noch grasten. Xerxes lag kauend beim Gatter. Das clownsfarbene Pony war im offenen Stall bei der alten Stute.

Lena fuhr sanft mit den Fingern über Rajas Nüstern. „Raja, Ronja, Wanja ... ist es nicht verrückt, dass die drei Namen so ähnlich klingen?", flüsterte sie.

Die alte Stute lächelte nur.

Vetter Heribert will reiten

Pitt vergaß zu atmen, Lena hielt sich an den eigenen Ohren fest, die Wuschelhündin legte sich platt auf die Erde und stellte sich tot. Das durfte doch nicht wahr sein!

Aber es war wahr!

Der dunkelgrüne Daimler-Diesel war vor die Haustreppe gerollt, eine drahtige Frau mit leicht angegrautem Lockenkopf war vom Fahrersitz gesprungen und hatte fröhlich „Hallo!" gerufen.

Dann hatte sich stöhnend und prustend etwas Elefantenartiges an der Beifahrerseite ins Freie gequetscht, das war rund wie ein Heißluftballon, groß wie ein Kleiderschrank und kahlköpfig wie Kojak. Und das Wesen schien in Schweiß gebadet zu sein, als es sich schließlich aus dem Auto gehievt hatte.

„D-d-das ist er!", flüsterte Pitt heiser, als er wieder Luft bekam. „D-d-der wiegt mindestens zwanzig Zentner. Wenn nicht noch mehr."

„Hallo, Mecki!", rief Gregor und sprang die Stufen der Freitreppe hinunter. „Hallo, Heribert, alter Brummbär! Was sehen meine entzündeten Augen? Du hast ja abgenommen!"

„Nur ein paar Pfund", antwortete das Wesen mit Dröhn-

stimme. „Ich glaube, ich hab immer noch ein bisschen Übergewicht. Jesses, Gregor, ist das eine Hitze!"
Die schlanke Frau drückte Gregor einen flüchtigen Kuss auf die Backe und eilte dann die Treppenstufen hinauf zu Hanna, die gerade in der Tür erschien. Hanna bekam auch einen Kuss und einen bunten Blumenstrauß dazu.
Lena stand noch immer wie angenagelt da und schaute staunend zu, wie der maßlos fette Vetter Gregor zur herzlichen Begrüßung an sich zog und ihm dabei sämtliche Rippen brach. Jedenfalls kam es Lena so vor.
„Kommt her!", forderte Gregor Lena und Pitt auf. „Sagt meinem Lieblingsvetter Guten Tag!"
Lena gab sich einen Ruck. Zögernd näherte sie sich dem kolossalen Mann. Dann geschah etwas Eigenartiges. Als sie in das runde Mondgesicht blickte, spürte sie, dass ihr so etwas wie herzliche Zuneigung entgegenschlug, und als sie die Hand in die pfannkuchengroße Pranke des Mannes legte, war das ein gutes Gefühl.
„Lieblingsvetter ist gut!" Der Mann verzog das Gesicht zu einem breiten Grinsen. „Außer mir hat Gregor nämlich gar keinen Vetter."
„Ich heiße Lena", sagte Lena.
„Weiß ich doch", antwortete der Mann. „Und ich heiße Heribert."
„Weiß ich doch", sagte Lena und zwinkerte mit dem linken Auge.
Jetzt traute sich auch Pitt, die Hand auszustrecken, doch

er schaute dabei angestrengt auf seine Schuhspitzen. Ronja war zum Diesel getrottet und bepinkelte erst einmal den rechten Hinterreifen.

„Schäm dich!" Gregor drohte mit dem Finger.

„Machen doch alle Hunde so", sagte Heribert. „Sind doch tausend fremde Gerüche an den Reifen, die müssen erst mal neutralisiert werden. Wie heißt euer Hund?"

„Ronja", sagten Lena, Pitt und Gregor gleichzeitig.

„Prima Name", fand Heribert. „Ronja Räubertochter."

„Ach, du kennst das Buch von Astrid Lindgren?", platzte Lena heraus. Das hatte sie von diesem massigen Mann nicht erwartet. Doch da wurde sie schon von der nächsten Überraschung erwischt.

„Hör mal, Lena! Ich bin doch Buchhändler. Hat Gregor euch das nicht verraten?" Und als er Lenas und Pitts verblüffte Gesichter sah, fügte er mit säuerlichem Lächeln hinzu: „Das kommt davon, wenn Verwandte sich so selten sehen. Man weiß nichts voneinander, man verliert sich aus den Augen. Aber Mecki, die hat gesagt: Am Wochenende besuchen wir endlich mal den Vetter Gregor und seine Familie in ihrem neuen Haus. Die Kinder haben wir noch nie gesehen, eine Schande ist das! Hat Mecki gesagt, und Recht hat sie." Er ließ den Blick schweifen. „Prachtvoll habt ihr's hier, ganz prachtvoll!"

„Wenn du willst", sagte Lena eifrig, „zeig ich dir und deiner Frau nachher den ganzen Hof. Und die Tiere natürlich!"

„Und ob ich will!“ Heribert rieb sich die Hände.
„Was ist eigentlich ein Vetter?“, wisperte Pitt Lena ins Ohr.
„Bist du doof!“, gab Lena zurück. „Das gleiche wie ein Cousin.“
„Ach so“, nuschelte Pitt verlegen. Dann rief er dem Cousin zu: „Ihr habt ja eine Oberhausener Autonummer! Kommt ihr aus Oberhausen?“
„Du hast es erfasst, Pitt.“
„Er kennt meinen Namen“, flüsterte Pitt seiner Schwester zu und machte dazu ein glückliches Gesicht.
„Ich fahre euren Wagen erst mal in die Scheune“, schlug Gregor vor. „Hier in der Hitze fängt er gleich an zu kochen.“
„Mach das, Gregor!“, seufzte Heribert erleichtert. „Ich kann nämlich nicht Auto fahren. Dafür ist Mecki zuständig.“
„Weil du zu dick bist, ja? Darum kannst du nicht Auto fahren, oder?“ Pitt fragte das voll Neugier.
„Aber Pitt!“ Gregor funkelte seinen Sohn böse an, konnte sich aber das Lachen kaum verkneifen.
„Der Junge hat ja Recht“, stöhnte Heribert.
Gregor fuhr den Diesel in die Scheune, wo Ronja dann die restlichen Reifen bespritzte. Heribert wuchtete das Gepäck aus dem Kofferraum und trug es zusammen mit Gregor ins Haus. Die beiden Frauen hockten auf dem Ledersofa und waren ins Gespräch vertieft.

„Soll ich Kaffee machen?“, fragte Lena.
„Lieber was Kaltes“, bat Heribert. „Ist Bier im Haus?“
„Aber sicher!“, rief Pitt. „Hol ich sofort. Was wollen wir denn essen? Das ist eine viel wichtigere Frage.“
„Pitt ist die Familienfressmaschine“, erklärte Lena.
„Ich muss auf meine schlanke Linie achten“, gab Heribert zu bedenken. „Bloß nichts Süßes!“ Verschwörerisch blinzelte er Pitt zu. „Dabei mag ich so gern Kuchen.“
Mecki begrüßte nun erst einmal ganz ausführlich Lena und Pitt. Sie stellte jede Menge Fragen, wollte alles über die Schule und über die Hobbys wissen, und dann gab sie zu verstehen, dass sie an einem ausführlichen Spaziergang durch die schöne Landschaft sehr interessiert sei.
„Spaziergang, oh Herr des Himmels!“ Heribert faltete in stummer Verzweiflung die Hände.
Lena wusste die Lösung. „Wir fahren mit dem Pferdewagen!“
Da erschien ein glückliches Lächeln auf Heriberts Gesicht. Er trug schwungvoll den Koffer und die dicke Tasche die Holztreppe hinauf zum Gästezimmer. Dann stand er lange in der Wohnhalle und bewunderte das Gebälk und den offenen Kamin. Man sah ihm an, dass er auch gern in so einem großen Haus wohnen würde.
Mecki hatte sich inzwischen umgezogen und kam in einem froschgrünen Leinenanzug die Treppe herunter.
Lena servierte eisgekühlten Pfefferminztee und selbst ge-

backene Stachelbeertorte. Heribert und Pitt futterten kaltes Huhn. Gregor nippte an seinem Bier, sein Vetter trank schon das dritte Glas.

„Dürfen wir jetzt den Hof anschauen?", fragte Mecki.

Das war das Stichwort für Lena. Selbstverständlich übernahm sie die Führung.

Heribert stieß kleine Jubellaute aus, als er die Pferde auf der Weide sah. Wie ein Kind bei der Weihnachtsbescherung, so starrte er hingerissen auf die drei Haflinger. Raja trat aus dem Schatten des Stalles, um nachzuschauen, welche fremden Leute da gekommen waren. Der Ziegenbock Xerxes schielte nur über die Schulter, dann präsentierte er zur Warnung seine starken Hörner. Zu einem Schaukämpfchen mit Ronja war er an diesem Nachmittag nicht aufgelegt. Die schneeweiße Katze, die nun schon seit einigen Wochen auf dem Pferdehof wohnte, sich nur selten streicheln ließ und weder Futter noch Wasser von den Menschen annahm, strich im Slalom um Meckis und Heriberts Beine und verschwand wieder im hohen Gras.

Mecki stieß ihren Mann an und deutete mit dem Kopf auf Raja. „Sieh dir das an! Sie guckt wie eine weise alte Pferdedame."

Lena dachte: Sie ist eine weise alte Pferdedame.

Dann führte sie die beiden Städter aus Oberhausen zu den Schwalbennestern in der alten Schmiede und zur Scheune, wo unter dem Dachbalken die Fledermäuse

kopfüber den Tagesschlaf hielten. Vom üppig blühenden Garten war besonders Mecki begeistert.
„In eurem Stall ist aber noch 'ne Menge Platz", bemerkte Heribert. „So ein sattes Dutzend Pferde könnt ihr euch locker noch zulegen."
„Hör auf!", protestierte Gregor. „Wer soll das bezahlen?"
„Ich liebe Pferde", sagte Heribert leise, „weil sie so anmutig sind."
Lena hätte ihm für diese Bemerkung am liebsten einen Kuss auf die Glatze gedrückt. Sie lief zu Hanna, die sich anschickte, den Haflingern das Geschirr anzulegen. Wieder spielte Mux verrückt. Lena fand, dass er von Tag zu Tag ungeduldiger wurde. Manchmal bedrängte er auch heftig seine Mutter, und Motte keilte dann aus und zeigte die Zähne. Wenn Tewes die Attacken sah, fasste er sich regelmäßig ans linke Ohrläppchen und murmelte irgendetwas Unverständliches.
Benno und Motte ließen sich mühelos vor den Wagen spannen. Die Wärme schien ihnen nicht viel auszumachen. Pitt und Ronja verzogen sich ins Haus, weil Pitt sich unbedingt einen Zeichentrickfilm ansehen wollte, der im Fernsehen lief. Seine große Reitershow auf Sturmwinds Rücken war ohnehin erst für den Abend vorgesehen, wenn es kühler wurde. Aber da gab es noch einen Grund dafür, dass Pitt nicht mitfahren wollte. Wenn nämlich Heribert auf dem Kutschbock Platz nahm, dann

konnte sich neben seinen gewaltigen Hintern allenfalls noch Hanna quetschen. Und eine Gespannfahrt, die er nicht auf dem Fahrersitz erlebte, galt für Pitt nicht.
Lena allerdings sah ein ganz anderes Problem. Wie sollte Heribert überhaupt hinaufkommen auf den Wagen? Einen Hebekran gab es auf dem Pferdehof nicht.
Doch zu Lenas Verwunderung kam Heribert mit dieser Schwierigkeit verhältnismäßig leicht zurecht. Er zog sich an den seitlichen Haltegriffen hoch, stemmte den linken Fuß auf die Fußraste, Hanna zog und zerrte an seinem Jackenkragen, und Gregor schob von unten. Und dann hockte Heribert freudestrahlend neben Hanna hoch auf dem Wagen und ließ die Peitsche wippen. Gregor, Lena und Mecki setzten sich nebeneinander ganz hinten auf die Ladefläche und ließen die Beine baumeln.
Die zwei Großstädter genossen die gemächliche Fahrt. Motte und Benno gingen im Schritt. Hanna lenkte sie über weiche Feldwege und durch schattiges Gehölz. Im Gronerdinger Wäldchen war die schmale Schneise, die man für die Holzabfuhr geschlagen hatte, sogar im Sommer sumpfig. Mücken umquirlten die Köpfe der Pferde. Libellen, grünlich und violett schillernd, zuckten über den morastigen Gräben in verwirrendem Flug hin und her. An den Rändern der Tümpel glänzten die braunen Kolben der Pfeifenputzerpflanzen, im Schilfgras keckerten Wildenten. Wie gläserne Pfeile schossen die Lichtbündel der Sonne durch die Kronen der Eschen und

Stieleichen. In den monotonen Summton der Hummeln mischte sich das Gezwitscher der Vögel. Einmal flog ein bunter Eichelhäher dicht über das Pferdegespann hinweg und stieß gellend seine Warnung aus. Ein Specht klopfte hart an einem Rotbuchenstamm und ließ sich weder von den Menschen noch von den flitzenden Eichhörnchen stören. Bei der Lichtung standen vier Rehe zwischen den Haselnusssträuchern und äugten aufmerksam, dann verschwanden sie lautlos im Dickicht.

„Ist das wunderbar!“, stöhnte Heribert selig.

Als das Fuhrwerk den Waldrand erreichte, hielt Hanna für ein paar Minuten den Wagen an. Motte und Benno zupften an den zartgrünen Spitzen der Fichtenzweige. Lena und Mecki waren abgesprungen und setzten sich ins Moos. Vor ihnen dehnte sich die Parklandschaft, die so typisch ist für das Münsterland. Wallhecken umgrenzten die ausgedehnten Wiesen und die Felder, das reife Korn schimmerte golden. Kleine Wälder und ausladende Gehöfte lagen wie Inseln inmitten der Weite. Weit weg waren Bauern mit Mähdreschern bei der Arbeit. Die Gerste musste geerntet werden.

„Diese riesigen grünen Felder – was ist denn das?“, wollte Mecki wissen.

„Mais“, sagte Lena. „Für die verdammte Mastschweinehaltung braucht man hier Massen von Mais. Der wird aber erst im Herbst abgefräst. Und auf die leeren Felder kippen sie dann die Gülle aus den Schweineställen und

vergiften mit den wahnsinnigen Nitratmengen den Boden und das Wasser. Aber lass uns an so einem schönen Tag von was Erfreulicherem reden! Siehst du den großen Vogel über dem Rapsfeld kreisen?"
„Ja klar, sehe ich." Mecki schirmte die Augen mit den Handflächen ab. „Ist das ein Habicht?"
„Ein Schwarzer Milan. Manche nennen ihn auch Königsweih. Er fängt nur kleinere Tiere, Mäuse und so. Und über Aas macht er sich her. Die häufigsten Greifvögel hier sind die Bussarde."
„Du kennst dich aber gut aus, Lena!" Mecki staunte.
Die Fahrt ging weiter.
Zwischen wiederkäuenden Kühen, die im Gras ruhten, hoppelten junge Kaninchen und übten Hakenschlagen. Ein dichter Krähenschwarm fiel auf einem Acker ein, der schon zu einem Viertel abgeerntet war. Jungbullen dösten im Schatten von Kopfweiden, deren Zweige schon lange nicht mehr beschnitten wurden, denn die Zunft der Korbflechter hatte im Plastikzeitalter kaum noch Konjunktur. Als der Wagen über die Brücke der Steinfurter Aa rollte, sahen die fünf Spazierfahrer einen Reiher, der würdevoll durch das seichte Uferwasser stakste.
„Da! Pferde!", rief Heribert plötzlich aus und zeigte zu einer Koppel hinüber, auf der mindestens zwanzig Pferde der unterschiedlichsten Färbung grasten. „Was für ein Bild! Werden die Pferde hier eigentlich auch in der Landwirtschaft gebraucht?"

„Kaum“, entgegnete Hanna. „Aber hier haben fast alle Leute Reitpferde. Eine richtige Reitergegend ist das, und in jedem Dorf gibt’s einen Reitverein.“
„Ich hab noch nie in meinem Leben auf einem Pferd gesessen!“ Richtig traurig sagte Heribert das.
„Ich auch nicht!“ Gregor streckte die Arme in die Höhe, und das wirkte fast wie eine Geste der Entschuldigung. „Aber aus Prinzip nicht. Pferde sind nicht dazu da, dass Menschen sich auf sie draufsetzen. Meine Privatmeinung. Andere Leute sehen das natürlich anders.“
„Ich würde aber unheimlich gern mal reiten“, sagte Heribert leise. „Un-heim-lich gern. Wenigstens einmal.“
Hanna musste das Gespann zur Seite lenken, weil ihnen ein Traktor mit einem Anhänger voll Gerste entgegenkam. Die Haflinger waren an Motorfahrzeuge gewöhnt und wurden kein bisschen nervös. Lena erkannte den Fahrer des Traktors schon von weitem. Es war Annettes Vater.
„Ihr habt’s gut!“, rief Johannes Schulze-Gehling im Vorbeifahren. „Ihr könnt fein durch die Gegend kutschieren, und unsereins muss sogar am Wochenende malochen.“
Gregor winkte ihm zu. „Manchmal arbeiten wir aber auch ein bisschen! Läuft’s gut mit der Ernte?“
„Wir nutzen das schöne Wetter aus!“ Schulze-Gehling rief noch etwas, das war aber beim Dröhnen des Traktormotors nicht mehr zu verstehen.

Zum Schluss der kleinen Rundfahrt fuhren sie an der Gräfte des kleinen Wasserschlosses vorbei, in dem die schrullige und doch so hilfsbereite Baronin Amelie von Alfhaus wohnte, die sich zu Lenas Überraschung als Annettes Patentante entpuppt hatte. In den großen Beeten auf der Insel protzten die Blumen mit all ihrer Farbenpracht, zwei weiße Schwäne zogen im dunklen Wasser der Gräfte majestätisch ihre Kreise, Enten gründelten im Schlamm.

„Wie im Märchen!" Mecki schien dieses zauberhafte Bild mit den Augen geradezu einzusaugen. „So müsste man wohnen!"

Heribert murmelte vor sich hin: „Wenigstens einmal möchte ich reiten." Er schwitzte sehr, obwohl die Hitze nachließ, denn die Sonne verkroch sich bereits hinter Gronerdingers Wäldchen, und ein leichter Wind war aufgekommen und brachte die Lupinenschoten zum Tuscheln.

Pitt und Ronja warteten schon. Und dann, als die zwei Haflinger versorgt waren und die Spazierfahrer sich ausgiebig mit Lenas Spezialtrunk aus Beerensaft, Sprudelwasser und Eis erfrischt hatten, war Pitts großer Auftritt endlich gekommen. Im Gänsemarsch mussten ihm alle zur hinteren Hausweide folgen, wo Sturmwind schon bereitstand.

„Meine Damen und Herren! Sie sehen nun die tollkühnen Kunstritte des Kunstreiters Pitt Belker auf seinem

reinrassigen Reitkunstpony Sturmwind! Es darf geklatscht werden!" Pitt stieg über den Zaun und schwang sich auf sein Pony. „Sie sehen nun das Reiterkunststück Nummer eins!"
Sturmwind trippelte los auf seinen kurzen Beinchen, und Pitt duckte sich wie ein Jockey. Nach einer Ehrenrunde zog Pitt die Beine hoch und ritt nun beinahe im Knien und fast ohne zu wackeln.
„Und jetzt freihändig!", rief er und streckte die Arme aus. „Na bitte, Leute, ist das cool?"
„Ja, das ist cool!", schrie Heribert aus Leibeskräften und klatschte wie besessen. Man sah ihm an, dass er es ernst meinte mit seiner Begeisterung. Plötzlich beugte er sich zu Lena hinunter und flüsterte: „Mensch, Lena, kannst du das nicht irgendwie für mich arrangieren? Ich meine, dass ich auch mal ein Stückchen reiten könnte. Das wär was!"
„I-i-ich weiß nicht", stammelte Lena. „Mal schauen. Irgendwie könnte ich …" Sie biss sich in den Handballen. Heriberts Wunsch verwirrte sie total. Fieberhaft dachte sie nach. Dieser Mordskerl von Mann konnte unmöglich auf Raja steigen, das wäre zu viel für die alte Stute. Und Motte oder Benno? Nein, die waren doch zu klein! „Ich sprech mal mit meiner Freundin", sagte sie und ging langsam zum Haus. Pitts Vorführung kannte sie ja sowieso.
Lena wählte die Nummer von Schulze-Gehling und war-

tete und wartete. Zum Teufel, warum hob denn niemand ab? War denn die ganze Familie noch auf dem Feld?
Da, endlich! Annette meldete sich.
„Du musst mir unbedingt helfen!“ Lena schrie das geradezu in die Sprechmuschel. „Ich brauche dringend ein ganz großes, starkes Pferd.“
„Spinnst du?“, fragte Annette. „Ich bin grad dabei, meine Klamotten zu packen. Du weißt doch, dass ich morgen nach Stuttgart fahre. Ganz früh schon. Wozu brauchst du denn ein ganz großes Pferd?“
„Für Heribert. Das ist so eine Art Onkel. Der will reiten.“
„Du, Lena, ihr habt doch selber Pferde!“
„Du kennst Heribert nicht! Der ist so massig wie so’n japanischer Sumo-Ringer. Bitte, Annette! Du würdest ihn glücklich machen. Er saß noch nie auf einem Pferd.“
Annette sagte giftig: „Auf meinen Odin lasse ich keinen Fremden. Und schon gar keinen Dicken. Dass du das nicht weißt!“
Lena lachte verlegen. „Ich hatte mehr an eure Tessa gedacht. So ’ne großrahmige kräftige Oldenburger Stute wäre stark genug für …“
Annette unterbrach unwirsch. „Erstens würde mein Vater das nicht erlauben, weil nur er und unser Lutz die Tessa reiten dürfen, und zweitens hat Tessa ein Fohlen. Da muss man sie in Ruhe lassen, sonst wird sie böse. Tut mir Leid, Lena. War’s das?“

„Halt, nicht auflegen!“, forderte Lena. „Und sonst? Hast du keine Idee? Du kennst doch tausend Leute aus dem Reitverein.“

Für einige Sekunden war es still am anderen Ende der Leitung. Lena hörte nur Annettes Atem. Bitte, wünschte Lena sich inständig, bitte, lass dir etwas einfallen! Sie wusste selber nicht genau, warum es ihr so wichtig war, Heriberts Wunsch zu erfüllen.

„Hör mal“, sagte Annette da etwas zögernd, „die Kessemeiers haben zwei Kaltblüter auf der Weide. Ich könnte da mal anrufen und fragen, ob der Sumo-Ringer mal einen von denen reiten darf. Die sind kräftig genug. Aber Reitpferde sind das nicht!“

Lena lachte befreit. „Heribert ist auch kein Reiter. Ja, Annette, ruf da mal an, bitte! Das wär ein richtiger Freundschaftsdienst.“

„Okay“, sagte Annette, „aber versprechen kann ich natürlich nichts. Pass auf, ich will gleich den Odin noch ein bisschen bewegen. So zum Abschied vor der Reise. Ich komme dann bei euch vorbei. In Ordnung?“

„In Ordnung. Hoffentlich klappt’s!“

Und als Lena den Hörer aufgelegt hatte, dachte sie noch einmal: Hoffentlich klappt’s!

Rosy ist eine Riesin

Kaum eine Stunde war vergangen, da erschien am Horizont ein Reiter, der wurde schnell größer und größer, und dann konnte man erkennen, dass der Reiter eine Reiterin war und einen prachtvollen Fuchswallach ritt. Heribert, der hinter Mecki und Hanna vom Erdbeerenessen aus dem großen Garten kam, blieb wie angewurzelt stehen und starrte die Reiterin und ihr Pferd bewundernd an.

Die Wuschelhündin stieß ein Freudengebell aus, denn Annette und Odin waren ihr vertraut. Lena stürzte aus dem Haus und guckte die Freundin fragend an, und als die fröhlich nickte, wurde ihr vor Freude ganz warm. Es hatte also geklappt!

„Hallo, Annette!", rief Hanna. „Da lernst du gleich unsere Verwandten aus Oberhausen kennen. Sie heißen so wie wir: Belker. Komm, sitz ab!"

„Annette ist meine Freundin", erklärte Lena.

„Du hast ein tolles Pferd, Annette!" Mecki staunte.

„Das kann man laut sagen!" Heribert sagte es aber nicht laut, er flüsterte es feierlich.

Lena versuchte, den Anfall von Eifersucht, der sie plötzlich überkam, schnell wieder zu vergessen. Bei Rajas Anblick hatten Heriberts Augen nicht so geleuchtet.

Wie üblich war Annette adrett gekleidet: blanke Stiefel, beige Reithose, dunkle Jacke, schwarze Reitkappe. Ihr Sitz war wie stets perfekt. Elegant schwang sie sich aus dem Sattel.

Angeberin!, dachte Lena.

Annette war zwar auf die Begegnung mit dem dicken Mann vorbereitet, doch so massig hatte sie sich Lenas Onkel wirklich nicht vorgestellt. Sie musste erst einmal kräftig durchatmen.

Pitt bettelte: „Lass mich den Odin in die Scheune führen, ja? Ich mach ihn auch ganz bestimmt richtig fest. Oder soll er auf die Weide?“

„Bring ihn in die Scheune, Pitt!“ Annette nahm die Kappe ab. „Ich bleibe ja nicht lange.“ Dann lockerte sie Odins Sattelgurt und gab danach Mecki und Heribert die Hand.

Lena boxte Heribert gegen die Stelle, an der bei anderen Leuten die Hüfte ist. „Annette hat eine Überraschung für dich.“

Annette nahm das Stichwort auf. „Lena hat mir gesagt, dass Sie gern mal auf ’nem Pferd sitzen möchten. Und weil ich mir die zwei neuen Pferde von Kessemeiers ansehen will, also, da dachte ich, dass eins davon vielleicht geeignet wäre ... Ich meine ...“ Sie geriet ins Stottern, weil ihr die richtigen Worte nicht einfielen. Sie traute sich einfach nicht, die Wörter dick und schwer und Kaltblüter zu sagen.

Heribert sprang in die Höhe. Nein, er sprang natürlich nicht wirklich, doch es sah so aus. „Das finde ich einsame Spitze! Ich werd verrückt. Mecki, hast du das gehört? Ich darf reiten!“

Mecki verzog sorgenvoll das Gesicht. „Willst du das allen Ernstes versuchen? Heribert, lass doch lieber den Quatsch! Wenn was passiert, da darf ich gar nicht dran denken.“

Heribert schien jedoch entschlossen, sein Glück auf dem Rücken eines Pferdes zu versuchen. Sein Mondgesicht glänzte nur so vor Freude. „Jetzt sofort? Gehen wir sofort zu diesen Pferden?“

„Wir fahren“, sagte Annette. „So drei, vier Kilometer sind's schon bis zu den Kessemeiers. Ich hab übrigens dort angerufen. Sie erwarten uns.“

„Halleluja!“, schmetterte Heribert. „Wer fährt mit?“

Lena und Annette wollten selbstverständlich mit. Und irgendjemand musste den Daimler-Diesel chauffieren, der hatte rechts einen Spezialsitz für Heribert. In andere Personenautos passte er nicht hinein. Hanna bot sich als Fahrerin an. Mit dem Diesel komme sie schon zurecht, meinte sie. Mecki nickte dankbar.

Gregor, der sich pfeiferauchend aus einem der Wohnzimmerfenster lehnte, schaute sich die allgemeine Geschäftigkeit gelassen an. Er sagte: „Und wir drei Hierbleiber bereiten in der Zwischenzeit das Abendessen vor.“

„Jaaa!“, kreischte Pitt. „Ich bin schon seit drei Stunden verhungert!“
Annette wies Hanna den Weg. Von der Landstraße aus führte eine von Pappeln gesäumte Allee in die Talsenke, in der der Hof der Familie Kessemeier wie eine dicke Glucke lag. Jedenfalls kam es Lena so vor. Ein steinerner Löwe zierte das Säulenportal des Wohnhauses dieses alten Gutes. Der Bernhardiner an der langen Kette gab keinen Laut von sich.
Eine junge Frau in weiß-grünem Jogging-Anzug kam aus der Tür, als der Diesel ausrollte. Hanna und Lena erkannten zu ihrer Verwunderung die Frau. Sie war die Kassiererin vom Supermarkt in Uhlendorf.
„Ich hab euch schon durchs Fenster gesehen!“ Die sportliche Frau kam mit federnden Schritten auf sie zu und öffnete schwungvoll die Wagentür an Hannas Seite. „Ich bin Gretel Kessemeier. Unsere Familie sitzt gerade beim Abendbrot. Wir kennen uns doch, ja?“
„Natürlich“, sagte Hanna. „Aber das ist mir jetzt peinlich, dass wir beim Essen stören.“
„Mich stören Sie nicht. Ich esse abends nie etwas. Diät, verstehen Sie?“ Und weil in diesem Augenblick Heribert seinen gewaltigen Körper aus dem Auto wuchtete, fügte sie betreten hinzu: „Nur so eine Art Diät.“
„Wo sind die Pferde?“, wollte Heribert sofort wissen, als er Gretel Kessemeiers Hand geschüttelt hatte. „Und ich bin Ihnen ja so dankbar für ihr freundliches Entgegen-

kommen. Wirklich!" Er fuhr sich verlegen mit beiden Händen über den kahlen Schädel.
Gretel Kessemeier nahm lachend eine Pferdedecke, ein Halfter und einen Strick von der Bank neben der Haustür und winkte, dass man ihr folgen möge.
Es ging leicht hügelan zu einer Wiese, auf der knorrige Obstbäume standen. Manche Äste ragten kahl gegen den Abendhimmel. Gretel Kessemeier schlug ein rasches Tempo an. Zu Lenas Erstaunen hielt Heribert Schritt, allerdings keuchte er wie eine alte Dampflok.
„Eigentlich waren die beiden Kaltblüter für den Schlachthof bestimmt", sagte Gretel Kessemeier. „Wer braucht heutzutage noch solche Pferde! Kaltblüter werden zwar noch beim Holzrücken von den Waldarbeitern eingesetzt. Aber nicht hier bei uns. Hier gibt's ja keine großen und dichten Wälder. Vor den Bierwagen der Brauereien sieht man ja hin und wieder noch ein Kaltblütergespann. Auch bei Pferdeschauen. Jedenfalls konnte mein Vater es nicht ertragen, dass die beiden schweren Pferdeladys geschlachtet würden, und da hat er sie einfach gekauft. Jetzt stehen sie bei uns auf der Weide, und es geht ihnen gut. Wir brauchen sie natürlich nicht, aber sie sehen so schön aus, und sie sind so friedlich."
Lena spürte das warme Gefühl im Bauch. Was Gretel Kessemeier sagte, das gefiel ihr sehr. Die Pferde einfach um ihrer selbst willen auf dem Hof leben lassen: Gab es einen besseren Grund? Als ob Tiere nur zum Nutzen der

Menschen eine Daseinsberechtigung hätten! Schade, dass Gregor nicht mitgekommen war. Er hätte Beifall geklatscht. „Ich finde deinen Vater sensationell!", sagte Lena. „Echt."

Heribert geriet in Fahrt. „Kaltblüter haben ein ganz besonders ruhiges Temperament, wie schon der Name sagt. Die sind nicht so nervös wie Araberpferde und so lebhaft wie Warmblüter. Geht ja auch nicht bei so schweren Körpern. Die Vorfahren der Kaltblutpferde lebten übrigens in Mooren und sumpfigen Landschaften, wo man sich sowieso nur langsam bewegen kann. Und auf matschigem Grund braucht man ja auch so breite Hufe."

„Sie kennen sich ja aus!" Gretel Kessemeier nickte.

„Nur theoretisch", sagte Heribert leicht bekümmert, „leider nur theoretisch."

Sie hatten die Obstwiese erreicht. Im hohen Gras blühten Klee und Hahnenfuß, Glockenblumen und Ehrenpreis in Fülle. Gretel Kessemeier öffnete das Gattertor und ließ dann die Besucher vorangehen. Kaum zwanzig Schritte entfernt standen die beiden mächtigen Pferde.

„Wow!" Annette stieß überrascht und bewundernd einen kleinen Schrei aus.

„Wow!", echote Lena und rieb sich die Augen.

„Dass es so riesenhafte Pferde gibt", flüsterte Hanna beeindruckt, „hab ich gar nicht gewusst. Es ist kaum zu glauben!"

Heribert war vor Verblüffung wie zur Salzsäule erstarrt. Sprachlos starrte er die beiden Giganten an, und es sah aus, als fielen ihm gleich die Augen aus dem Kopf. Jedenfalls hatte es ihm für eine volle Minute die Sprache verschlagen. Endlich fragte er mit bebender Stimme: „Sind das Brabanter?"

„Das ist eine englische Rasse", erklärte Gretel Kessemeier. „Shire Horse, das ist der Name."

„Ja, ja!" Heribert ballte vor Begeisterung die Fäuste. „Shire Horses, das sind die größten Pferde der Welt! Stockmaß so um die eins achtzig oder sogar noch größer, hab ich mal gelesen. Es sind fast immer Braune und Schwarze!" Dann wurde seine Stimme kleinlaut. „Aber auf solche Riesen kann man sich doch nicht setzen. Wie soll ich da raufkommen?"

„Hast du Angst?", fragte Lena mitfühlend.

Heribert schüttelte langsam den Kopf. „Da kommt doch kein Mensch rauf! Und ich schon gar nicht. Das schafft höchstens ein Bergsteiger."

Gretel Kessemeier sah die Sache anders. „Kein Problem", meinte sie und holte eine Leiter, die an einem Kirschbaum lehnte. Dann ging sie zu dem vorderen der beiden Pferde, warf ihm mit gekonntem Schwung die Decke über und begann, das Halfter anzulegen. Die Stute blickte freundlich und ließ es geschehen.

Heribert, Hanna und die beiden Mädchen näherten sich scheu dem riesigen Pferd. Sein braunes Fell war noch eine Spur dunkler als das des anderen Pferdes. Das Haar der üppigen Mähnen und der halblangen Schweife war bei beiden Tieren tiefschwarz und wie mit der Brennschere gewellt. Beide waren Stuten, ganz ruhig und gelassen standen sie da.

„Dies ist die Rosy“, erklärte Gretel Kessemeier. „Und die andere heißt Mala!“

„Rosy?“ Hanna wunderte sich. „Also, der Name passt wie die Faust aufs Auge. Ich meine, der passt überhaupt nicht. Walküre oder Brunhilde oder so. Irgendwie gewichtig müsste sich der Name anhören.“

Gretel Kessemeier lehnte die Leiter gegen Rosys Riesenleib. „Wir haben ihnen die Namen nicht gegeben. Die standen auf kleinen Blechplatten am Halfter. Sie hören auf ihre Namen!“ Gretel Kessemeier winkte Heribert mit dem Finger zu. „Nun heißt’s aufsitzen!“

Wie ein Hypnotisierter hatte Heribert den Blick auf den Rücken der schwarzbraunen Stute gerichtet. Tritt für Tritt arbeitete er sich nach oben. Mit einem Schwung, der für seine Ausmaße überraschend sportlich wirkte, schaffte er es, ein Bein auf Rosys andere Seite zu schwingen. Da saß er nun und konnte es offensichtlich selbst kaum glauben.

Gretel Kessemeier reichte ihm den Strick zu, der als Zügel diente, zog die Leiter weg und gab Rosy einen Klaps auf die breite Hinterhand. „Hoh, Rosy, hoh!“, rief sie.

Gemächlich setzte sich die Stute in Bewegung, tat wie in Zeitlupe einen Schritt nach dem anderen und stapfte mit langsam wippendem Kopf diagonal über die Wiese. Heribert, der stocksteif dort oben in luftiger Höhe thronte, gab mit leichtem Zug am Strick kleine Richtungsänderungen an. Und so bewegten sich Reiter und Pferd schaukelnd zwischen den Obstbäumen. Auf dem weichen Boden der Wiese setzte Rosy ruhig und sicher die riesigen Hufe auf. Dann setzte sich plötzlich auch Mala in Marsch und folgte in gemessenem Abstand ihrer Gefährtin.

Dass selbst so ein Riese wie Heribert fast klein auf diesem Pferd wirkt!, dachte Lena. Dann stellte sie etwas Merkwürdiges fest. Sie hatte sich eingebildet, dass Heribert garantiert ausgesprochen lächerlich auf einem Pferderücken wirken würde, doch es war ganz anders. Kein bisschen lächerlich sah das aus. Würdevoll, dachte Lena, würdevoll ist das richtige Wort. Sie sah, wie Heribert den Kopf hob und verzückt hinaufschaute zu den Abendwolken. Wurden seine Kindheitsträume gerade wieder lebendig? Zum ersten Mal auf einem Pferd. Zum ersten Mal im Leben ein Reiter. Zum ersten Mal vielleicht war sein Gewicht keine Last. Er ist jetzt ein Indianer, überlegte Lena, oder ein furchtloser Ritter oder Old Shatterhand.

„Wie schön das aussieht“, flüsterte Lena.

Hanna nickte und lächelte.

Selbst Annette, die große Spötterin, hielt den Mund.
Und so ritt Heribert eine Viertelstunde unter den Bäumen umher und hatte wahrscheinlich die Welt vergessen. Als Gretel Kessemeier dann nach Rosys Halfter fasste und die Stute anhielt, erwachte Heribert wie aus einem Schlaf. Mit Hilfe der Leiter kletterte er von Rosys Rücken. Unten schwankte er ein wenig wie ein Seemann, der nach langer Fahrt wieder festen Boden unter den Füßen hat und noch unsicher ist. Er legte die Handflächen auf Rosys Hals und drückte einen sanften Kuss auf die mächtige Brust der Stute. „Danke", sagte er leise, „danke!"
Meinte er das Pferd? Oder Gretel Kessemeier? Oder Lena und Annette? Oder meinte er sie alle?
Als sie dann das Wohnhaus erreichten, stand Bauer Kessemeier hinter dem Fenster und hob kurz die Hand zum Gruß. Das hektische Geplapper eines Sportreporters schallte undeutlich aus dem Haus. Es hörte sich nach Fußballübertragung an. Hanna und die Mädchen winkten dem Bauern zu. Heribert nahm von all dem nichts wahr. Er stapfte wie in Trance zum Auto. Hanna, Annette und Lena schwatzten noch ein paar Worte mit Gretel Kessemeier. Heribert war auf der Heimfahrt ganz still. Auf seinem Mondgesicht lag ein seliges Lächeln.
Gregor, Mecki und Pitt warteten schon mit dem Abendessen. Gregor hatte die Koteletts und die Würstchen gebraten, die von der Party übrig geblieben waren. Mecki

hatte Buchweizenpfannkuchen gebacken, Tee gekocht und Rapunzelsalat zubereitet. Pitt hatte das alles beaufsichtigt und Ronja hatte ihm dabei geholfen.
Sie aßen und tranken und redeten, nur Heribert schwieg lächelnd vor sich hin. Er wachte erst auf, als Hanna, Mecki, Gregor und er in der Wohnhalle um den Tisch saßen und Rotwein tranken.
„Du hättest mich sehen sollen, Mecki!" Es sprudelte geradezu aus Heribert heraus. „Du hättest mich sehen sollen! So ein Pferd! So ein Ritt! Ich kann es gar nicht beschreiben. Es war traumhaft schön. Ja, du hättest mich sehen sollen!" Er nahm einen tiefen Schluck aus dem Glas und knallte die Hand auf den Tisch, dass fast das Haus wackelte. „Das werde ich nie vergessen. Nie!"
Mecki schmunzelte. „Nun lass mal gut sein, Heribert!" Sie legte ihrem Mann zärtlich die Hand auf den Arm. „Ich freue mich ja für dich." Plötzlich schnellte sie aus dem Sessel hoch. „Was für Trottel wir doch sind!" Sie fasste sich an die Stirn. „Wir haben euch doch ein paar kleine Geschenke mitgebracht!"
„Was zu essen?", fragte Pitt gierig.
„Na, was schenken denn wohl Buchhändlersleute?", erwiderte Heribert. „Rate mal!"
Bevor Pitt antwortete, jubelte Lena los. „Bücher! Ja, Bücher!" Sie liebte Bücher fast so sehr wie Pferde und war vermutlich die größte Büchernärrin des Münsterlandes.

Mecki war inzwischen zum Gästezimmer geeilt. Und was sie dann auf den Tisch legte, das waren keine kleinen Geschenke, das waren Schätze. Jedenfalls sah Lena das so.

Hanna bekam einen ledergebundenen Band nordischer Sagen in schwedischer Sprache. Gregor machte Stielaugen, als Mecki ihm ein mit Holzstichen geschmücktes Buch über die Rechtsprechung im Mittelalter reichte. Pitt nahm mit gemischten Gefühlen ein bebildertes Buch über berühmte Abenteurer entgegen, denn er tat sich ein bisschen schwer mit dem Lesen.

Und dann endlich war Lena an der Reihe. Weil sie doch eine Fachfrau für Pferdeangelegenheiten sei, sagte Mecki, könne sie doch vielleicht ein Lexikon über ihr Fachgebiet gebrauchen. Auf dem Umschlag des dicken Buches war eine Reiterin mit ihrem Pferd abgebildet, und der Titel hieß PFERDE A–Z.

Lena griff nach dem Buch und spürte die Schmetterlinge im Bauch. Das war etwas für sie! „Große Klasse!“, rief sie. „Das ist super!“ Sie ließ sich in die Sofaecke sinken und begann sofort zu blättern. Sie merkte nicht einmal, dass sie sich gar nicht bedankt hatte.

Und als sie längst im Bett lag, las Lena noch immer in ihrem Pferdebuch.

Der Schreck am Nachmittag

Es war dunkel in Lenas Wigwam, doch in ihrem Kopf brannte noch lange das Licht. Nach diesem verrückten Tag konnte sie einfach nicht einschlafen. Die Gedanken kamen nicht zur Ruhe. Nein, das Knacken der Wärme in den schweren Dachbalken störte sie nicht, auch nicht die Geräusche des Marders über ihrer Zimmerdecke, der wieder einmal auf Mäusejagd war. Selbst Heriberts pfeifendes Schnarchen, das bis in den letzten Winkel des großen Hauses zu dringen schien, setzte ihr nicht sonderlich zu. Es war einfach so, dass sie Zeit brauchte, um die Eindrücke des Tages zu verarbeiten. Und so lag Lena auf ihrem Bett und ließ die Gedanken kreisen. Sie dachte: Ich kann ja ausschlafen bis zum Mittag, Zeit spielt keine Rolle.

Aber dann, Mitternacht war lange vorbei, fiel Lena doch in einen unruhigen Schlaf, sie träumte von haushohen Pferden und böse lachenden Zombies. Als sie schweißgebadet aufwachte, stellte sie voll Erleichterung fest, dass der Morgen schon fast vorbei war und dass im Haus fröhlicher Lärm herrschte. Geschirrgeklapper, Kaffeeduft, Stimmengewirr, Musik aus dem Radio. Sie haben mich also einfach schlafen lassen, dachte Lena. Hoffentlich hatte jemand nach den Pferden gesehen.

Aber Lena wusste, dass Hanna das immer machte, jeden Morgen.
Sie sauste ins Badezimmer, und es dauerte keine zehn Minuten, da stürmte sie die Treppe hinunter in die Wohnhalle, wo die anderen am Frühstückstisch saßen. Ronja führte einen Freudentanz auf, als hätte sie Lena seit Jahren nicht mehr gesehen.
„Morgen zusammen!“, rief Lena.
„Ich dachte schon, du kämst überhaupt nicht mehr“, sagte Heribert und drehte sich mit komisch verkrampften Bewegungen nach Lena um. „Gut geschlafen?“
„Heribert hat Muskelkater vom Reiten“, kicherte Mecki.
„Von dem bisschen Schaukeln?“ Lena hätte die Frage am liebsten wieder verschluckt, als ihr klar wurde, wie unfair diese Bemerkung war.
Heribert nahm die Sache aber mit Humor. „Ich war halt ein wenig aus der Übung.“ Er grinste Lena verschwörerisch zu. „Aber Muskelkater oder nicht: Das war's mir hundertmal wert. Ich muss mich noch ganz herzlich bei dir bedanken.“
„Bedank dich bei Annette“, sagte Lena, „die hat das mit Familie Kessemeier gedreht. Großer Manitou!“ Lena schaute auf die Standuhr. „Annette sitzt jetzt schon seit drei Stunden im Zug nach Stuttgart!“
„Ach, deswegen!“ Mecki setzte die Kaffeetasse ab. „Ich hatte mich schon gewundert, dass sie gestern Abend so rasch nach Hause wollte.“

„Warst du bei den Pferden?“, fragte Lena. Sie sah Hanna an.
Hanna schenkte ihr Kakao ein. „Natürlich. Es ist alles in Ordnung. Nur Mux markiert mal wieder den wilden Mann. Ich war schon früh draußen.“
„Ich auch!“, krähte Pitt.
Lena löffelte hastig ihr Müsli, denn zu ihrem Erstaunen hatten es Mecki und Heribert eilig mit der Heimfahrt. Lena fühlte eine jähe Traurigkeit. Werd bloß nicht sentimental!, redete sie sich innerlich zu. Du kennst diese Leute doch erst seit gestern. Aber sie konnte es drehen und wenden, wie sie wollte: Heribert und Mecki waren ihr inzwischen vertraut wie Freunde.
Gregor trug den Koffer und die Reisetasche vom Gästezimmer zum Daimler-Diesel. Heribert war noch einmal zur Hausweide gegangen, um sich von den Tieren zu verabschieden und um eine Nase voll Stallgeruch mit nach Oberhausen zu nehmen – wie er das nannte. Pitt und Ronja begleiteten ihn. Die beiden Frauen standen bei den Rhododendronbüschen und hatten sich offensichtlich noch eine Menge zu erzählen. Lena lief zum Rosenbeet und schnitt mit dem Taschenmesser zwei weiße Rosen ab: für Mecki und Heribert.
Heribert kam schwer schnaufend von der Weide zurück. „Ihr lebt hier wirklich wie im Paradies“, sagte er. „Wie ich euch beneide! Am liebsten würde ich einfach hier bleiben.“

„Vergiss es!“ Mecki klopfte ihm zärtlich gegen den Bauch. „Du oller Kohlenpottmensch könntest hier doch nicht auf die Dauer leben. Ich kenne dich nun allmählich, oder? Ein Besuch hier draußen, ja, das ist ein tolles Erlebnis. Aber du hängst doch wie kein anderer an deinem Ruhrgebiet.“

Heribert protestierte. „Also, so kann man das wirklich nicht sagen!“

„Doch, kann man wohl!“ Mecki lächelte. „Du brauchst den grauen Himmel, den Großstadtgestank, den Dreck von den Zechen und Kokereien und deine olle Stammkneipe. Du bist doch nicht nur mit mir verheiratet, du bist auch in dein hässliches Oberhausen verknallt.“

Lena hörte zu und verstand das alles nicht.

Mecki fasste Hanna beim Arm. „Kannst du das verstehen? Die richtigen Kohlenpöttler sind nur in ihrem Kohlenpott glücklich. So herrlich es bei euch ist: Der Heribert wäre hier nach spätestens vier Wochen reif für die Klapsmühle. Komische Leute, die Menschen aus dem Ruhrgebiet!“ Mecki kicherte.

„Und du?“, fragte Hanna. „Wie steht's mit dir?“

Mecki dachte nach, sagte dann gedehnt: „Ich weiß es nicht. Vielleicht bin ich inzwischen auch schon eine Kohlenpöttlerin.“

„Wir müssen fahren“, mahnte Heribert.

Es war ein kurzer Abschied, als ob es alle schnell hinter sich bringen wollten. Hastige Küsse, Händeschütteln.

Heribert ließ sich seufzend in seinen Spezialsitz fallen. Mecki startete den Wagen.
„Danke für alles!", rief Mecki.
„Kommt mal wieder!", rief Gregor.
„Machen wir bestimmt!" Heribert winkte. „Wo ich doch jetzt ein Reiter bin!"
Bald war der Wagen nicht mehr zu sehen. Lena merkte verwundert, dass sie die ganze Zeit ihr blaues Stirnband geschwenkt hatte. Sie bemühte sich, Ronja zu beruhigen, die es nicht verstehen wollte, dass die beiden Besucher schon wieder fort waren. Der Abschied hatte Lena traurig gemacht.
„Ich gehe mal ein paar Schritte mit Raja spazieren", sagte sie.
„Und ich muss dringend an der Übersetzung weitermachen", erklärte Hanna. „Sonntag oder nicht."
Doch aus Lenas Spazierritt und aus Hannas Übersetzung wurde zunächst einmal nichts, denn Tewes kam auf seinem Moped angefahren. Er wollte dringend mit Gregor und Hanna reden. Als er den Helm abgenommen und sich aus seiner Lederjacke gepellt hatte, zog er die beiden mit zur Pferdeweide.
„He, Lena, weißt du, was das zu bedeuten hat?", fragte Pitt. Ihm gefiel die Heimlichtuerei nicht.
„Ich ahne es."
„Und? Nun sag's schon!", forderte Pitt.
Schroff fuhr Lena den Bruder an: „Du nervst! Spiel mit

Ronja, oder hör dir ’ne CD an, aber lass mich in Ruhe!“

„Was ist denn mit dir los?“ Pitt verstand es nicht, dass Lena auf einmal so kratzbürstig zu ihm war. „Hast du ’nen Frosch verschluckt?“

„Ich meine es nicht böse“, brummelte Lena, „ich erkläre es dir später.“ Sie ließ Pitt einfach stehen und ging langsam hinter Tewes und ihren Eltern her. Dann schlüpfte sie in den Stall. Durch das Kippfenster konnte sie einiges von dem verstehen, was draußen gesprochen wurde. Lena hielt den Atem an.

„… muss jetzt wirklich gemacht werden!“ Das war die Stimme von Tewes. „Eigentlich wäre das Frühjahr schon die beste Zeit gewesen. Die Sommerzeit sollte man als Erholungsphase nutzen. Doc Kranenburg hat in solchen Sachen große Erfahrung, der erledigt das in null Kommanix. Mux ist jetzt so gut wie ausgewachsen, da kann sein Wachstum durch die Kastration nicht mehr negativ beeinträchtigt werden.“

„Und warum ist es jetzt plötzlich so eilig?“, wollte Gregor wissen. „Weil’s vor dem Winter passieren muss?“

„Das auch“, sagte Tewes. „Aber Sie sehen es ja selber, wie der Bursche sich aufführt. Hengstmanieren, so nennt man das.“

Hanna erwiderte irgendetwas, aber Lena wollte es nicht hören. Sie hielt sich die Ohren zu und verließ mit schleppenden Schritten den Pferdestall.

Pitt stand wartend am Gartenzaun und vertrieb sich die

Zeit mit Weitspucken. „Jetzt erklär es mir endlich, Lena! Um was geht es denn?"
„Sie wollen Mux kastrieren lassen."
„Kastrieren?" Pitt verstand das nicht, er wusste nicht, was das Wort bedeutete.
„Mensch, Pitt, bist du doof!", fauchte Lena gereizt. „Sie wollen ihm die Hoden abschneiden lassen. Von Doc Kranenburg."
Aber Pitt guckte noch immer hilflos. „Was wollen die abschneiden lassen?"
„Lass es dir von Hanna oder Gregor erklären!" Lena rannte zum Haus. Sie wollte nicht reden.
„Verdammt, Lena, warum bist du denn gleich so eingeschnappt?", schrie Pitt ihr nach. „Blöde Kuh!"
Aber Lena war nicht eingeschnappt. Sie war traurig und zornig und verwirrt. In ihrem Wigwam warf sie sich aufs Bett und vergrub das Gesicht im Kopfkissen. So lag sie eine Weile, dann richtete sie sich mit einem Ruck auf und griff entschlossen nach dem neuen Pferdebuch. Was Hengstmanieren bedeutete, das würde sie doch wohl in diesem Lexikon nachlesen können. Lena brauchte nicht lange zu suchen. Da stand:
Die natürlichen Verhaltensweisen eines Hengstes, wie Steigen, Aufreiten auf Stuten, schrilles Wiehern, können unter dem Reiter zum Problem werden ... Na und? Noch wurde Mux ja nicht geritten. Lena überschlug einige Zeilen. Doch was sie dann las, das gab ihr zu den-

ken. Ein sensibler Hengst, der weder seinem Fortpflanzungstrieb nachkommen darf noch regelmäßig gearbeitet wird, muss irgendwann durchdrehen. Außerdem darf er nur in der Einzelbox oder allein auf der Koppel gehalten werden …

Lena gab sich Mühe, trotz ihrer Aufgeregtheit sachlich zu überlegen. Konnte Mux hier auf dem Pferdehof seinem Fortpflanzungstrieb nachkommen? Nein! War es möglich, ihn regelmäßig zu arbeiten, wie das in der Reitersprache heißt? Auch nein! Und durfte man es zulassen, dass Mux irgendwann durchdrehte? Schon wieder nein! Und Einzelbox … allein auf der Koppel … Nein!

„Ich bin wirklich eine blöde Kuh", flüsterte Lena halb lachend und halb weinend. Sie wusste, dass sie sich jetzt vernünftig benehmen musste. Es kam darauf an, wie Mux am besten hier auf dem Hof leben konnte, nur darauf. Lena wischte sich mit dem Stirnband die Tränen aus dem Gesicht. „Was die alberne Lena möchte oder nicht möchte, das spielt keine Rolle", sagte sie sich vor. Trotzdem ließ die Traurigkeit sich nicht so einfach vertreiben.

Am liebsten wäre Lena nun zu Mux gelaufen, um ihm die Arme um den Hals zu legen und um ihm Tröstliches zuzuraunen, doch eine unerklärliche Scheu hielt sie davon ab. Stattdessen holte sie ihre Gummistiefel aus dem Geräteschuppen bei der Scheune, schulterte Karst und Spaten und machte sich auf, um im Garten zwischen den

Erbsenbeeten die wuchernden Brennnesseln zu jäten. Aus Erfahrung wusste sie, dass sie die Traurigkeit am besten bewältigen konnte, indem sie angestrengt arbeitete. Als sie das Törchen im Lattenzaun öffnete, schaute sie sich noch einmal nach Tewes und den Eltern um. Die waren inzwischen mit dem Ziegenbock beschäftigt. Von Pitt und Ronja war nichts zu sehen. Vermutlich strolchten die beiden im Gebüsch jenseits der hohen Kastanienbäume auf der anderen Hofseite umher, wo die Wuschelhündin sich immer Kuhlen buddelte.

Doch Lena war noch nicht bis zum hinteren Teil des großen Gartens vorgedrungen, wo Kohl und Salat, Bohnen und Erbsen angebaut wurden, als sie aus nördlicher Richtung das wütende Brummen eines Automotors vernahm; das wurde lauter und lauter und hörte sich an wie ein gefährliches Insekt.

Dann der Schreck!

Plötzlich bewegte sich etwas im Holundergebüsch beim Zaun. Lena fuhr herum und hatte den Angstschrei schon in der Kehle. Ein Gesicht erschien zwischen den Zweigen. Und noch eins!

„Wa-wa-wanja! Hast du mich erschreckt!“ Lena ließ Spaten und Karst aus der Hand gleiten.

„Du musst uns helfen, Lena!“, zischte Wanja. „Schnell! Wo können wir uns am besten verstecken?“

„Wer ist er denn?“, fragte Lena und fühlte den Herzschlag in den Ohren pochen. Sie zeigte auf das andere

Gesicht im Blättergewirr. „Und könnt ihr mir vielleicht mal erklären, was überhaupt los ist?“
„Das ist Erik. Freund von mir. Die Jäger sind hinter uns her. Stell keine langen Fragen. Quatschen können wir später. Wir brauchen ein gutes Versteck. Sofort!“
Lena begriff das alles zwar nicht, aber sie sah, dass die zwei Jungen große Angst hatten. „Kommt mit!“ Sie winkte heftig. „Durch das hintere Tor in die Scheune rein und dann die Leiter hoch!“
Wanja und der andere Junge huschten keuchend hinter Lena her quer durch den Garten. Im Hechtsprung stürzten sie sich über den Zaun. Sie wirkten gehetzt, waren verschwitzt und schmutzig, und ihre Haut war von Dornen zerkratzt. Lena riss die Holztür einen Spaltbreit auf. „Zieht die Leiter nach, wenn ihr oben seid!“, flüsterte Lena. „Und macht keinen Lärm!“
„Alles klar!“ Wanja verschwand durch den Türspalt und zog Erik mit sich. „Verrat uns nicht, Lena!“
Das war überflüssig, dachte Lena. Sie schloss die Tür und ging in den Garten zurück. Dort nahm sie den Spaten auf und benahm sich so unbefangen wie möglich.
Das Auto war nach einer quietschenden Vollbremsung an der Hausecke zum Stehen gekommen. Lena sah, dass Gregor und Tewes sich mit schnellen Schritten näherten. Hanna folgte langsam. Lena bummelte, den Spaten geschultert, zum Gartentor, als wollte sie nur einmal neugierig nachschauen, wer denn da gekommen war.

Zwei Männer sprangen von dem dunklen Cherokee-Geländewagen, ein dritter blieb am Steuer sitzen. Der Motor lief weiter. Lena erkannte die beiden, die abgesprungen waren. Der eine war der Rektor der Uhlendorfer Grundschule, der andere der Eigentümer eines Busunternehmens. Den Mann am Steuer kannte Lena nicht.
„Wir sind hinter zwei Kerlen her!", rief der Busunternehmer. „Sind hier in den letzten Minuten irgendwelche fremden Typen aufgetaucht?"
„Guten Tag, die Herren!", sagte Gregor gelassen. „Um was geht es denn?"
„Haben Sie jemanden gesehen?" Der Mann am Steuer schien Gregors Frage nicht gehört zu haben. „Wir haben's eilig!"
Tewes spuckte einen Strahl Kautabaksaft aus. „Hier war keiner."
Lena dachte: Merkwürdig. Die drei Männer haben keine Gewehre bei sich und sind auch nicht grün gekleidet, aber trotzdem sieht man ihnen an, dass sie Jäger sind.
„Was haben die denn getan", hakte Gregor nach, „diese Kerle, wie Sie sie nennen?"
„Einen Hochsitz haben sie umgesägt! Zu Kleinholz gehackt." Der Busunternehmer schien vor Wut beinahe zu platzen. „So Kriminelle, die sich Naturschützer nennen. Aber die schnappen wir uns, und dann brechen wir ihnen sämtliche Knochen."
Gregors Gesicht verdunkelte sich. „Mal langsam", sagte

er sehr ruhig, „wir sind hier nicht im Dschungel. Die Selbstjustiz ist neuerdings abgeschafft. Hat sich das noch nicht bis zu Ihnen herumgesprochen?“
Da bellte der Mann am Steuer los: „Halten Sie sich raus! Das geht Sie nichts an!“
„Sind Sie da ganz sicher?“ Es sah aus, als ob Gregor die Zähne fletschte.
Der Busunternehmer schob die Schirmmütze aus der Stirn und rieb sich mit einem karierten Taschentuch über das gerötete Gesicht. „Diese Verbrecher sind genau in Richtung Pferdehof gelaufen. Was ist? Können wir uns hier mal so ’n bisschen umsehen?“
Gregor fixierte die Männer der Reihe nach. „Das lassen wir mal besser. Ich hab nicht gern Knochenbrecher auf dem Grundstück.“
„Hier war keiner“, wiederholte Tewes.
Dem Rektor schien die Situation augenscheinlich peinlich zu sein. Er versuchte ein leutseliges Lächeln. „Herr Belker ist Richter von Beruf“, erklärte er den beiden anderen Jägern. Und zu Gregor sagte er: „Sie dürfen gewisse Redensarten nicht wörtlich nehmen. Man redet schon mal ein bisschen unüberlegt, wenn man in Wut ist. Das verstehen Sie doch, ja? Also, wir bringen die Kerle zur Polizei, wenn wir sie erwischt haben.“
„Aber vorher prügeln wir sie durch“, beharrte der Busunternehmer, „da kennen wir nix. Unseren Hochstand zu zerlegen! Diese Schweinehunde.“

„Vielleicht mäßigen Sie sich mal ein bisschen", sagte Gregor kühl. „Ich kann Sie nur warnen."
Der Mann am Steuer, der trotz der Wärme eine wattierte Weste trug, hatte Lena entdeckt. „He, Mädchen, hör mal her!"
„He, Mann, was wollen Sie von mir?", gab Lena zurück. Der Kerl war ihr unsympathisch.
Hanna näherte sich vom Stall her und fragte den Fahrer, ob er nicht den Motor abstellen könne, aber der hörte gar nicht zu. Überlaut fragte er Lena: „Hast du die Typen gesehen?"
Lena zuckte mit den Schultern. „Ich weiß nicht. Unten an der Brücke war etwas. Glaub ich jedenfalls. Zum Gronerdinger Wäldchen sind die gelaufen."
„Hinterher!", brüllte der Busunternehmer.
Die beiden anderen Männer sprangen auf den Wagen. Der Cherokee schoss davon und entfernte sich in hohem Tempo den Wiesenweg hinunter.
„Hoffentlich überschlagen sie sich!", murmelte Lena.
Hanna sagte: „Mal gut, dass Pitt das nicht mitbekommen hat. Seinen Rektor so zu erleben – na, ich weiß nicht. Übrigens hab ich 'ne Menge Verständnis für solche jungen Leute, die den Jägern diese Hochsitze umschmeißen."
Das ließ Gregor aber nicht gelten. „Erstens macht man sich strafbar, wenn man anderer Leute Eigentum beschädigt, und zweitens tun sich diese Leutchen keinen

guten Dienst. Sie schaden ihrer eigenen Idee. Denn mit Gewalt verändert man nichts, da werden diese Jägerfritzen höchstens noch aggressiver."

Tewes schob sich ein frisches Stück Kautabak in den Mund.

Hanna nahm Lena zur Seite. „Du hast die Männer ja ganz schön angeschmiert, Lena. Mach mir bloß keine Dummheiten!"

Ein Hauch von Robin Hood

Als Lena von der Rückseite her in die Scheune schlüpfte, stieß sie einen halblauten Pfiff aus. Sofort erschienen die Köpfe von Wanja und Erik über den Strohballen. Die schneeweiße Katze war bei den beiden Jungen.
„Ihr könnt runterkommen!", rief Lena. „Die Jäger sind weg!"
Wanja ließ die lange Leiter nach unten gleiten. „Hat auch wirklich niemand was gemerkt?", fragte er besorgt.
„Meine Mutter hat was gemerkt", sagte Lena, „aber die verrät euch nicht." Unwillkürlich musste sie kichern. „Ich hab den drei Männern vorgeschwindelt, ihr wärt zu Gronerdingers Wäldchen gerannt, und da sind sie natürlich sofort losgeprescht, um euch den Weg abzuschneiden."
„Klasse!" Erik kletterte als Erster die Leiter hinunter. „Da hast du sie ja fachmännisch ausgetrickst."
„Fachfraulich", widersprach Lena, „Fachfraulich, nicht fachmännisch. Jedenfalls seid ihr eure Verfolger erst mal los. Meine Mutter ahnt, dass ich euch versteckt habe. Sie hält sich aber raus, da könnt ihr sicher sein."
Nun standen beide Jungen unten bei Lena in der dämmerigen Scheune und zupften sich Strohhalme aus dem Haar und von der Kleidung. Die Katze balancierte hoch

oben über einen Balken und verschwand spurlos. Endlich konnte Lena sich den Jungen etwas genauer anschauen, der mit Wanja gekommen war. Erik war ein wenig länger und dicker als Wanja, und der Name passte zu ihm, denn er sah mit seinem rotblonden Haar wie ein Wikinger aus.
„Warum macht ihr das eigentlich?“, fragte Lena. „Hochsitze zerstören und solche Sachen. Ich hab ja auch was gegen die Jäger, aber Jagdstände kaputtmachen, das bewirkt doch nichts.“
„Man muss Zeichen des Protestes setzen“, erklärte Erik fast feierlich. „Widerstand leisten. Wanja und ich, wir gehören zu einer Gruppe von Naturschützern, und wir haben uns gegen die Ballermänner in den grünen Fräcken verschworen. Verstehst du das?“
„Ja und nein“, erwiderte Lena, „aber mehr ja als nein.“
„Wenigstens etwas“, brummte Wanja, der offenbar absolute Zustimmung von Lena erwartet hatte. „Bist du auf unserer Seite?“
Lena nickte heftig. „Frag nicht so doof! Aber ich bezweifle, dass das der richtige Weg ist, die Öffentlichkeit hellhörig zu machen und gegen die Tieretöter aufzuwiegeln. Mein Vater meint, ihr macht die Jäger höchstens noch aggressiver.“
„Pah, sollen wir etwa Handzettel an der Kirchentür verteilen oder unseren Protest an die Hauswände pinseln?“, höhnte Wanja.

„Das wär nicht mal das Schlechteste“, sagte Lena. „Was ihr im Wald macht, das ist jedenfalls Sachbeschädigung. Die bringen euch doch vor Gericht, wenn sie euch erwischen, und eure Eltern müssen dann blechen. Habt ihr daran auch schon mal gedacht?“
„Wenn man dich so reden hört, also!“ Erik stemmte die Fäuste in die Seiten. „Glatt wie ’ne Staatsanwältin.“
„Ihr Vater ist Richter“, erklärte Wanja dem Freund. „Das färbt ab!“
Woher weiß er das?, überlegte Lena. Hat er sich erkundigt? Verlegen kaute sie an den Fingernägeln. Hat das vielleicht damit zu tun, dass ich ihm nicht ganz gleichgültig bin? Sie gab sich Mühe, diesen Gedanken zu verscheuchen.
„Vor Gericht hätten wir jedenfalls die Möglichkeit, offen für unsere Idee einzustehen“, sagte Erik. „Da ist ja auch die Presse dabei. Dann könnten wir mal so richtig vom Leder ziehen und unsere Argumente vortragen. Aber wir kommen nicht vor Gericht, keine Bange. Uns erwischen sie schon nicht.“
„Da wär ich mir mal nicht so sicher“, gab Lena zu bedenken. „In dieser Gegend gibt’s Massen von Jägern. Das gehört hier doch fast schon zum gesellschaftlichen Ansehen. Wer was gelten will und wer es sich leisten kann, der legt die Prüfungen für den Jagdschein ab, kauft sich ’ne Knarre und grüne Klamotten und tritt einem der vielen Jägervereine bei.“

Wanja setzte sich auf die unterste Sprosse der angelehnten Leiter und tat so, als müsste er Lena Beifall klatschen. „Exakt, Lena, du hast es auf den Punkt gebracht. Das Tieretöten als gesellschaftliches Ereignis, ein Freizeitspaß für die oberen Zehntausend. Da entdecken die Snobs aus der Stadt und die Großbauern ihre gemeinsamen Interessen. Es geht ja nicht darum, das Wild zu jagen, damit man 'nen Braten im Topf hat. So einen armen Bergbauern kann ich verstehen. Der sagt sich: Die reichen Möpse haben sich hier in den Wäldern das Jagdrecht gekauft, um sich ein bisschen Nervenkitzel zu leisten, aber ich weiß nicht, wie ich meine Familie ernähren soll. Also geh ich mal so 'n Stündchen wildern, damit wir auch 'ne satte Fleischmahlzeit haben. Wie gesagt, so einen kann ich verstehen. Ich bin ja auch jemand, der gern hin und wieder Fleisch und Wurst isst, also muss ich einverstanden sein, dass Tiere für die Nahrung der Menschen geschlachtet werden. Alles andere wäre unehrliche Augenwischerei. Aber aus Jux und Dollerei Rehe und Hasen abzuknallen und hinterher zu zählen, wer von den feinen Jägerinnen und Jägern der beste Ballermann oder die beste Ballerfrau war: nee, das ist widerlich. Da werden die Tiere bloß zu Zielscheiben für schießgeile Sportskanonen entwürdigt. Dagegen kämpfe ich." Wanja spitzte den Mund, als müsste er gleich ausspucken.
Erik nickte lebhaft und versuchte, Lenas Blick einzufan-

gen. „Wir könnten dir hier in den kleinen Wäldern jede Menge Käfige zeigen, in denen Fasane wie Hühner gehalten werden. Und wenn die Jagdsaison beginnt und 'ne schicke Treibjagd angesagt ist, dann holt man die zahmen Fasane raus aus den Käfigen und setzt sie aus in dem Gebiet, wo die nette Jagdgesellschaft sich grad versammelt hat, damit es ordentlich was zum Abknallen gibt. Vielleicht schafft man einen Rekord, dann kommt man mit Foto in die Zeitung. Darum geht's!"
Wanja redete aufgeregt weiter, als Erik bei den letzten Sätzen mit der Faust gegen die Scheunenwand geschlagen hatte. „Und dann dieses eklige Drumunddran, diese scheinheiligen Rituale! Jägergottesdienste mit Jagdhorngetute, Hubertusmessen. Sie stecken sich blutige Eichenzweige an die Hüte, nennen das Sauf- und Fressgelage Schüsseltreiben und blasen ihre albernen Signale durch die Gegend, wenn's hübsch geknallt hat. Sau ist tot und wie der Quatsch so heißt."
Erik lachte höhnisch. „An den Rändern der Felder, wo sich die Jäger und die Treiber aufgestellt hatten zur Treibjagd, da kannst du dann hinterher dutzende von Schnapsfläschchen im Gras finden. Leere natürlich. Gehört alles dazu."
Lena fühlte sich ganz verwirrt von dem hastigen Gerede der beiden Jungen. Klar, das hörte sich logisch an, und eigentlich hatte sie ja die gleiche Einstellung wie Wanja und Erik zu allem, was die Jägerei betraf. Sie gab aber

trotzdem zu bedenken: „Würden sich denn nicht überall in den Wäldern die Tiere viel zu stark vermehren, wenn die Jäger nicht jedes Jahr eine bestimmte Menge erlegten? Abschussquote, so heißt das, oder? Versteht mich nicht falsch, aber …"

Wanja fuhr dazwischen. „Genau mit diesem Argument verteidigen die Jäger immer ihre Tötungsorgien. Jäger sind Heger: Solche Sprüche kannst du auf ihren Autos lesen. Das ist der Knackpunkt Nummer zwei, Lena! Selbstverständlich ist der Wildbestand viel zu groß in unseren Wäldern. Frag doch mal die Forstbeamten, wie die es finden, dass Rehe und Hirsche und Wildschweine in ganz Europa im Winter die jungen Schösslinge der Bäume und Büsche wegfressen und die Rinden abnagen! Aber warum gibt es zu viel Wild? Weil die Jäger so viel wie nur möglich zur Strecke bringen wollen. Natürliche Feinde für das Wild gibt's ja kaum noch. Wölfe zum Beispiel hat man ausgerottet. Die Füchse knallt man ab, weil sie angeblich die Tollwut verbreiten, dabei gibt es längst Mittel gegen Tollwut. Marder und große Greifvögel werden einfach als Raubzeug bezeichnet und dürfen das ganze Jahr über geschossen werden. Die Herren und Damen Jäger wollen nämlich keine Konkurrenz dulden. Und der Natur fummelt man auch ins Handwerk, indem man Futterstellen einrichtet, um alte und kranke Tiere über den Winter zu bringen, denn es geht ja immer um die Statistik. Wer hat die meisten Tiere erschossen?"

Erik sagte: „Das wäre Sache der Forstbeamten, den Wildbestand in vernünftigen Grenzen zu halten. Doch den Jägern geht's ja nicht um das ökologische Gleichgewicht in der Natur, denen geht es ums Töten. Da sind die richtig lüstern drauf."
„Klar", bestätigte Wanja. „So ein neureicher Piefke aus der Großstadt, der mietet sich ein teures Jagdrevier doch nicht, weil er ein Naturfreund ist, sondern weil der Spaß am Töten hat. Sie tönen natürlich laut, dass sie Tiere lieben. Ich sag dir was, Lena, sie lieben vor allem die getöteten Tiere! Es ist, als ob sie Tiere im Grunde hassen!"
Lena erinnerte sich, dass sie einmal in einer Illustrierten einen Bildbericht über Großwildjäger gelesen hatte. Da war ein Mann gewesen, der ein Nashorn erschossen hatte und dann zwei Tage und zwei Nächte bei dem toten Tier weinend die Ehrenwache hielt. So etwas war doch krankhaft! Lena schaute erst Erik und dann Wanja an. „Mir ist aber noch immer nicht klar, warum ihr die Hochsitze absägt. Was bringt das denn?"
„Man kann seine Wut nicht immer in sich reinfressen", antwortete Wanja, „da erstickt man sonst dran. Außerdem wollen wir die Jäger ärgern."
„Mit den Hochsitzen ist es nämlich so", erklärte Erik, „dass die beknackten Jäger die unbedingt brauchen, wenn sie auf Rehe schießen wollen. Die feuern Kugeln aus ihren Jagdgewehren, die über einen Kilometer weit fliegen. Das musst du dir mal vorstellen, Lena! Und

darum dürfen sie auf Rehe nur von oben ballern, damit die Geschosse sich in die Erde bohren, weil es sonst zu gefährlich wär. Da könnten ja irgendwo ganz weit weg Menschen getroffen werden. Also brauchen sie Hochsitze. Und das ist dann auch keine Jagd mehr, das ist blanke Exekution. Die Rehe haben keine Chance. Auch nicht in der Dämmerung. Zielfernrohre, Nachtsichtgeräte, Infrarotknarren – was weiß ich! Das ist wirklich wie Scheibenschießen."

Lena begriff das alles, sie verstand den Zorn der Jungen, denn es war auch ihr Zorn. Aber hielt man denn tatsächlich auch nur einen einzigen Jäger vom Schießen ab, wenn man Jagdstände und Hochsitze zerstörte? Bauten nicht die Jäger vielleicht für jeden kaputten Hochsitz zwei neue auf? Solche Leute geben doch nicht klein bei, dachte Lena. Sie sagte:

„Ich hab ja erklärt, dass ich auf eurer Seite bin, aber ich meine trotzdem, dass ihr einen großen Fehler macht. Wenn ihr nur einen Jungen aus eurer Klasse davon überzeugt, dass er später besser kein Jäger wird, dann habt ihr mehr für eure Idee getan, als wenn ihr hundert Hochsitze niedermacht. Das ist jedenfalls meine Meinung."

„Meine Damen und Herren", spottete Erik, „Sie hörten das Wort zum Sonntag! Es sprach zu Ihnen die Pastorin Lena."

„Idiot!", fauchte Lena.

Wanja wollte in den Streit eingreifen, doch er kam nicht

mehr dazu, weil in diesem Augenblick das Scheunentor aufgezogen wurde. Pitt und Ronja waren gekommen. Wahrscheinlich hatte die Wuschelhündin gerochen, dass sich Leute in der Scheune aufhielten. Sie stürmte auf Erik und Wanja zu, um sich streicheln zu lassen. Besuch war Ronja immer willkommen.

„Schnell, Pitt, komm rein!", zischte Lena ihrem Bruder zu. „Und mach das Tor zu, hopp, hopp!"

Pitt riss erst einmal verdutzt den Mund auf. „He, ist das hier was Geheimes?"

So etwas interessierte ihn natürlich ganz brennend. Wo es spannend wurde, da war er nur zu gern dabei. Er schob das Tor hinter sich zu und kam Schritt für Schritt näher. Im Halbdunkel konnte er die beiden fremden Jungen nicht so recht erkennen.

„Das ist wirklich was Geheimes", sagte Lena zu Pitt. „Wanja und Erik haben sich vor ein paar Jägern versteckt, die sind hinter ihnen her." Zu Wanja und Erik gewandt: „Das ist mein Bruder Pitt, die größte Nervensäge und der größte Vielfraß unter der Sonne. Und der Hund heißt Ronja."

„Hallo, Ronja!" Lachend wehrte Wanja die Hündin ab, die ihm das verschwitzte Gesicht abschlecken wollte. „He, das kitzelt! Ronja und Wanja! Da haben wir ja beinahe die gleichen Namen, du schöner Hund, du!"

„Seid ihr so richtig auf der Flucht?", fragte Pitt mit leuchtendem Blick. „So echt?"

„Sind wir“, bestätigte Erik. „Du darfst nicht verraten, dass du uns hier gesehen hast. Ehrenwort?“

Pitt hob feierlich die Hand. „Großes Cowboyehrenwort. Ich verrate nichts, nicht mal am Marterpfahl. Toll, jetzt haben wir zusammen ein Geheimnis. Ungefähr wie bei Robin Hood ist das. Ich wär auch mal gern auf der Flucht!“

„Das kommt noch“, tröstete Wanja. „Hauptsache, du hältst den Mund und verrätst unser Geheimnis nicht. Und jetzt müssen wir allmählich verschwinden. Die Luft ist doch rein?“

„Die sind schon über alle Berge, die Jäger“, sagte Lena. „Haben die euch erkannt?“

Erik schüttelte entschieden den Kopf. „Die haben uns nur aus der Ferne gesehen. Außerdem wissen sie nicht, wer wir sind. Die Jäger stammen aus Uhlendorf. Uns Billerbecker kennen die nicht.“

Wanja stand auf und säuberte seine Brillengläser mit Spucke. „Dann wollen wir mal wieder. Oben an der Landstraße haben wir unsere Fahrräder versteckt. Hinter einer Wallhecke. Am besten verschwinden wir quer durch den Garten und dann durch das Fichtenwäldchen.“ Vorsichtig öffnete er die Hintertür der Scheune und guckte prüfend nach allen Seiten.

„Als ich dich beim Festival in Reken gesehen hab“, sagte Lena, „da hattest du was Wichtiges auf deinem T-Shirt stehen. Weißt du noch? *Pass bloß auf!* Das ist es eigent-

lich, was ich euch zum Abschied eintrichtern möchte. Passt bloß auf!"
„Machen wir garantiert", versprach Erik. „Und danke schön für deine Hilfe! Dass du auf unserer Seite stehst, also, das finde ich verdammt gut."
„Wollt ihr wirklich schon abhauen?", fragte Pitt enttäuscht.
„Wir müssen", sagte Wanja. Er hielt für Sekunden Lenas Hand und flüsterte: „Ich komm bald mal wieder. Hab ich dir ja neulich schon gesagt, dass ich mal angeritten komme mit meinem verrückten Pferd."
Lena lächelte. „Crazy Horse."
„Schön, dass du den Namen noch weißt!"
„So einen Namen vergisst man doch nicht." Lena spürte die Schmetterlinge im Bauch wieder. „Dass du 'nen Ferienjob bei der Molkerei hast, das weiß ich auch noch."
„Aber um fünf Uhr hab ich immer Feierabend." Wanja schlüpfte nach draußen, wo Erik schon wartete. „Bis bald, Lena!"
„Bis bald, Wanja!"
Und dann waren die beiden Jungen verschwunden. Ronja winselte.

Zwei Sternschnuppen für Lena

Die Unruhe stellte sich schon beim Aufwachen ein. Während Lena später zappelig am Frühstückstisch saß und ohne Appetit am Marmeladenbrot herummümmelte, waren Hanna, Gregor und Pitt fröhlicher Laune, als wäre dies ein Tag wie jeder andere. Aus dem Radio tönte seichte Schlagermusik, Ronja bettelte um ihren Anteil von Pitts Löcherkäsebrot, Hanna erzählte von ein paar komischen Wörtern in ihrer Übersetzung, Gregor hatte wie üblich Krümel im Bart und guckte ständig aus dem Fenster, weil er nach dem Auto des Postboten Ausschau hielt, denn der brachte auch die Zeitung.

Doc Kranenburg hatte sich für den frühen Nachmittag angesagt. Also galt es, bis dahin irgendwie die Zeit zu überbrücken. Lena stürzte sich in die Arbeit. Gemeinsam mit Pitt räumte sie den Frühstückstisch ab und füllte die Spülmaschine. Sie hängte draußen die Wäsche auf die Leine und half Gregor, den Innenraum des Vectra zu säubern. Anschließend machte sie sich mit Staubsauger und Bohnerbesen im Haus zu schaffen, schälte Möhren für das Mittagessen, schloss für Pitt den Gartenschlauch an, damit der große Spezialist die Beete unter Wasser setzen konnte, und putzte im Badezimmer die Duschkabine, die Badewanne, die Kacheln und den Spiegel

blank. Aktiv sein!, redete sie sich zu. Nicht nachdenken!
„Bist du krank?“, fragte Pitt, der die Arbeitswut seiner Schwester nicht verstehen konnte.
„Wenn du nicht so stinkfaul wärst, brauchte ich nicht so zu malochen“, gab Lena zurück.
„Der Wanja und der Erik, was haben die eigentlich gestern mit den Jägern gemacht? Haben die sich so richtig was Mutiges getraut?“
„Zum Teufel, Pitt!“, schimpfte Lena los. „Du hast geschworen, den Schnabel zu halten. Also halt ihn!“ Sie hatte keine Lust, mit Pitt zu reden, sie kraulte die Wuschelhündin auch nicht so lange wie sonst.
Reden wollte sie allerdings mit Tewes.
Der ehemalige Stallmeister kam gegen elf Uhr. Wie üblich schaute er sich zuerst die Pferde an. Zufrieden nahm er zur Kenntnis, dass alle Wassertröge gefüllt waren und dass Lena die wunden Stellen in Rajas Haut sorgfältig mit der Salbe bestrichen hatte. Der Pferdemist war aus dem Stall geschafft, frisches Stroh eingestreut, das Zusatzfutter war gemischt. Der alte Mann nickte Lena anerkennend zu.
Pitts buntes Pony kam von der Weide zur Stalltür getrippelt und holte sich bei Lena seinen Apfelschnitz ab.
„Du könntest den kleinen Burschen mal bürsten“, sagte Tewes. „Er hat Kletten im Fell. Und demnächst nehmen wir uns seine Hufe mal vor.“
Lena blies ihren Atem in Rajas Nüstern und ließ sanft

die Hände über die Stirn der Stute gleiten. „Ich komme gleich wieder zu dir, liebe Freundin Raja“, flüsterte sie. So laut, dass auch Tewes es hören konnte, sagte sie: „Der arme Mux!“

Fast schroff griff Tewes nach Lenas Arm. „Du solltest allmählich vernünftig genug sein, die Sache realistisch zu sehen. Wenn man sich Tiere hält, muss man seinen Verstand gebrauchen. Die Gefühle kommen erst an zweiter Stelle.“

„Ich geb mir ja Mühe“, antwortete Lena, „aber trotzdem ...“ Sie brachte den Satz nicht zu Ende.

Tewes sprach nun ruhiger. „Die Wahrscheinlichkeit, dass euer Mux ’ne staatliche Zulassung zur Zucht bekommt, ist äußerst gering. Und wenn es so eine Deckerlaubnis gäbe, könntet ihr ihn hier auf dem Hof sowieso nicht halten, dann müsste er zu einer offiziellen Deckstation. Ein Zuchthengst so einfach hier auf der Weide – Mädchen, das geht nicht! Aber glaub einem erfahrenen Mann: Der Mux ist für die Körung nicht geeignet.“

„Körung? Was heißt das?“

„So bezeichnet man die Zulassung zur Zucht. Ein Hengst, der nicht offiziell gekört ist, darf keine Stuten decken. Die Bräuche sind streng, Lena, ich weiß, aber man will erreichen, dass nur die allerbesten Eigenschaften vererbt werden. Und das ist richtig so, denn sonst gäb’s noch mehr Pferdeelend, und noch mehr überzählige Tiere müssten zum Schlachter!“

Zuerst wollte Lena aufbrausen. Wer entscheidet das denn, welches die allerbesten Eigenschaften sind?, wollte sie fragen. Doch sie nickte nur, weil sie einsah, dass ihr Protest nichts änderte. „Dann kann der Mux aber nie eine Stute lieben“, sagte sie und war dem Heulen nah.
„Lieben, lieben!“, brummelte Tewes. „Menschen lieben sich – oder auch nicht. Tiere verspüren nur einen Fortpflanzungstrieb. Das ist der Instinkt zur Paarung. Mit Liebe hat das nichts zu tun.“
Lena dachte: Wahrscheinlich stimmt das alles gar nicht. Wer will das denn so genau wissen, dass Tiere sich nicht lieben können? Aber auch dies sagte sie nicht laut, obwohl sie es fest glaubte.
„Der Mux wird ein erstklassiges Reitpferd für dich“, erklärte Tewes im Brustton der Überzeugung. „Ziemlich schlank und ziemlich hoch gewachsen ist er für einen Haflinger. Und im Gelände sind Haflinger mit ihrer Trittsicherheit ganz besonders zuverlässige Pferde. Du wirst noch sehr stolz sein auf deinen Mux! Unterschätz das Temperament der Wallache nicht, Lena. Guck dir den Benno an, betrachte mal genau die Bewegungen von Annettes Odin, beurteile ganz kritisch die Wallache auf den Turnierplätzen, wo du ja fast nie einen Hengst findest: Und dann sag mir, dass das keine großartigen Pferde sind! Da müsstest du nämlich lügen.“ Von der langen Rede erschöpft griff Tewes nach seinem Kautabak in der Jackentasche.

Lena versuchte ein Lächeln. „Ich hab's geschnallt!"
„Du hast was?" Tewes kannte den Ausdruck nicht.
„Ich will sagen, dass ich's verstanden habe!" Lena nahm Striegel und Bürste vom Wandbord und lockte Sturmwind zu sich. Das Pony schien sich auf eine gründliche Massage zu freuen. Lena nahm sich auch vor, dem kleinen Clown ausgiebig Mähne und Schweif zu bürsten, denn das behagte ihm besonders.
Tewes verließ mit einem Halfter den Stall. Lena schaute ihm nicht nach. Sie wusste, dass Mux jetzt für die Behandlung vorbereitet wurde. Warum bin ich so feige?, überlegte Lena. Sie hatte Mux, Motte und Benno schon am Morgen mit Apfelschnitzen versorgt, doch sie hatte sich nicht getraut, Mux dabei richtig ins Gesicht zu schauen. Wie eine Verräterin kam sie sich vor, obwohl es doch gar keinen Grund dafür gab. Tewes hatte gesagt: Wenn man sich Tiere hält, muss man seinen Verstand gebrauchen.
„Gebrauch deinen Verstand!", schimpfte Lena sich selber aus.
Sturmwind trat vor Schreck zur Seite, als Lena plötzlich so laut wurde. Dann stand er wieder still. Lena arbeitete konzentriert und sorgfältig.
Pitt brauchte dann auch noch Lenas Hilfe. Sein Trainingsprogramm dürfe in den Ferien nicht unterbrochen werden, behauptete er, und Torwarttraining sei ohne Partner nun mal nicht möglich. Pitt hatte es geschafft,

Torwart Nummer eins in der Schulmannschaft zu werden. Er nahm seinen Fußballsport sehr ernst. Also stellte er sich in seinem Torwartdress zwischen die Teppichstangen, die dienten nämlich als Torpfosten. Lena schoss ihm mindestens eine halbe Stunde lang den Ball aus allen Entfernungen und aus den spitzesten Winkeln aufs Tor. Torwart Pitt hechtete und faustete und fing. Wenn ihm der Ball durch die Arme flutschte, schimpfte er wie ein Bundesligatorwart.

„Wir haben so spät gefrühstückt", sagte Lena. „Wollen wir nicht das Mittagessen auf den Abend verschieben? Ich krieg sowieso keinen Bissen runter. Ihr wisst schon warum."

Ja, Gregor und Hanna wussten Bescheid, sie drängten Lena nicht und nahmen Rücksicht. Es konnte auch gut sein, dass sie ebenso bedrückt waren wie Lena und dass ihnen auch nicht nach einem Mittagessen zu Mute war. Pitt hatte selbstverständlich keinen Sinn für diese Enthaltsamkeit. Wenn man traurig sei, müsse man besonders viel essen, erklärte er und verzog sich mit Ronja in die Küche. Er wusste, dass noch ein paar Frühlingsrollen im Kühlschrank lagen, die würde er sich braten.

„Du stellst dir das alles schlimmer vor, als es in Wirklichkeit ist", sagte Hanna und nahm Lena in den Arm. „Sie werden Mux nicht wehtun. Und im Grunde ist es etwas Alltägliches."

„Für Mux nicht", gab Lena zu bedenken, „und für mich

auch nicht." Sie schniefte laut. „Jedenfalls wird Mux niemals eine Stute lieben und niemals Kinder haben."
„Als ob Hengste sich um ihre Fohlen kümmerten!" Gregor war mit dem Pfeifenkratzer und mit einer seiner Meerschaumpfeifen scheinbar angestrengt beschäftigt, in Wirklichkeit aber wollte er nur andeuten, dass dies ein Tag wie jeder andere sei. „Außerdem sollte man menschliche Empfindungen nicht auf Pferde übertragen. Der Arterhaltungstrieb ..."
Lena unterbrach ihn rasch. „Lass mal, Gregor! Das alles hat Tewes mir schon vorgekaut. Ich hab's inzwischen kapiert, und du brauchst auch keine Angst zu haben, dass ich anfange zu heulen."
„Okay." Gregor pustete Aschepartikel aus der Pfeife.
„Ich übersetze noch zwei, drei Seiten", sagte Hanna. „Bald hab ich's geschafft. Der Krimi hat einen geradezu verblüffenden Schluss."
Lena dachte noch einen Augenblick nach, dann hatte sie sich entschieden. „Ich reite noch ein bisschen mit Raja spazieren."
„Ist es denn nicht zu warm?", fragte Gregor.
„Bestimmt nicht. Der Himmel ist ziemlich bewölkt, und etwas windig ist es auch." Lena lief zu ihrem Wigwam hinauf, um die Reitkappe zu holen.
Sie wollte nicht auf dem Hof sein, wenn Doc Kranenburg kam. Hanna und Gregor konnten das gut verstehen. Tewes nörgelte ein wenig, denn nach seiner Ansicht

sollte eine junge Pferdefreundin alles miterleben, was auf einem Pferdehof geschah. Man drückte sich nicht, wenn es ernst wurde. Stumm schaute er zu, als Lena der Stute die Filzdecke auflegte und Halfter und Zügel festmachte. Geschmeidig und behutsam stieg Lena auf ihr Pferd.

Die Indianerin ritt langsam durch die blühenden Wiesen. Der Wind spielte mit ihren langen Haaren und mit Rajas Schweif. Lena war mit ihren Gedanken beschäftigt, das Gesumm der Hummeln und Wespen und die Sturzflüge der Schwalben nahm sie nur wie aus weiter Ferne wahr. Als sie sich einmal umdrehte, erkannte sie bei der Scheune das Auto des Tierarztes.

Die Landschaft nahm die Reiterin und ihr Pferd auf, als wären die beiden so wie Bäume und Blumen ein Teil von ihr. Vor der Brücke hielt Lena die Stute an und schaute verträumt dem plätschernden Wasser zu. Winzige Strudel wanderten talwärts, Blätter und Halme trieben mit den Wellen, Wasserkäfer schlitterten auf der Oberfläche, vom sandigen Grund stiegen Bläschen auf, Unterwasserfarne wedelten, als hätten sie Arme.

Raja schritt über die Brücke und wandte sich nach Süden. Lena gab ihr zu verstehen, dass sie mit dieser Richtung einverstanden war. Über den Erlen lag ein silberner Schimmer. Leises Surren und Klappern von Erntemaschinen mischte sich in das Wispern der Büsche.

Plötzlich wurde Lena durch lautes Klingeln, Lachen und Kreischen aus ihren Gedanken aufgeschreckt. Sie hatte

den Pulk der Radfahrer gar nicht bemerkt, der sich von Gronerdingers Wäldchen her auf einem Feldweg näherte. Mit dem Fahrrad das Münsterland zu durchstreifen, das war seit Jahren in Mode, und in den Ferien kamen Touristen von überall her. Die Schar der Frauen, Männer und Kinder hatte die Reiterin rasch erreicht.
„Guckt mal alle, da ist ein Pferd!", kicherte eine Frau in einer viel zu engen Radfahrerhose von grellem Lila.
„Blöde Kuh!", knurrte Lena leise.
Angeführt wurde die Radlergruppe von einem älteren Mann mit Halbglatze, der einen Kartenhalter vor sich auf dem Lenker hatte. Der Mann hielt bei Lena an.
„Du kennst dich doch sicher hier aus", sagte er.
Lena nickte nur.
„Hier muss es irgendwo ein Wasserschlösschen geben."
„Gibt es auch", sagte Lena.
„Die Landkarte hier taugt nix", erklärte ihr der Mann. „Wie kommen wir denn am besten hin zu dem Schlösschen?"
„Am Bach entlang und an dem großen Maisfeld vorbei!" Lena zeigte es mit der Hand. „Dann sehen Sie einen asphaltierten Weg, der führt nach rechts, den müssen Sie nehmen. Nach ungefähr zwei Kilometern sehen Sie das Wasserschlösschen schon."
„Präzise Angabe!", lobte der Mann. „Vielen Dank."
„Ist es noch weit?", schrien einige Leute durcheinander.
Ein Mädchen zeigte auf Raja. „Ist das ein alter Gaul!"

Lena streckte dem Mädchen die Zunge raus.
Sobald die lärmenden Radfahrer verschwunden waren, lenkte Lena ihr Pferd in den kaum erkennbaren Pfad, der zum Hochmoor führte. Sie liebte dieses Stückchen Landschaft, in dem die Zeit stillzustehen schien. Strenger Duft stieg aus den moorigen Pfützen auf. Lena ließ sich von Rajas Rücken gleiten und setzte sich ins Moos. Die Stute ging noch ein paar Schritte und blieb dann unter einer ausladenden Kiefer stehen.
So vergingen Minuten und Stunden. Lena achtete nicht darauf. Ihr Blick war von den Ameisen gefangen, die in unermüdlicher Emsigkeit Fichtennadeln zu irgendeinem Ziel im Unterholz schleppten.
Die Sonne stand schon tief, als Lena sich dem Pferdehof näherte. Sie versorgte Raja und ging langsam zum Gatterzaun. Mux stand bewegungslos und mit hängendem Kopf auf der Wiese und hielt die Hinterbeine gespreizt. Sein Schweif war noch hochgebunden. An den Innenseiten der Hinterhand aber waren keine Blutspuren mehr zu sehen. Die anderen Pferde und der Ziegenbock kümmerten sich nicht um Mux.
„Armer Mux!“, sagte Lena leise. Sie ging zu Mux und flüsterte ihm tröstende Worte zu.
Ronja hüpfte Lena entgegen, als sie in die Wohnhalle kam. Gregor, Hanna und Pitt saßen am Tisch und aßen. „Es ist alles ganz schnell gegangen“, sagte Hanna zu Lena. „Keinerlei Schwierigkeiten. Für Doc Kranenburg

ist so etwas reine Routine. In ein paar Tagen sei Mux wieder ganz in Ordnung, hat er versichert."
„Dann ist es ja gut!" Lena versuchte zu lächeln, aber es gelang ihr nicht richtig.
„Setz dich schnell!", forderte Pitt. „Das Möhrengemüse schmeckt super."
„Ich hab keinen Hunger", sagte Lena und ging zu ihrem Wigwam hinauf. Es war schwül im Zimmer. Lena zog sich aus und legte sich nackt auf das Bett.
Die Dunkelheit kam gekrochen. Sterne blitzten auf zwischen den Wolkenschlieren. Lena konnte das gewaltige Sternbild Orion erkennen mit dem hellen Schulterstern Beteigeuze. Zwei Sternschnuppen zuckten über das Firmament. „Ich wünsche mir nichts", sagte Lena traurig, trotzig und auch ein wenig erleichtert.

Im Sommerwind

Doch Lenas Fröhlichkeit kehrte bald zurück. Lena spürte, wie in ihrem Kopf die Bilder wieder bunter wurden. Intensiver nahm sie die Düfte des Gartens, der Felder und des Stalles auf. Plötzlich war auch die Lust wieder da, mit Ronja durch Blumenwiesen zu tollen und den Sommerwind auf der Haut zu spüren. Man musste nur die Sinne öffnen für die Gerüche und Geräusche und Farben. Lena genoss diese Tage der Zwanglosigkeit, ließ sich treiben von Launen und Gefühlen und spontanen Einfällen.

Sie versuchte, Xerxes das Männchenmachen beizubringen, und kugelte sich lachend im Gras, als sich der Ziegenbock wirkungsvoll gegen dieses Spielchen zur Wehr setzte. Aus Brettern und Latten baute sie zusammen mit Pitt in der Krone einer Linde ein Baumhaus, weil sie sich einbildete, auf diese Weise den Wolken und den Sternen näher zu sein. Sie erfand Rezepte für gewagte Salatkombinationen und backte Pfannkuchen aus Melonen, Reis, Radieschen und Eiern, wobei Pitt ihr gern als Versuchsobjekt zur Verfügung stand. Sie band einen Blumenkranz für Raja und flocht Benno und Motte Zöpfe in die Mähnen. Und manchmal lag Lena stundenlang am Bachufer und las die dicksten Bücher, die sie in den Regalen in der Wohnhalle fand, wobei der Roman Moby Dick, die Geschichte vom geheimnisvollen weißen Wal, zu ihrem Lieblingsbuch wurde.

Mux trabte munter auf der Weide und genoss sein Pferdeleben. Ja, er würde ein prachtvolles Reitpferd für Lena werden! Hanna war mit der Übersetzung fertig und unternahm nun mit Lena lange Ritte durch das Sommerland. Auch Motte und Benno schienen ihren Spaß daran zu haben. Pitt trainierte derweil akrobatische Kunststücke auf Sturmwinds Rücken. Gregor allerdings blieb seinem Grundsatz treu: Er setzte sich niemals auf ein Pferd.

Lena war nicht betrübt darüber, dass Annette und Ioannis verreist waren. Einerseits kamen sie ja bald zurück, andererseits gefiel es ihr, dass die Familienmitglieder Zeit füreinander hatten und viel miteinander unternahmen.

Gregor erklärte: „Nach einem Jahr auf dem Pferdehof wird es allerhöchste Eisenbahn, dass die Familie Belker gemeinsam die Umgebung erkundet."

Sie brauchten sich keine Sorgen zu machen, wenn sie den ganzen Tag unterwegs waren, denn Tewes schaute nach dem Rechten, und mit Ronja verstand er sich gut. Die Fahrten mit dem Pferdewagen durfte die Wuschelhündin mitmachen. Wenn die Belkers an einen See oder einen Fluss kamen, stürzte sich Ronja mit Jubelgebell sofort ins Wasser. Einmal, als sie zum Picknick an die Ems ge-

fahren waren, durften auch Benno und Motte ins Wasser waten.
Hanna, Gregor, Lena und Pitt unternahmen auch Tagestouren mit dem Auto. Sie fuhren von Wasserschloss zu Wasserschloss, schauten sich alte Kirchen und berühmte Bauwerke an, statteten dem Markt in Enschede jenseits der holländischen Grenze einen Besuch ab und genossen den strengen Reiz der großen Moorgebiete im Emsland. Lena schaute und staunte und lernte viel in diesen Tagen. Merkwürdig war für sie der Besuch in der Stadt, in der sie mehr als zehn Jahre gelebt hatte. Jetzt kam ihr diese Stadt fremd vor, Erinnerungen und Heimatgefühle stellten sich nicht ein. Lena dachte: Ich bin jetzt auf dem Pferdehof zu Hause!
Es war Hannas Idee, dass sie auch eine Tour mit dem Vectra durch die Großstädte des Ruhrgebiets unternahmen. Duisburg, Essen, Bochum, Gelsenkirchen, Dortmund. Eine Stadt schien auszusehen wie die andere: grau vom Ruß und von den Ausdünstungen der Chemiewerke, überragt von Fördertürmen, qualmenden Schloten und Kühlanlagen, voll Verkehrslärm und Industriegetöse, geprägt von Kohlenhalden, Verladekränen und Hochhäusern. Eine unheile Stadtlandschaft war das, doch Lena verstand nach und nach, dass die Menschen auch solch eine Heimat gern haben konnten, dass sie sich hier zu Hause fühlten. Liebt man denn nicht auch Menschen und Tiere, wenn sie krank und alt werden?

Dennoch war Lena froh, als sie wieder heimwärts fuhren, denn die Atmosphäre des Kohlenpotts bedrückte sie irgendwie.
Natürlich hätten sie Mecki und Heribert in Oberhausen besuchen können, doch eine Scheu, über die sie nicht sprachen, hielt sie davon ab. Selbst Pitt schien das zu spüren.
Gemeinsam etwas tun: Das war das Familienmotto in diesen Ferientagen. Sie jäteten, ernteten und gruben in ihrem üppigen Garten, sie frühstückten zusammen im Freien, wenn das Wetter es zuließ, sie feierten abendliche Feste und trugen endlose Canasta- und Pokerturniere aus.
Wenn Hanna kleine Konzerte gab, lauschten die anderen gebannt. Auch Pitt traute sich, seine Übungsstücke vorzutragen, obwohl das alles andere als ein Ohrenschmaus war. Er träumte von einer Weltkarriere als Schlagzeuger in einer berühmten Band, doch Hanna und Gregor hatten ihn überzeugt, dass dafür der Klavierunterricht eine brauchbare Grundlage sein könnte. Und so ließ Pitt zähneknirschend die Übungsstunden beim Uhlendorfer Organisten über sich ergehen, auch wenn der Erfolg schwach ausreichend war. Ronja nutzte es selbstverständlich aus, dass ihr alle Familienmitglieder zur Verfügung standen.
Lena freute sich auch auf die Pausen des Alleinseins, wenn sie ganz für sich war, wenn sie die Gedanken und

Träume schweifen lassen konnte, wenn sie geradezu spürte, dass die Erde sich drehte. Das waren wichtige Stunden!

Mal auf Motte, mal auf Benno ritt Lena über das Hochmoor. Oft nahm sie ihre Fotokamera mit und hielt blühende Disteln, bunte Falter, spitze Schilfgräser und leuchtenden Mohn in ihren Bildern fest. Sie beobachtete Amseln, Schwalben, krächzende Eichelhäher und Fasane. Lena sah am Waldrand die Rehe mit ihren Kitzen und die herumtölpelnden Junghasen, sie beobachtete Erdkröten und scheue Laufvögel, die durch das Gesträuch hasteten.

Diese Stunden im Sommerwind!

Wenn Lena barfuß durch das Gras ging, wenn sie die Beine vom kalten Wasser des Baches umfließen ließ und wenn sie den Bienen in den Blüten zuschaute, dann fühlte sie sich glücklich.

Die Apachin Lena nahm jede Bewegung der alten Stute in sich auf, wenn sie auf Rajas Rücken saß und Zwiesprache hielt mit ihrer Freundin. Sie erzählte Raja lange Geschichten und vertraute ihr ihre Geheimnisse an. Das freundliche Pferd hörte geduldig zu und lächelte.

„Wir heizen den Grill an, Gregor und ich“, erklärte Pitt an einem Spätnachmittag, als sich im Westen tintenfarbige Wolken auftürmten. „So bald wird's kein Gewitter geben. Mindestens hundert Würstchen will ich verputzen!“

„Fein", sagte Lena, „dann wird's ja prima knallen, wenn du explodierst. Vorher reite ich aber noch ein bisschen mit Raja aus."
„Komm aber nicht zu spät zurück!", mahnte Pitt.
„Keine Sorge, du Vielfraß!"
Als Lena mit ihrem Pferd den Hügelkamm erreicht hatte und mit beiden Händen die Augen vor den fahlgrellen Lichtbündeln der tief stehenden Sonne schützte, nahm sie eine Bewegung im Stoppelfeld des gegenüberliegenden Hanges wahr.
Ein Reiter näherte sich.
Lena fühlte, wie ihr Herzschlag unruhig wurde. Da meldeten sich auch wieder die Schmetterlinge im Bauch. Raja schnaubte leise.
Als der Reiter auf Rufweite heran war, konnte Lena deutlich erkennen, dass sein Pferd grau gescheckt war. „Crazy Horse", sagte sie und hätte es am liebsten laut gerufen.
„Hallo, Lena!" Der Reiter winkte.
„Hallo, Wanja!"
Lena konnte nun die Schrift auf dem T-Shirt des Reiters lesen: *Pass bloß auf!* Da musste sie lachen. So ein verrückter Spruch! So ein verrücktes graues Pferd! So ein verrückter Junge!
Wanja beruhigte sein tänzelndes Pferd. „Ich war grad in der Gegend, und da dachte ich, dass ich dich vielleicht mal kurz besuchen könnte."

„So hatten wir's ja auch abgemacht", sagte Lena. „Wie geht's dir so?"
„Die Maloche in der Molkerei ist ein bisschen stressig, aber man gewöhnt sich dran. Und jetzt hab ich ja Feierabend. Wie findest du Crazy Horse?"
„Er passt zu dir!"
„Dann ist ja alles klar." Wanja grinste. „Und dein Pferd brauchst du mir gar nicht erst vorzustellen. Die gute alte Raja ist bei allen Reitern dieser Gegend bekannt. Du, Lena, ich glaube fast, die versteht jedes Wort, das wir sagen!"
„Du hast es erfasst! Willst du mitkommen zum Pferdehof?"
„Klar", sagte Wanja. „Aber verrat deinem Vater bloß nicht, dass ich von den Jägern gesucht werde, sonst steckt er mich noch in den Knast."
„Das bleibt unser Geheimnis."
Lena und Wanja ritten langsam den Hügel hinunter.

Ein Fohlen für Lena

Inhalt

Ein rabenschwarzer Tag

Lena liebte diese Minuten am Morgen, wenn die klaren Gedanken allmählich die wirren Traumbilder vertrieben und wenn aus der Schlaftrunkenheit die Lust auf den Tag erwachte. Sie genoss dann die Behaglichkeit ihres Zimmer hoch unter dem Dach, freute sich aber gleichzeitig darauf, die Arme um Rajas Hals zu schlingen und die zärtlichen Lippen der alten Stute an ihrem Gesicht zu spüren.

Doch an diesem Morgen war alles ganz anders. Lena schreckte aus unruhigem Halbschlaf auf, als der Lärm im Haus begann. Jemand quälte den Flügel unten in der Wohnhalle auf brutale Weise. Pitt natürlich! Er hatte nach der Schule Klavierunterricht, und da fiel es ihm ausgerechnet am frühen Morgen ein, endlich mal ein bisschen zu üben. Aber wie üblich hatte er Schwierigkeiten, zur richtigen Zeit die richtige Taste zu treffen. Die Wuschelhündin Ronja schien von Pitts Frühkonzert auch nicht begeistert zu sein, sie protestierte mit steinerweichendem Gejaule. Aus dem Badezimmer drang das Sirren von Gregors Rasierapparat, und dann setzte auch noch der schreckliche Sirenenton des Eierkochers ein.

Lena hatte schlecht geschlafen. An einen Albtraum erinnerte sie sich zwar nicht, doch irgendetwas musste ihr große Angst gemacht haben. Sie fühlte einen dumpfen Schmerz hinter den Augen, als sie sich aufrichtete und zum Fenster schaute, vor dem graue Nebelschlieren vom Wind gequirlt wurden. Lena zitterte, obwohl es gar nicht kalt war im Wigwam, wie sie ihr Zimmer nannte. Sie griff nach dem Wasserglas, das auf ihrer Geheimniskiste stand, und trank gierig, weil ihr von dem schalen Geschmack im Mund fast übel war.

Als Lena dann auf dem Sisalteppich stand und sich dehnte und streckte, ließ das Frösteln nach. Warum fühl ich mich nur so schlapp?, dachte sie. Ob das mit der Englischarbeit zu tun hat? Sie riss das Fenster auf und ließ die kühle Herbstluft ins Zimmer fluten.

Endlich gab Gregor das Badezimmer frei. Lena duschte hastig und eilte dann, kaum richtig angezogen, die Treppe hinunter. Dem Klavierspieler Pitt rief sie zu: „Hör schon auf! Das wird ja doch nichts."

„Meinst du wirklich?" Ihr Bruder lächelte dankbar und klappte erleichtert den Deckel herunter.

Die Morgenkühle verschlug ihr den Atem. Lena tätschelte die Wuschelhündin und rannte zum Pferdestall. Ronja bellte ihr empört nach, denn sie hatte intensivere Zuwendung erwartet. Der Wind fetzte die dürren Blätter von den Ulmen und heulte im Gebälk der offenen Scheune.

Da sah Lena die Bescherung. Die Bohlen der unteren Hälfte der Stalltür waren zersplittert. Natürlich Mux!

Nach der Kastration hatte der junge Haflinger sich schnell erholt, aber seine Halbstarkenmanieren hatte er noch immer nicht abgelegt. Ihm gefiel es ganz und gar nicht, dass er jetzt über Nacht mit den anderen Pferden im Stall bleiben musste. Doch der Sommer war vorbei. Tewes hatte entschieden, dass die Pferde am Abend in den Stall müssten, weil die feuchte Nachtluft nicht gut für ihre Lungen sei.

„Verdammt!“, schimpfte Lena. „Das gibt wieder Zoff.“ Sie zog die Holzsplitter aus dem Rahmen und schleuderte sie ins Gebüsch. Klar, die Scharniere waren auch zum Teufel. Ob Tewes das reparieren konnte? Wahrscheinlich musste die ganze Tür erneuert werden, und das kostete einen Haufen Geld. Lena dachte an die Worte ihres Vaters, der behauptet hatte, eigentlich könne sich die Familie Belker den stattlichen Tierpark finanziell überhaupt nicht leisten.

Als sie vor Jahr und Tag auf den Pferdehof gezogen waren, da waren sie sich einig gewesen, dass sie neben Ronja auch noch andere Tiere haben müssten, denn ohne Tiere macht so ein Gehöft doch keinen Sinn. Aber dass sie so schnell vier Pferde, ein Pony und einen Ziegenbock auf dem Hof haben würden: damit hatten die Belkers nicht gerechnet. Wir lieben unsere Tiere, dachte Lena, als sie die beschädigte Stalltür aufstieß, wir möchten keines von ihnen missen, nicht einmal den Rüpel Mux.

Und der wollte sich anscheinend weiter austoben, denn er schoss, kaum war die Tür weit genug offen, ins Freie, drehte auf der Koppel eine Ehrenrunde und verzog sich dann in den hintersten Winkel der Weide.
„Du spinnst wohl!“, schrie Lena ihm nach.
Benno und Motte machten sich genüsslich über das Zusatzfutter her, das Lena ihnen in die Tröge schüttete. Wie üblich hatte Tewes das Hafergemisch in der Futterkammer bereitgestellt. Der Ziegenbock Xerxes nahm gnädig seine Salzration entgegen. Für die alte Raja gab es eingeweichte Körner, weil ihre Zähne nicht mehr gut waren. Pitts kurzbeiniges Pony Sturmwind, das mit seinem bunten Fell wie ein Clown aussah, hatte sich angewöhnt, von Rajas Futteranteil zu naschen. Er suchte ohnehin stets die Nähe der betagten Stute, denn die drei Haflinger nahmen den kleinen Kerl kaum zur Kenntnis.
Natürlich begann Raja noch nicht zu fressen. Zuerst war die Begrüßung an der Reihe. Lena legte die Arme um den Hals ihres Lieblingspferdes, presste ihr Gesicht an Rajas Kopf und genoss das Tasten der weichen Lippen auf ihren nackten Armen.
„Meine liebe Freundin!“, flüsterte Lena.
Raja lächelte. Das wusste nur Lena, dass die alte Stute lächeln konnte, und sie verriet es keinem. So ein Geheimnis wollte sie für sich behalten. Sie ließ die Hände vorsichtig über das raue Fell gleiten und spürte die Wärme des Pferdekörpers.

„Ach, Raja! Ich würde so gern bei dir bleiben, aber ich muss gleich in die doofe Schule, und sofort in der ersten Stunde schreiben wir bei der doofen Missis Spider 'ne doofe Englischarbeit mit doofen Spezialvokabeln, und die muss ich nachher im doofen Bus erst noch lernen. Mist!"

Raja schaute Lena gelassen an, und ihr Blick schien zu sagen: Nun hab dich doch nicht so! Was ist denn schon dabei, dass du in die Schule gehen musst?

Lena füllte die Tränke. Motte und Benno trotteten nach draußen, dann folgten Raja und das Clownspony. Xerxes musste im Stall erst noch ausgiebig kötteln, ehe er ins Freie hüpfte.

„Kannst du das nicht auf der Wiese erledigen?", rief Lena dem Ziegenbock nach. Ihr war kalt in ihrem kurzärmeligen T-Shirt. Sie wunderte sich, dass Tewes noch nicht gekommen war. Der ehemalige Stallmeister, der mit seinen vier schwarzen Katzen im Kotten hinter Gronerdingers Wäldchen wohnte, war sonst immer als Erster beim Stall.

Als Lena mit dem Ausmisten fast fertig war, hörte sie das Moped des alten Mannes röhren. Tewes zog sich den Schutzhelm vom Kopf und strich sich über die Bartstoppeln. Er wirkte merkwürdig aufgeregt.

„Ist was?", fragte Lena.

„Das kann man wohl sagen!" Tewes spuckte aus. „Eine von meinen Katzen ist krank. Die Jockel. Hat wahr-

scheinlich irgendwo Rattengift gefressen. Wie ich das Sauzeug hasse!"
Erschrocken fasste Lena sich an den Mund. „Ist es sehr schlimm?"
Tewes nickte. „Ich hab sie zu Doc Kranenburg gebracht. Er sagt, er weiß nicht, ob sie überleben wird." Tewes spuckte noch einmal. „Tja, so ist das. Kann man nichts machen."
„Mux hat mal wieder die Stalltür eingetreten", sagte Lena.
Diese Nachricht schien Tewes aber nicht sonderlich aufzuregen. „Da müssen wir wohl eine Metallverstärkung einsetzen. Irgendwann wird der Junge die Auskeilerei ja aufgeben. Notfalls müssen wir ihn über Nacht in eine Box stellen."
Lena stopfte die kalten Hände in die Hosentaschen. „Hoffentlich wird die Jockel wieder gesund."
„Hoffentlich", sagte der alte Mann.
Hanna rief aus dem Küchenfenster, dass es allerhöchste Zeit sei. Da nahm Lena Tewes bei der Hand und zog ihn mit zum Wohnhaus. Nach anfänglichem Zögern hatte Tewes sich daran gewöhnt, mit den Belkers zu frühstücken, doch meist wollte er nur einen Becher Milchkaffee. Ronja beschnupperte seine Schuhe, dann nahm sie wieder die Wartestellung neben Pitt ein, weil sie dort mit ihrer Bettelei den größten Erfolg erzielte. Vor allem auf Leberwurst war sie scharf.

„Eine Katze von Herrn Tewes hat Rattengift gefressen", verkündete Lena. „Und Mux hat mal wieder die Stalltür zerlegt."
„Scheiße!", knurrte Gregor.
Lena sah, dass der Vater sich oberhalb des Kinnbartes nicht besonders sorgfältig rasiert hatte, doch sie sagte nichts. Und dass Gregor unbedingt die Gläser seiner Brille putzen müsste, behielt sie auch für sich. Lena dachte: Irgendetwas bedrückt ihn. Man sieht es ihm an der Nasenspitze an.
„Muss die Katze jetzt sterben?", fragte Pitt erschrocken.
Tewes legte die großen Hände um den Kaffeebecher. „Vielleicht. Vielleicht auch nicht."
Lena versuchte ihn zu trösten. „Katzen haben sieben Leben!"
Tewes verzog seinen Mund zu einem leichten Lächeln. „Sprüche, Lena, nichts als Sprüche. Man muss abwarten."
Hanna rief aus der Küche: „Will noch jemand Kaffee?"
„Ich möchte Tee", sagte Gregor. „Schwarzen."
„Und ich Kamillentee!", forderte Lena.
„Bäh!" Pitt schaute seine Schwester entsetzt an. „Kamillentee trinkt man doch bloß, wenn man gekotzt hat." Laut schrie er in Richtung Küche: „Ich will Orangensaft statt Kakao! Außerdem brauch ich noch Spiegeleier mit Speck. Mindestens zehn Stück. Und der Toast ist auch alle!"

Mit energischen Schritten kam Hanna aus der Küche und knallte die Handflächen auf die Tischplatte, dass die Tassen schepperten. „Einer will schwarzen Tee, einer will Kamillentee, der Familienvielfraß will Orangensaft und Spiegeleier und Toast! Möchte vielleicht noch jemand ein Bier oder einen Apfelkuchen oder einen Hasenbraten? Sagt's nur! Allmählich komme ich mir vor wie eure Sklavin."

Lena erschrak über Hannas Wutausbruch so sehr, dass ihr das Messer aus der Hand fiel. „Was hast du denn, Hanna?"

Hanna strich sich die Haare aus dem Gesicht. „Ach, vergiss es, Lenamädchen! Ich hab den Eindruck, wir sind im Moment alle ein bisschen im Stress. Ich tu mich schwer mit meinem schwedischen Text, und Frau Flach aus dem Verlag ruft alle Augenblicke an und setzt mich unter Druck, weil sie dringend meine Übersetzung braucht, und ihr scheucht mich rum ..."

Gregor unterbrach Hannas Redeschwall und hob hilflos die Arme. Leise sagte er: „Und ich hab nachher eine quälende Gerichtsverhandlung. Drei Kids, gerade mal sechzehn Jahre alt. Sie haben einen portugiesischen Kellner brutal zusammengeschlagen. Waren natürlich besoffen bis unter die Haarspitzen. Und was mache ich mit den Burschen? Klar, ich fälle ein Urteil, ich verkünde im Namen des Volkes eine Strafe. Aber verändere ich damit die Hirne dieser Skinheads, falls sie unter ihren Glatzen überhaupt Hirne haben? Ich sage euch: Nichts verändere ich! Schuldgefühle haben die gleich null. Und ich kann ihnen ja auch keine neue Umgebung verschaffen, keine anderen Familien, keine besseren Freunde. Nein, nein, ich habe nicht die geringste Chance, ihnen ein bisschen Vernunft in ihren Schädel zu hämmern und ihnen ein paar Perspektiven zu vermitteln für ein halbwegs sinnvolles Leben." Dann wurde Gregor laut. „Ich weiß ja, dass sie arme Schweine sind! Aber diese verfluchte Brutalität! Herr des Himmels, warum musste ich unbedingt Jugendrichter werden? Warum bin ich nicht Frisör oder Autoverkäufer oder Bauer?"

Lena schüttelte den Kopf. „Du und Bauer! Da lachen doch die Hühner. Und ich schreibe in der ersten Stunde 'ne Englischarbeit, und die geht garantiert voll in die Hose. Wenn einer im Stress ist, dann bin ich das."

Tewes sagte nichts, aber alle wussten, dass er an seine kranke Katze dachte. Der alte Mann liebte Tiere über alles.

„Ich bin jedenfalls nicht im Stress", verkündete Pitt. „Ich bin bloß am Verhungern. Das ist noch viel schlimmer."

Ronja schien die Gereiztheit der anderen instinktiv zu spüren. Sie legte sich platt auf den Fußboden und wimmerte leise.

„Schaut mal auf die Uhr!", mahnte Hanna.

Ja, es wurde höchste Zeit. Lena aß ohne Appetit eine

Marmeladenschnitte und schlürfte ein wenig Milchkaffee, obwohl ihr der Kamillentee lieber gewesen wäre, denn die Schmetterlinge in ihrem Bauch rumorten heftig. Sie holte ihr Fahrrad aus der Scheune. Gregor war schon losgebraust mit dem Vectra. Pitt hatte es gut, er wurde von Hanna zur Grundschule nach Uhlendorf gefahren, entweder mit dem alten Volvo oder mit dem Haflingergespann.

Der Wind hatte den Nebel vertrieben, doch die Luft schmeckte noch immer nach Nässe. Als Lena die zwei Kilometer zur Haltestelle des Schulbusses radelte, saugte sie die Gerüche des Herbstes ein, die über der weiten Landschaft lagen. Sie bildete sich sogar ein, den Duft von verbranntem Kartoffelkraut zu schnuppern, dabei gab es in dieser Gegend gar keine Kartoffeläcker. Der Herbst war ihr die liebste Jahreszeit.

Lena ließ den Lenker los, weil sie sich die Haare fester unter die Anorakkapuze stopfen wollte. Doch auf die matschigen Erdwürste hatte sie nicht geachtet, die von den Profilen der Traktorenräder aus den Maisfeldern auf den Weg geschleudert worden waren. Plötzlich glitschte das Hinterrad seitlich weg, und ehe Lena die Schrecksekunde überwunden hatte, rollte sie auch schon über das harte Gras der Wegbefestigung, kullerte durch lehmigen Schlamm und blieb dann an abgefrästen Maisstängeln hängen. Da hatte auch jemand laut geschrien, und Lena begriff, dass sie selbst das gewesen war. Das linke Knie schmerzte scheußlich, im Hosenbein klaffte ein langer Riss, und Lena sah aus, als hätte sie ein Moorbad genommen, ohne sich vorher auszuziehen.

Taumelnd kam sie auf die Beine. Der Schmerz im Knie brannte höllisch. Lena wollte schon losheulen, da fiel ihr ein, dass Schimpfen vielleicht heilsamer sein könnte. Laut schimpfte sie sich aus: „Du blöde Kuh! Kannst du deine Glubschaugen nicht aufmachen? Jetzt schaust du aus wie eine Wildsau!“ Das Geschimpfe half sogar ein wenig. Sie hob die Schultasche aus dem nassen Gras und humpelte zu ihrem Fahrrad; das war weitergeschlittert, das Vorderrad drehte sich immer noch.

Lena sah sofort, dass der Lenker verdreht war. Das war nicht so schlimm, das konnte sie richten. Schlimmer war, dass das Hinterrad an der Gabel schleifte, dass die Gangschaltung nicht mehr funktionierte und dass das Schutzblech eingeknickt war.

„Egal!“, schrie Lena. „Scheißegal! Ich muss weiter!“ Klar, der Schulbus würde nicht warten. Und so biss sie die Zähne zusammen, stützte sich am Sattel ab und hastete stolpernd den Rest der Strecke zu Schulze-Gehlings Hof, während der Matsch an ihr heruntertropfte. Wut und Schmerz ließen ihr die Tränen in die Augen steigen. Kam sie zu spät? War der Bus schon weg? Denn eigentlich müsste Annette doch an der Haltestelle stehen. Die hatte es gut! Sie brauchte nur aus dem Haus zu gehen und die zwanzig Schritte bis zum Hoftor zu laufen, denn dort hielt der Schulbus immer. Lena dachte: Quatsch, der Bus ist noch nicht fort, ich hätte ihn doch gesehen! Sie stellte das kaputte Fahrrad hinter der Hofmauer ab und gab sich alle Mühe, wenigstens den gröbsten Dreck vom Anorak und von der Hose zu streifen. Das Knie tat noch immer weh.

Wo blieb Annette nur? Lena überlegte, dass Frau SchulzeGehling vielleicht irgendetwas in Habichtsbeek zu erledigen hatte und dass Annette mitgefahren war bis zur Droste-Schule. Das war ja hin und wieder schon geschehen. Für weitere Überlegungen war keine Zeit mehr, denn der Bus kam gebrummt, und die Jungen von der Gärtnersiedlung brachen in lautes Gebrüll aus, als die verschlammte Lena mit ihrer triefenden Schultasche einstieg.

„Mensch, Lena, du kommst wohl aus dem Dschungel!", kreischte Kalli.

„So hab ich mir immer die Neandertaler vorgestellt!", höhnte Thomas. „Lena, zeig mal deinen Faustkeil!"

Jonas musste natürlich auch seinen Spruch loswerden. „Die Lena ist 'n Zombie. Die ist grad aus 'nem Grab gestiegen und will uns fressen. Huaaah! Seht ihr nicht? Die ist ganz voll Friedhofserde und stinkt nach Leichen!"

Lena zeigte den Jungen den Vogel und fauchte: „Wisst ihr, was ihr mich mal alle könnt?" Sie ließ sich rasch auf einen Sitz plumpsen, denn Busfahrer Frännes bewies wieder einmal, dass er ein verkannter Rennfahrer war.

Außerdem war Frännes ein Fan der Scorpions. Er drehte die Musik so laut auf, dass die Fensterscheiben schepperten und der ganze Bus vibrierte. An sich wollte Lena die Zeit nutzen und sich noch einmal die Spezialvokabeln einprägen, doch bei diesem Getöse und Gezittere war es sinnlos, ein Buch aufzuschlagen. So starrte sie nur unentwegt auf den Riss in der Hose.

In der Klasse ging es zu wie im Tollhaus. Die übliche Aufregung vor einer Klassenarbeit. Ioannis veranstaltete eine Art Breakdance auf dem Tisch, Lotte und Claudia schrien sich englische Satzfetzen zu, Jimmy trommelte sich wie ein Gorilla auf der Brust herum. Wo war Annette?

Lena stieß den hüpfenden Ioannis an. „Hast du Annette gesehen?“

Ioannis schüttelte nicht nur den Kopf, sondern den ganzen Körper. „Ich schätze, die macht auf krank. Schiss vor der Englischarbeit.“

Nein, das glaubte Lena nicht. Das passte nicht zu Annette.

Frau Spinn, die von allen nur Missis Spider genannt wurde, machte dem allgemeinen Spuk ein Ende. Sie ließ die Hefte austeilen. „Ich hoffe, ihr seid gut vorbereitet“, sagte sie. „Ich diktiere euch fünf Fragesätze zu unserer Geschichte *The day Coco failed*, und nach dem Diktat beantwortet ihr die Fragen.“

„In Englisch?“, fragte Raphaela überflüssigerweise.

„Nee, in Russisch!“, rief Ioannis.
Frau Spinn forderte: „Attention!“ Dann begann sie zu diktieren. „The Secretary of the Interior mentioned total chaos. Which examples of this chaos are given in the text? What else might have gone wrong? Which year was it when Coco broke down …“
Lena war unfähig, sich richtig zu konzentrieren. Sie hörte die Wörter, begriff die Zusammenhänge aber nicht richtig, obwohl ihr die Geschichte doch bekannt war. Eine unerklärliche Nervosität hatte sie erfasst. Total chaos!, dachte Lena. Das wird die schlechteste Englischarbeit meines Lebens.
Erst nachdem alle Schülerinnen und Schüler ihre Hefte abgegeben hatten, teilte Frau Spinn ihnen die schlimme Nachricht mit. „Ich wollte euch vor der Arbeit nicht erschrecken“, sagte sie. „Annette liegt im Krankenhaus. Sie ist gestern beim Reiten gestürzt.“
Lena spürte, wie ihr ganz kalt wurde.

Die wilden Pferde

Der Vormittag in der Schule wurde zur Qual. Welche Fächer hatten sie eigentlich nach der Englischstunde? Mathematik und Erdkunde? Oder vielleicht Kunst und Deutsch und Geschichte? Das war doch an diesem Tag gleichgültig! In Gedanken und mit jeder Regung des Gefühls beschäftigte Lena sich mit ihrer Freundin Annette. Was war wirklich geschehen? Wenn man nach einem Reitunfall ins Krankenhaus gebracht wird, dann muss das etwas Schlimmes sein.

Am Getuschel der anderen aus der Klasse beteiligte sie sich nicht. Da kreisten die seltsamsten Gerüchte. Annette habe mehrere Knochenbrüche, sie liege wahrscheinlich auf der Intensivstation, mit inneren Verletzungen müsse man rechnen, bleibende Schäden seien nicht auszuschließen, falls sie überhaupt überlebe ... In Wirklichkeit wusste niemand in der Schule etwas Genaues. Lena hielt sich abseits und schwieg. Aber dann, als sie am Mittag nach nervenaufreibender Heimfahrt zitternd vor banger Erwartung aus dem Schulbus stieg und Annettes Eltern mit dem Milchprüfer der Molkereigesellschaft bei der Haustür stehen sah, da löste sich die Spannung. Lena rannte durch Schulze-Gehlings Hoftor und schrie: „Was ist mit Annette?“

Frau Schulze-Gehling ging ihr ein paar Schritte entgegen und hob die Arme. „Ach, Lena! Das war so schrecklich! Wenn du gesehen hättest, wie sie da auf der Trage lag, und sie war ja auch ohnmächtig und hat mich gar nicht erkannt. Die Reitlehrerin hat hier angerufen. Ich denk, mich trifft der Schlag! Dann bin ich sofort zur Reithalle gefahren, aber da kam auch schon der Rettungswagen mit dem Notarzt." Frau Schulze-Gehling zog ein Taschentuch aus der Kitteltasche und hielt es sich vor den Mund. „Glück im Unglück, das haben sie nach der ersten Untersuchung im Krankenhaus gesagt. Glück im Unglück."

„Was heißt das?" Lena konnte es nicht verhindern, dass sie überlaut redete. Aufgeregt fuchtelte sie mit den Händen. „Was für Verletzungen hat Annette denn?"

Frau Schulze-Gehling schniefte. „Der Arzt von der Unfallstation hat gesagt, dass entgegen ersten Vermutungen nichts gebrochen sei. Sie hat jede Menge Prellungen und Verstauchungen, aber innere Verletzungen hat er zum Glück nicht festgestellt. Doch eine schwere Gehirnerschütterung hat die Annette. Ja, und dann wär da wohl noch ein Trauma ..."

Lena unterbrach hastig. „Was ist denn das?"

„So etwas wie ein Schock, glaube ich. Ich war ja mitgefahren ins Brentano-Krankenhaus nach Dülmen, aber ich konnte nicht mit ihr sprechen. Sie haben das nicht erlaubt, die Ärzte, auch nicht, als Annette wieder bei Bewusstsein war. Absolute Ruhe braucht sie. Ach, Lena, ich mache mir solche Sorgen!" Frau Schulze-Gehling drehte den Kopf zur Seite. Vielleicht wollte sie nicht, dass Lena sah, wie sie weinte.

„Kopf hoch, Mutter!", rief Herr Schulze-Gehling und schob sich den Hut aus der Stirn, was wohl ein Zeichen von Zuversicht sein sollte. „Das wird schon wieder. Unsere Annette hat meinen Dickschädel geerbt, der hält schon was aus."

Lena wandte sich an Frau Schulze-Gehling: „Warum haben Sie mich denn nicht angerufen gestern Abend?" Sie wollte auch sagen, dass sie als Freundin doch ein Recht darauf hatte, sofort informiert zu werden. Aber sie sagte es nicht.

„Ich war doch fix und fertig, Lena, als ich aus dem Krankenhaus nach Hause kam. Meinst du, da hätte ich an so was gedacht? Sei nicht böse! Jetzt weißt du ja alles. Aber der Schule hab ich ja Bescheid gesagt. Gleich um acht."

„Fahren Sie nachher noch mal zu Annette ins Krankenhaus?", fragte Lena.

„Na, sicher!"

„Kann ich mitkommen?"

Frau Schulze-Gehling wandte sich zu ihrem Mann um und schaute ihn fragend an. Erst jetzt bemerkte Lena, dass der Münsterländer, der sonst immer in seinem Hundezwinger eingesperrt war, bei Bauer Schulze-Geh-

ling hockte und dort wie festgeklebt zu sein schien, obwohl er bestimmt sehr gern mit Lena geschmust hätte. Die Jäger in dieser Gegend behandelten ihre Hunde entsetzlich streng, und Annettes Vater war ein besonders eifriger Jäger, was weder Annette noch Lena gefiel.
„Warum sollte Lena nicht mitfahren?“ Herr Schulze-Gehling fummelte wieder an seinem Hut herum. „Wo ich doch keine Zeit hab.“
Keine Zeit, seine Tochter im Krankenhaus zu besuchen? Lena verstand wieder einmal die Welt nicht mehr. Waren denn die Maisstängel und die Güllefässer wichtiger? Vielleicht denke ich noch immer wie ein Stadtmädchen, sagte Lena sich.
Frau Schulze-Gehling war einverstanden. „Kann aber sein, dass sie dich nicht zu Annette ins Zimmer lassen, Lena“, gab sie zu bedenken. „Wir wissen ja nicht, wie's ihr heut Nachmittag geht. So gegen drei Uhr hol ich dich dann ab, ja?“
„Okay!“ Lena zeigte auf ihr Fahrrad, das an der Hofmauer lehnte. „Meine Karre ist im Eimer. Ob Sie die dann wohl mitbringen? Ich bin gestürzt.“ Lena zeigte auf den Riss in ihrer Jeans.
„Scheint Mode zu sein, das mit den Stürzen.“ Annettes Mutter lächelte dünn. „Die eine fällt vom Pferd, die andere vom Fahrrad. Klar, Lena, ich bringe dein Rad mit. Oder soll ich dich jetzt mal eben nach Hause fahren?“
Der Milchprüfer schaltete sich ein. „Sie kann mit mir

fahren." Er zeigte auf seinen Landrover, der vor dem Kuhstall parkte. „Ist kein Umweg für mich. Du gehörst doch zum Pferdehof, ja?"

Lena nickte. Du gehörst doch zum Pferdehof: Wie sich das anhörte! Aber Lena brauchte nicht lange über diese Formulierung nachzudenken. Ja, sie gehörte zum Pferdehof.

Der Milchprüfer hob Lenas Rad auf die Ladefläche seines Geländewagens und achtete peinlich darauf, dass sein Lodenmantel nicht beschmutzt wurde. Er grüßte mit seiner Aktenmappe zu den Schulze-Gehlings hinüber und öffnete die Wagentür, damit Lena einsteigen konnte. Jetzt bellte der Münsterländer wie verrückt.

Das Ackerland war vom nächtlichen Regen noch nass. Lena erkannte die Stelle auf dem Wirtschaftsweg wieder, wo sie am Morgen gestürzt war. Krähenschwärme lärmten über den Stoppelfeldern. Die Wolkenbänke schwammen wie dicke Flusspferde über das Land.

„Tut mir Leid, was deiner Freundin passiert ist", sagte der Mann von der Molkereigesellschaft, „schrecklich, wirklich schrecklich. Da wollen wir alle die Daumen halten, dass sie rasch wieder auf die Beine kommt. Dieser ganze Pferdesport – also, ich weiß nicht. Dauernd bricht sich jemand die Gräten, da braucht man ja bloß mal 'nen Blick in die Zeitung zu werfen. Reiten, nee, das ist nix für mich! Ich mache mir nicht viel aus den Gäulen, ich hab's mehr mit den Kühen. Muss wohl an

meinem Beruf liegen.“ Er lachte wiehernd, als hätte er einen königlichen Witz gemacht.
Lena wollte ihm sagen, dass man durchaus Pferde lieben könne, ohne ein Fan des Reitsports zu sein, denn auch sie saß ja gern wie eine Indianerin auf Rajas Rücken, angeschmiegt an das Pferd, und verachtete gleichzeitig all die übermäßig ehrgeizigen Reiterinnen und Reiter, die ihre Pferde wie Sportgeräte behandelten. Und was sollte der Quatsch, dass sich jemand mehr aus Kühen machte als aus Pferden? Konnte man denn Tiere nicht gleichermaßen gern haben? Lebewesen gegeneinander abzuwägen: Der reinste Unsinn war das! Lena hielt aber den Mund. Sie hatte jetzt andere Sorgen. Das Wort Trauma ging ihr nicht aus dem Kopf.
„In den Sommerferien hat so ein junger Bursche bei uns in der Molkerei gejobbt“, sagte der Mann. „Prima Typ, hat alles sofort begriffen und hat ordentlich reingehauen bei der Arbeit. Also, wirklich. Aber der hatte auch so ’ne Macke mit der Reiterei. In jeder freien Minute hat der sich auf seinen Gaul gesetzt und ist durch die Gegend gehoppelt. Du errätst nicht, was für einen bescheuerten Namen der seinem Pferd gegeben hat.“
„Crazy Horse!“, sagte Lena.
„Da sieh mal einer an!“ Der Milchprüfer war so verdattert, dass er den Landrover fast zum Schlingern brachte. „Sag bloß, du kennst den Typ?“
Lena war froh, dass der Mann genug mit dem Lenkrad

zu tun hatte und ihr Gesicht nicht sehen konnte. Bestimmt war sie puterrot geworden. Wanja! Und ob sie diesen herrlich verrückten Typ und sein herrlich verrücktes Pferd Crazy Horse kannte! Seit Wanja und sie sich beim Reiterfestival in Reken kennen gelernt hatten, besuchte der Junge auf seinen einsamen Reitausflügen regelmäßig den Pferdehof. Aber eigentlich besucht er mich, dachte Lena, und bei diesem Gedanken klopfte ihr Herz heftig. Sie sagte: „Der wohnt in Billerbeck, der Wanja."

„Richtig!" Der Mann nickte. „Und sein Pferd hat er Crazy Horse genannt. Wie man bloß auf so einen Namen kommen kann!"

„So hieß mal ein berühmter Indianerhäuptling", erklärte Lena.

„Was du alles weißt, Mädchen!"

Der Kies knirschte, als der Landrover das Rhododendrenrondell vor dem Pferdehof umrundete. Ein Milan strich mit müdem Flügelschlag über die Ulmenwipfel. Die hölzernen Pferdeköpfe am Hausgiebel wirkten traurig im Nieselregen. Der Milchprüfer stieg aus und wuchtete das Fahrrad von der Ladefläche. Lena rief ein Dankeschön, doch das hörte der Mann wohl nicht mehr, denn er fuhr rasch davon und gab übermäßig Gas.

Als Lena ihr hässlich quietschendes Fahrrad zur Scheune schob, stellte sie fest, dass am Hinterrad etliche Speichen verbogen waren. Auch das noch!

Die Haustür flog auf. Ronja sprang freudig bellend die Stufen hinunter und veranstaltete ein Theater, als hätte sie Lena nach Jahren zum ersten Mal wieder gesehen. Fast wäre Lena bei der Begrüßung auf den Hintern geplumpst. Hinter der Hündin kam Pitt gerannt und verkündete kreischend die Neuigkeit, dass er beim Fußballspielen in der Turnhalle um ein Haar ein Tor geschossen hätte. Doch da fiel sein Blick auf den Riss in Lenas Jeans.
„Guck nicht so doof", sagte Lena. „Ich bin gestürzt. Kann ja jedem mal passieren."
„Hanna! Hanna!", schrie Pitt. „Komm mal schnell! Lena ist auf die Schnauze gefallen!"
Hanna erschien an der Küchentür. „Mensch, Pitt, musst du denn immer in deiner Ganovensprache reden?" Sie schaute Lena an. „War es schlimm?"
Lena wehrte die Wuschelhündin ab. „Meine Hose ist kaputt und mein Fahrrad auch. Aber das ist nicht schlimm. Was ganz anderes ist schlimm! Annette liegt im Krankenhaus."
„Herr des Himmels!" Hanna erschrak. „Was ist geschehen?"
„Ein Unfall in der Reithalle. Frau Schulze-Gehling hat gesagt, gebrochen wär zum Glück nichts, aber dass Annette eine schwere Gehirnerschütterung hat und ein Trauma und so ..."
Pitt schrie dazwischen: „Was für einen Traum?"
„Bitte halt doch mal einfach nur die Klappe, Pitt!" Lena

stampfte wütend auf. „Nachher fahr ich mit zum Krankenhaus nach Dülmen. Ach, Hanna, hoffentlich wird die Annette wieder ganz gesund!“

Hanna nahm ihre Tochter fest in den Arm. „Nicht weinen, Mädchen! Komm erst mal ins Haus! Du bist ja ganz aufgeregt. Und dann erzähl mir alles ganz langsam und der Reihe nach, ja?“ Der Wuschelhündin gab sie einen kleinen Klaps. „He, Ronja, du Räubertochter, lass unsre Lena mal ein bisschen in Ruhe! Merkst du nicht, dass ihr im Moment nicht nach Toben zu Mute ist?“

Pitt versuchte, seine Schwester zu trösten. „So ’ne Gehirnerschütterung würde ich locker wegstecken. Und die Annette schafft das auch. Wetten, dass sie schon wieder lachen kann?“

„Du schreist doch schon die ganze Weltgeschichte zusammen, wenn du dir beim Kartoffelschälen in den Daumen pikst“, sagte Lena. Es tat ihr gut, dass ihr Bruder wie üblich große Töne spuckte und sie zum Widerspruch reizte. Sie dachte: Ich darf mich nicht so weinerlich benehmen, schon gar nicht, wenn ich nachher bei Annette sein werde. Das würde ihr am wenigsten helfen.

Pitt schwadronierte weiter. Auf die Sache mit dem Kartoffelschälen ging er natürlich nicht ein, denn sie war ihm peinlich. „Ich repariere dir dein Fahrrad, Lena. Du weißt ja, dass ich ein Spezialist bin.“

Lena musste trotz allem lachen. „Lass die Finger davon! Es hat in letzter Zeit schon genug Unfälle gegeben.“

„Willst du mich beleidigen?“ Pitt warf sich in die Brust. „Ioannis kann mir vielleicht ein bisschen helfen. Der ist auch ein Spezialist im Reparieren.“
„Ausgerechnet unser Pechvogel Ioannis!“ Hanna lachte auch.
In der Wohnhalle ließ Lena sich auf das Ledersofa fallen und berichtete alles, was Annettes Mutter ihr über den Unfall gesagt hatte. Hanna hörte zu und redete wenig. Sie gehörte nicht zu den Leuten, die leichtfertig über ernste Dinge urteilen. Man musste abwarten, was der behandelnde Arzt zu sagen hatte.
„Möchtest du etwas essen?“, fragte sie Lena. „Ich hab Bohnengemüse mit Rindfleisch gekocht.“
„Ich kann doch jetzt nichts essen!“ Lena guckte die Mutter empört an. „Keinen Bissen würd ich runterkriegen.“
„Prima!“, jubelte Pitt. „Dann kann ich das ja aufessen.“
„Aber du hast doch grad schon zu Mittag gegessen“, sagte Hanna. „Keine halbe Stunde ist das her.“
Pitt breitete die Arme aus, als müsste er eine Predigt halten. „Erstens kann ein normaler Mensch nach einer halben Stunde wieder Hunger haben, und zweitens war das vorhin höchstens was für ’nen hohlen Zahn.“ Und damit verschwand er, gefolgt von einer hechelnden Ronja, in Richtung Küche.
„Ich wette, dass er eines Tages platzen wird“, knurrte Lena. Sie stieg zu ihrem Wigwam hinauf und kramte die dunkelblaue Kordhose aus dem Kleiderschrank. Im Ba-

dezimmer wusch sie sich das verschrammte Knie. Es schmerzte nur wenig, als sie den bräunlichen Fleck oberhalb der Kniescheibe betastete. Ein Bluterguss, weiter nichts. Die Jeans stopfte sie in den Wäschekorb.

Eigentlich wäre Lena jetzt gern zur Weide gelaufen, um Raja ihren Kummer um Annette mitzuteilen, doch Frau Schulze-Gehling kam schon weit vor der verabredeten Zeit, um Lena abzuholen. Lena setzte sich in den grünen Daimler-Diesel, während Annettes Mutter erst noch eine Weile aufgeregt mit Hanna redete.

Während der Fahrt starrte Frau Schulze-Gehling nur geradeaus. Es schien, als hätte sie ganz vergessen, dass Lena neben ihr im Wagen saß. Sie fuhren über Rorup und Maria Veen und dann am Merfelder Bruch entlang. Die wilden Pferde!

Lena wusste, dass sich hinter den Büschen und Bäumen rechts der Straße die Wiesen und Weiden dehnten, auf denen die weltberühmten Dülmener Wildpferde frei und fast unabhängig von den Menschen lebten. Als sie vor mehr als einem Jahr zum ersten Mal mit Annette zum Merfelder Bruch geradelt war, hatte sie lange staunend dagestanden und den großen und kleineren Herden von wilden Pferden zugeschaut. Die Besucher mussten natürlich auf den Wegen bleiben, die Herden konnten nach Belieben durch das weite Gelände aus Grasebenen, Mooren und Gehölzen ziehen, konnten sich in Gebiete zurückziehen, die nicht einmal mit dem Fernglas einsehbar waren. Die letzten Wildpferde Deutschlands: Hier lebten sie, weder gestört noch versorgt durch die Menschen, in Kälte und Hitze, bei Regen und Sturm über die Jahre ihres Pferdelebens beinahe in absoluter Freiheit. Alte Pferde starben, neue kamen auf die Welt. Lena und Annette hatten das Glück gehabt, eine Geburt zu beobachten. Bei so robusten und ursprünglichen Rassen dauert eine Geburt nicht lange. Sanft leckte die Mutter ihr Fohlen sauber, und bald zog sie weiter mit der grasenden Herde, während das staksige Junge die erste Milch saugte.

Aufmerksam hatte Lena der Freundin zugehört, die ihr ausführlich berichtete, dass die Herzöge von Croy hier auf ihren ausgedehnten Ländereien schon seit dem frühen 14. Jahrhundert den Wildpferden eine ungestörte Heimat boten und so die verschiedenen Rassen vor dem Aussterben bewahrten. Gemeinsam hatten die zwei Mädchen versucht, die Unterschiedlichkeit der Arten, die alle vom Urwildpferd abstammen, zu erkennen. Neben Braunen, Schwarzen und Füchsen dominierten vor allem die Falben und die Mausgrauen. Annette wusste, dass die Falben auf den Einfluss der mongolischen Wildpferde hinweisen, die Mausgrauen mit dem Tarpan verwandt sind. Auch der deutliche Aalstrich und die Zebrafärbung an den Beinen erinnern an die wilden Pferde aus grauer Vorzeit. Der erste Besuch im Merfelder Bruch war für Lena ein wunderbares Erlebnis gewesen.

Doch Lena lernte auch, dass der Bestand der Dülmener Herden ganz ohne den Eingriff der Menschen nicht möglich wäre. Inzucht muss verhindert werden. Nur ein ausgesuchter Hengst darf jeweils in einer Herde sein.

Das konnte Lena verstehen. Trotzdem war es wie ein Schock für sie, als sie mit den Schulze-Gehlings den Wildpferdefang erlebte. Der findet traditionell am letzten Samstag im Mai statt. Lena hatte sich weiter keine Gedanken gemacht, als sie die Einladung zum Mitfahren angenommen hatte. Vielleicht war da eine ungenaue Vorstellung von galoppierenden Pferden und lustigem Gewieher gewesen – vorher. Doch schon bei der Ankunft, als sie die überfüllten Parkplätze wahrnahm, die Menschenmassen, die aufgebauten Tribünen und die bunten Fahnen, da ahnte sie, dass ihr Bild von den Wildpferden in freier Wildbahn Schaden nehmen würde.

Mit Getöse wurden die Herden zusammengetrieben. Kräftige Männer in gestreiften Hemden führten den Zuschauern vor, was für tolle Kerle sie waren. Mit bloßen Händen oder mit Stricken fingen sie die einjährigen Junghengste aus der Herde, zwangen sie zu Boden und brannten ihnen das Herzog-von-Croy'sche Zeichen ins Fell. Für die jungen Hengste bedeutete dieser erste Eingriff der Menschen in ihr bisher unabhängiges Dasein, den Lena als brutal empfand, zugleich das Ende der Freiheit, denn anschließend wurden sie zur Versteigerung gebracht.

„Kann man das denn nicht behutsamer machen?", hatte Lena aufgeregt gefragt. „Muss man da so eine Show abziehen?"

Annette hatte zu erklären versucht. „So eine Großveranstaltung bringt viel Eintrittsgeld und hat außerdem mit Werbung zu tun. Das Fernsehen überträgt sogar."

Lena widersprach. „Und die Junghengste? Die haben doch Angst!"

Das sah Bauer Schulze-Gehling anders. „Die beruhigen sich auch schnell wieder. Und bei ihren Käufern sind sie in guten Händen. In der Landwirtschaft und in der Forstwirtschaft werden die zähen Burschen eingesetzt. Außerdem sind sie mit ihrem Stockmaß von höchstens hundertdreißig Zentimetern ideale Reitponys für junge Leute. Also, keine Panik, Lena!"

Nach diesem traurigen Maisamstag hatte Lena noch einige Male die herrlichen Wildpferde im Merfelder Bruch besucht, mal mit Annette, mal mit Hanna, Gregor und Pitt. Doch der wundersame Zauber, den sie bei ihrem ersten Besuch empfunden hatte, stellte sich später nie wieder ein.

Solche Gedanken zogen Lena jetzt durch den Kopf, als sie mit Frau Schulze-Gehling im grünen Daimler-Diesel am Rande der Wildpferdeweiden durch das Eschenwäldchen rollte.

„Gleich sind wir bei Annette", sagte Frau Schulze-Gehling.

Lena nickte nur. Die Schmetterlinge in ihrem Bauch begannen zu schwirren. Das Wort Trauma fiel ihr plötzlich wieder ein.

Annette darf nicht lachen

Dieser durchdringende Geruch! Sobald Lena ein Krankenhaus betrat, löste dieses Duftgemisch aus Desinfektionsmitteln und tausenderlei Arzneien bei Lena eine eigenartige Beklemmung aus. Es war ihr stets, als könnte sie auch die Angst der Menschen riechen. Aber war das überhaupt möglich, dass sich die Gefühle und Befürchtungen anderer auf sie übertrugen?

Ein wenig verwirrt folgte sie Frau Schulze-Gehling zur zweiten Etage des Brentano-Krankenhauses hinauf. In den Nischen des Treppenhauses leuchteten riesige Blumensträuße in großen Bodenvasen, die Wände waren mit Blumenbildern der verschiedensten Kunstetappen und Stilrichtungen geschmückt, doch Lena hatte den Eindruck, dass auf diese Weise nur eine künstliche Heiterkeit erzeugt werden sollte; und außerdem waren die Gemälde nur Fotoreproduktionen.

Zögerlich öffnete Frau Schulze-Gehling nach leisem Anklopfen die Tür des Zimmers 222. Das Erste, was Lena ins Auge sprang, war ausgerechnet ein Blumenstrauß: Astern, Dahlien. Eine Karte mit Schnörkelschrift lehnte an der Glasvase: Beste Wünsche zur Genesung vom Fahr- und Reitverein e. V. Temming. Der Strauß gehörte also zu Annettes Bett.

Da lagen noch zwei ältere Frauen in den Betten an der linken Seite des Zimmers und tuschelten miteinander. Das vierte Bett war noch unbenutzt. Frau Schulze-Gehling grüßte scheu, zog sich dann schnell einen Stuhl heran und drückte ihrer Tochter hastig einen Kuss auf die Stirn.
„Wie geht's dir, mein Kind?", flüsterte Frau Schulze-Gehling.
„Beschissen!" Annettes Antwort kam schnell und laut.
Lena dachte erleichtert: Es geht ihr also gar nicht so furchtbar schlecht. Aber seltsam fremd kam ihr die Freundin im ersten Augenblick vor. Das vertraute Lachgesicht auf einmal blass und fast grünlich, dunkle Ringe unter den Augen, blutleer die Lippen. Und dann das viele Weiß: weiß das metallene Bettgestell, weiß das Bettzeug, weiß das Hemd, das sie Annette angezogen hatten. Aus dem weißen Kopfverband ragte ein Büschel von Annettes blondem Struwwelhaar und wirkte ein bisschen wie der Federschmuck eines Indianers.
Da erst nahm Annette Lena wahr. „Mensch, Lena, du blöde Kuh!", sagte sie zärtlich. „Dass du gekommen bist! Komm, hock dich auf die Bettkante! Ich freue mich."
„Ist doch klar, dass ich mitgekommen bin", sagte Lena. „Wenn du so einen Mist baust, muss ich mir doch anschauen, wie du nach deinem Knaller aussiehst. Ziemlich bleich um die Nase, finde ich. Wirklich, du machst

Sachen!“ Lena ließ sich vorsichtig auf dem Bettrand nieder und berührte leicht Annettes Arm. „Werd schnell wieder gesund, hörst du?“

„Du hast gut reden, Lena! Ich möchte dich mal sehen, wenn du so mit Schmackes vom Pferd fällst.“ Annette verzog schmerzhaft den Mund. Das Reden schien ihr zuzusetzen.

„Pscht!“, machte Frau Schulze-Gehling. „Ganz ruhig liegen, mein Mädchen!“ Sie packte den Leinenbeutel aus und stellte die Saftflasche, die Keksdose und die Pralinenschachtel auf das Nachttischchen. „Ich hab dir Unterwäsche mitgebracht, weil du ja bald vielleicht schon mal aufstehen darfst.“ Sie fügte leise hinzu: „Hoffentlich.“

„Ist auch ein Schlafanzug dabei?“, wollte Annette wissen. „Ich hasse dieses beknackte Nachthemd.“

„Natürlich, mein Mädchen.“

Mein Mädchen! Lena musste unwillkürlich lachen. Andauernd sagte Frau Schulze-Gehling so was Komisches. Wahrscheinlich war auch diese resolute Frau verunsichert von den Umständen, denn sonst redete sie ganz anders mit ihrer Tochter.

„Wie geht's zu Hause?“, fragte Annette. Sie verzog ein wenig die Mundwinkel. Das Sprechen bereitete ihr offenbar Schmerzen.

„Alles geht seinen Gang“, antwortete Frau Schulze-Gehling, „aber du fehlst uns natürlich auf dem Hof.

Deine Geschwister und alle Verwandten lassen schön grüßen, sie wünschen dir gute Besserung." Fast erschrocken fügte sie hinzu: „Vater ganz besonders."
Lena dachte: Warum ist Annettes Vater denn nicht mit uns hergekommen? Er liebt seine Tochter doch! Ist er vielleicht einer von den Dödeln, die meinen, Krankenhausbesuche seien Frauensache? Lena hörte hinter sich die Frauen von der anderen Seite des Zimmers halblaut über Hausmittel gegen Darmträgheit tratschen. Weghören!, redete sie sich ein. Aber wie geht das?
Annette fragte: „Was macht Odin?"
Fahrig fummelte Frau Schulze-Gehling mit den Fingern an ihren Haaren herum. Die Frage schien ihr peinlich zu sein. „Was soll ich sagen? Vater hat ihn sofort mit dem Transporter nach Hause geholt und in den Stall gesperrt. Und ordentlich geschimpft hat er mit ihm, das kannst du mir glauben."
Annette zog die Augenbrauen zusammen. „Unsinn!", schimpfte sie leise. „Als ob Odin schuld daran wär, dass ich gestürzt bin! War ganz allein meine Dämlichkeit." Und dann erzählte sie stockend, wie es zu dem Unfall gekommen war.
Annette war als letzte Reiterin noch in der Halle gewesen, die offizielle Übungsstunde mit der Trainerin war beendet. Odin hatte seinen faulen Tag gehabt, was ja bei Pferden manchmal vorkommt, und Annette war ungeduldig geworden, als er selbst bei leichten Sprüngen

mehrmals die Stangen gerissen hatte. Wenigstens einen sauberen Schlusssprung sollte ihr Pferd schaffen.

„Wir hatten einen Triplebar aufgestellt“, erklärte Annette, „gar nicht besonders hoch. Noch einmal fehlerlos rüber: Das wollte ich hinkriegen. Da hab ich dumme Gans dem Odin die Gerte gezeigt. Bloß gezeigt! Dabei weiß ich doch genau, wie er erschrickt, wenn er die Reitgerte sieht. Aber wenn man wütend ist, denkt man ja bekanntlich nicht richtig nach. Also, der Odin sieht das Ding und springt aus dem Stand los und voll in die Stangen hinein. Das hat mich so überrascht, dass ich wie eine Anfängerin den Halt verloren hab und aus dem Sattel gekippt bin. Zu allem Elend hing ich mit dem linken Stiefel im Steigbügel fest, und die Kappe hab ich auch verloren. Und dann – zack, voll gegen eine der Stangen. Filmriss, Licht ging aus. Ab dann weiß ich nichts mehr. Ich bin erst hier im Krankenhaus wieder aufgewacht, und da hab ich gedacht, mein Kopf ist ab. Zuerst wusste ich auch gar nicht, wo ich war.“

„Du sollst nicht so viel reden!“, mahnte Frau Schulze-Gehling.

Annette nickte, redete aber weiter. „Lena, du müsstest meinen Hintern und den Rücken sehen! Bunt ist überhaupt kein Wort dafür. Die Schwester hat’s mir mit zwei Spiegeln gezeigt. Aber das ist nichts gegen dieses Karussell im Kopf. Mich hat es ziemlich erwischt. Und jetzt weiß ich auch, dass du immer Recht hattest, Lena. Deine

Art zu reiten und mit Pferden umzugehen ist einfach gut. Dieser ganze Ehrgeiz mit Turniersport und Nullrunden im Parcours und Siegerpokalen und ..."
„Jetzt halt mal den Schnabel!", fuhr Lena dazwischen. „Du hast im Moment 'nen Durchhänger, darum quasselst du so. Lass uns das Thema behandeln, wenn du wieder richtig tickst. Und wenn du dann wirklich deine Meinung geändert haben solltest, also, dann sollte es mich freuen. Außerdem muss man nicht erst auf einem Pferd sitzen, um einen sensationellen Sturz zu veranstalten. Ich hab mich nämlich auch flachgelegt."
„Erzähl!", bat Annette. „Aber nur, wenn's nichts Lustiges ist. Wenn ich nämlich lachen muss, platzt mir der Schädel!" Annette tippte sich an den Kopfverband.
Da konnte Lena die Freundin selbstverständlich beruhigen, denn es war nicht lustig, was sie zu berichten hatte. „Ich bin ganz scheußlich mit dem Fahrrad ausgerutscht, auf dem matschigen Weg zur Bushaltestelle. Jeans im Eimer, Speichensalat, eine prima Acht im Hinterrad, Bluterguss oberhalb des Knies. Und alles ohne Pferd, siehst du! Außerdem hat eine von Tewes' Katzen vermutlich Rattengift gefressen und muss vielleicht sterben. Und was die Englischarbeit betrifft – na, reden wir besser nicht drüber. Ein rabenschwarzer Tag, das kann ich dir sagen."
Annette schloss für Sekunden die Augen. Anscheinend war sie vom Reden und vom Zuhören erschöpft. Die

zwei alten Frauen in den Betten auf der anderen Zimmerseite redeten inzwischen über die Schulzeugnisse ihrer Enkel, und dieses Thema fand Lena auch nicht besonders witzig. Der Blumenstrauß verströmte einen Geruch, der sie an Beerdigungen erinnerte.

Frau Schulze-Gehling erhob sich mit einem plötzlichen Ruck. „Ich schau mal nach, ob ich mit dem Stationsarzt sprechen kann!“ Sie ging auf Zehenspitzen hinaus, obwohl es gar keinen Grund dafür gab.

Lena beugte sich dicht zu Annette hinunter. „Geht es dir wirklich so beschissen?“

Drei, vier Atemzüge zögerte Annette mit der Antwort. „Kann sein, dass du mich nicht richtig verstehst, Lena, aber es sind nicht nur die Schmerzen. Die könnte ich aushalten. Es ist ... Es ist so ein Angst machendes Gefühl, das kannst du dir nicht vorstellen, das macht mich noch irre.“ Annette kämpfte mit den Tränen.

„Du brauchst mir das nicht zu erklären, wenn du nicht willst“, sagte Lena.

„Ich will es aber!“ Annettes Stimme klang auf einmal wütend und verzweifelt zugleich. „Ich werde immer ganz dusselig im Kopf, wenn ich die Augen zumache. Dann dreht sich alles. Ich sitze auf einem riesengroßen Pferd, das Pferd wird größer und größer, es wächst über die Baumwipfel raus, die Häuser sind bloß noch so klein wie Spielzeug. Die Wolken kleben mir im Gesicht wie Spinnweben. Und ich sitz da auf dem spiegelglatten Pferderücken und kann mich nirgendwo festhalten. Da ist nichts, verstehst du? Keine Zügel, gar nichts. Dann bewegt sich das Riesenpferd, und die Erde fängt an zu kreisen. Ich weiß nicht einmal mehr, wo oben ist und wo unten, dann rutsche ich ab und bin völlig haltlos. Und ich falle ... ich falle ... Alles dreht sich, und mir ist so schwindlig ... Lena! Lena! Halt mich fest!" Annette krallte sich mit beiden Händen an Lenas Arm fest.

„Kriegt sie wieder den Rappel?", rief eine der alten Frauen.

„Ist ja gut!", flüsterte Lena der Freundin zu. „Ist ja gut! Ich bin doch bei dir, du blöde Kuh." Auf die Frage der Frau achtete sie nicht. Sie überlegte: Ist es das, was das Wort Trauma bedeutet? Kann Annette den Fall von Odins Rücken und das Schleudergefühl nicht vergessen? Schafft sie es nicht, den Sturz und die undeutliche Erinnerung daran zu verarbeiten? Lena fühlte sich entsetzlich hilflos.

Frau Schulze-Gehling kam in diesem Augenblick zurück. Eine junge Krankenschwester in pinkfarbenem Hosenanzug war bei ihr. Die Schwester löste behutsam und resolut zugleich Annettes verkrallte Hände von Lenas Arm.

„Genug jetzt", sagte die Krankenschwester. „Unsere Patientin braucht jetzt absolute Ruhe. Morgen ist schließlich auch noch ein Tag."

„Wenn du gesund bist, besuchen wir mal wieder die

Wildpferde, ja?“ Lena legte die Hand auf Annettes Gesicht. „Mach’s gut!“
Annettes blasses Gesicht entspannte sich.
„Komm, Lena“, sagte Frau Schulze-Gehling.

Die Farben des Herbstes

Die Zeit spielte verrückt. Manchmal zog der Tag sich zäh dahin wie ein Kaugummi, manchmal schienen die Stunden mit den stürmischen Windböen davonzufliegen. Lena fuhr täglich mit Frau Schulze-Gehling nach Dülmen zum Krankenhaus, einmal kam auch Hanna mit. Der behandelnde Arzt war mit Annettes Genesungsprozess äußerst zufrieden, zumal auch die traumatischen Schwindelanfälle nachließen. Die Krankenschwestern behaupteten, Annette habe bereits wieder Hummeln im Hintern und mache die ganze Station närrisch. Und Lena konnte in der Klasse verkünden, dass mit Annette bald wieder zu rechnen sei. Darüber freuten sich natürlich alle, am meisten aber Ioannis, der schon Geld für einen Blumenstrauß gesammelt hatte.

Dann kam der Samstag, und als Lena spät am Abend in ihrem Wigwam am Schreibtischchen saß, um all das in ihrem Tagebuch festzuhalten, was sie erlebt hatte, da war sie sich klar darüber, dass dies eindeutig ein Glückstag gewesen war.

Schon der Morgen fing gut an. Gregor war fröhlich, weil er nicht zum Gericht fahren musste, und bereitete ein erstklassiges Frühstück mit Kräuteromeletts, Bananenquark und überbackenen Toastscheiben. Hanna war am

Vorabend mit ihrer Übersetzung fertig geworden und spielte zum Tagesbeginn Claude Debussys The Little Shepherd auf dem Flügel. Pitt hatte sogar freiwillig geduscht, und die Wuschelhündin bellte nicht so laut wie sonst.

„Die Stallarbeit übernehme ich heute Morgen", erklärte Pitt mit vollem Mund. „Hanna und Tewes können mir ja ein bisschen helfen." Samstags hatte er immer schulfrei. So hatte Lena viel Zeit, ausgiebig mit Raja zu schmusen. Die freundliche alte Stute schien Lenas Zärtlichkeiten zu genießen, sie blies ihr zum Dank ihren warmen Atem ins Gesicht. Und natürlich lächelte sie beruhigend, als Lena ihr erzählte, in der zweiten Stunde werde es eine Katastrophe geben, denn da bekämen sie die benoteten Englischarbeiten zurück.

„Halt mir die Daumen, Raja!", rief Lena zum Abschied und wusste gleichzeitig, dass diese Bitte Blödsinn war. Kichernd rannte sie zur Scheune und klemmte die Schultasche auf den Gepäckträger von Hannas Fahrrad. Ioannis hatte zwar allerlei Versuche unternommen, ihr eigenes Fahrrad zu reparieren, doch beim Einziehen der neuen Speichen war er bisher an die Grenzen seiner Fähigkeiten als Mechaniker gestoßen.

Frau Schulze-Gehling wartete an der Bushaltestelle auf Lena. „Heute Nachmittag holen wir unsere Annette nach Hause!", rief sie, als Lena geradelt kam. „Stell dir das vor, Lena! Vorhin hat jemand vom Krankenhaus angerufen. Sie ist wieder richtig gesund!" Und während sie das hinausjubelte, vollführte die rundliche Frau eine Art Apachentanz.

„Klasse!", schrie Lena. „Große Klasse!" Vor Freude wurde ihr ganz warm im Bauch. „Annette soll mich sofort anrufen, wenn sie zu Hause ist."

„Ehrensache", sagte Frau Schulze-Gehling.

Und dann röhrte auch schon der Schulbus in der Kurve. Lena hüpfte hinein. An diesem Morgen störte sie weder die überlaute Musik noch das Gebrabbel der Jungen aus der Gärtnersiedlung. Annette war wieder gesund! Alles andere war im Augenblick unwichtig.

Doch es gab noch andere freudige Überraschungen an diesem Samstag. Zuerst einmal blieb die Katastrophe aus, als Missis Spider die Klassenarbeitshefte zurückgab.

„Manuela!" Missis Spider rang mit gespieltem Entsetzen die Hände. „Voll daneben. Die Fremdsprache, die ich in dieser Klasse unterrichte, ist Englisch und nicht Kisuaheli. Und, Lena, was um alles in der Welt ist in dich gefahren?"

„Ich weiß", gab Lena kleinlaut zurück. „Auch voll daneben."

„Na ja, eine schlappe Vier ist es noch gerade eben geworden", sagte Missis Spider, „aber da bin ich bessere Arbeiten von dir gewöhnt."

„Ich hatte einen schlechten Tag." Lena guckte Missis Spider zerknirscht an, doch innerlich jubelte sie, denn sie hatte mit viel Schlimmerem gerechnet. Eine Vier konnte sie locker wegstecken.

„Aber lass das nicht zur Gewohnheit werden, Lena!“, mahnte die Englischlehrerin und wandte sich Stefan zu, der zur Vorsicht schon fast unter die Bank gerutscht war.

Als der Unterricht nach der vierten Stunde beendet war, sauste Lena als Erste zum Halteplatz der Schulbusse. Sie hatte es heute besonders eilig, nach Hause zu kommen, um die gute Nachricht zu verkünden, dass Annette aus dem Krankenhaus entlassen würde.

Gregor stand hoch oben auf der langen Leiter und kratzte mit einer Maurerkelle vermodertes Laub vom Vorjahr aus der Dachrinne. Auf halber Höhe hockte Pitt auf einer Sprosse und gab seinem Vater fachmännische Anweisungen. Hanna und Tewes gaben Acht, dass die Leiter nicht wegrutschte. Ronja schaute hechelnd und sabbernd zu.

„Annette kommt gleich aus dem Krankenhaus!“, rief Lena, so laut sie rufen konnte, als sie sich dem Vorplatz näherte. „Stellt euch das vor!“

Hanna klatschte in die Hände, Pitt sprang von der Leiter ins Blumenbeet hinunter und kreischte vor Freude, und die Wuschelhündin stimmte ein lautes Geheul an, weil sie spürte, dass etwas Aufregendes um sie herum geschah.

„He, he, haltet die Leiter fest!“, forderte Gregor.

„Mal keine Angst“, beruhigte Tewes und spuckte einen

braunen Strahl Kautabaksaft aus. „Ich werde aufpassen.“
Aber Gregor kam schon Sprosse für Sprosse die Leiter heruntergeturnt mit dem Eimer voll matschiger Blätter. Offenbar war ihm die Arbeit hoch oben am Hausdach nicht ganz geheuer gewesen, doch sie war nötig, weil das Regenwasser nicht mehr richtig ablief.
„Wann gibt’s denn endlich Mittagessen?“, fragte Pitt. „Ich hab schon gar keine Kraft mehr.“
„Das Gemüse ist gleich gar“, tröstete Hanna. „Wirsing und Möhren. Folienkartoffeln essen wir dazu.“
„Und kein Fleisch?“ Pitt verzog das Gesicht, als müsste er vor Entsetzen heulen.
„Zu viel Fleisch ist ungesund“, sagte Hanna.
Maulend folgte Pitt den anderen ins Haus.
Lena brachte die Schultasche in ihr Zimmer, sie wusch sich flüchtig die Hände und lief in die Küche. Mit dem Essen war sie an diesem Mittag rasch fertig. „Kann mal ein anderer für mich abräumen?“, fragte sie.
„Warum denn?“ Gregor schaute sie über den Rand der Brille an. „Wieso stellen wir eigentlich solche Küchenpläne auf, wenn sich keiner dran hält?“
Tewes hatte Verständnis für Lenas Ungeduld. „Sie freut sich doch so“, brummelte er. „Sie will mit Raja ein bisschen ausreiten. Stimmt’s?“
Lena schaute den alten Stallmeister dankbar an und nickte. Ja, sie wollte so schnell wie möglich zu Raja,

wollte allein durch die Wiesen reiten und den Wind im Gesicht spüren.

„Na, hau schon ab!“ Hanna blinzelte Lena zu.

Im Hinauseilen rief Lena: „Ich bleibe nicht lange fort! Annette ruft ja nachher an. Und Ioannis will die neuen Speichen einschrauben.“

„Genau!“, schrie Pitt. „Mit mir zusammen.“

Als Lena ans Weidegatter kam, stand Raja bewegungslos unter den Haselbüschen und schien zu warten. Gemächlich schritt sie zum Stall, wo Lena ihr das Halfter und die gebisslose Zäumung anlegte, die Tewes eigens für das empfindliche Maul der alten Stute gemacht hatte. Lena und Raja verständigten sich bei den Ausritten ohnehin durch ihre geheimen Zeichen, und einen Sattel benutzte Lena sowieso nicht, sondern nur eine weiche Filzauflage.

„Von mir aus kann's losgehen“, sagte Lena, als sie sich behutsam auf Rajas Rücken gleiten ließ. Sie stieg immer von einem Schemel aus auf, um jede plötzliche Belastung zu vermeiden. „Wir waren schon seit Tagen nicht mehr unten beim Bach.“

Der Pfad zwischen den Wiesen war weich vom Regen. Raja ging zügig und sicher diesen vertrauten Weg. Die Luft war gesättigt mit Feuchtigkeit, doch es fielen keine Tropfen mehr. Wie gigantische Urtiere aus den Zeiten der Dinosaurier wirkten die Wolken, die tief über das weite Land zogen. Krähen fielen in dichten Schwärmen ein, trippelten über die abgeernteten Felder und vertrieben die fetten Tauben. Die kahlen Maisstängel, die da und dort stehen geblieben waren, sahen aus wie gefiederte Speere.

Lena sang leise ein paar Zeilen aus einem Lied, das sie von Hanna kannte: „Der Nebel dämpft das Morgenlicht, und alles Wesen flüsternd spricht, das Land verhangen grau, im Felde singt die Regenfrau …“ Ja, dachte Lena, ich bin die geheimnisvolle Regenfrau und reite auf meinem Regenpferd durch das Regenland.

Unten bei der Brücke blieb Raja von selbst stehen. Eigentlich war es nur ein Brettersteg mit einem hüfthohen Geländer. Der Bach, der im Sommer oft nur wie ein Rinnsal wirkte, führte jetzt eine Menge Wasser. Mit der schnellen Strömung trieben Wurzelstücke und Inselchen aus Laub und Gestrüpp, Maisstroh und Samenhülsen von Büschen und Bäumen. Lena lauschte dem Gluckern der Wellen und schaute dem Wandern der kleinen Strudel zu.

Lag es daran, dass sie so vertieft war in diese Bilder und Geräusche, oder war der Wind schuld, der mit den Schoten der wilden Lupinen tuschelte und in den Zweigen der Erlen rauschte? Auf jeden Fall schreckte Lena erst auf, als Raja zu schnauben begann.

Ein Reiter näherte sich von der anderen Seite des Baches her.

Wanja!

Lena erkannte das grau gescheckte Pferd sofort, denn so hoch ausgreifend trabte nur Crazy Horse. Und der Junge, der schon von weitem winkte, trug unter der offenen Regenjacke wie immer ein T-Shirt mit der Aufschrift *Pass bloß auf!*

„Wanja! Hallo, Wanja!" Lena breitete die Arme aus.

„Hallo, Lena, alte Indianerin!" Wanja lachte breit. Dann hob er die Hand zum Gruß. „Howgh, du Rothaut!"

„Howgh, du Bleichgesicht!"

Der graue Schecke scheute ein wenig, als er über die Bohlen des Steges tänzelte. Aber Rajas Gegenwart beruhigte ihn schnell. Die beiden Pferde kannten sich ja längst.

„Wir haben uns mindestens eine Woche nicht gesehen", sagte Wanja. „Geht's dir gut?"

„Heute geht es mir wieder gut", antwortete Lena. Die Schmetterlinge im Bauch meldeten sich wieder. Dass Wanja gekommen war! „Annette wird nämlich aus dem Krankenhaus entlassen!" Und weil Wanja natürlich nichts von Annettes Sturz in der Reithalle wissen konnte, sprudelte Lena ihren Bericht aufgeregt heraus. Von den Prellungen und Abschürfungen und von dem Trauma erzählte sie, von ihren Besuchen im Krankenhaus und davon, dass Annette ihrem Odin nichts nachtrug. „Sie ist ein bisschen nachdenklich geworden, ich meine, was den Leistungssport und die ganze Hindernisspringerei betrifft. Und nachher besuche ich sie zu Hause."

Wanja hatte aufmerksam zugehört. „Donnerwetter!“, sagte er dann leise. Und noch einmal: „Donnerwetter!“ Das war alles. Dass er kein Verständnis für Annettes Ehrgeiz hatte, musste er nicht mehr betonen, denn Lena wusste es längst.

„Hattest du keine Zeit zum Reiten?“, fragte Lena. Eigentlich wollte sie fragen: Warum hast du mich so lange nicht besucht? Aber das traute sie sich nicht, und sie hatte auch kein Recht, so etwas zu fragen, denn so lange kannten Wanja und sie sich noch nicht.

Auf Wanjas Gesicht erschien ein schiefes Grinsen. „Ich hab die ganze Woche nach der Schule gejobbt. In der Druckerei. Fünf Euro die Stunde. Prospekte einlegen und so. Du weißt doch, dass ich für den Unterhalt von Crazy Horse selbst sorgen muss. Meine Eltern haben in Billerbeck einen Textilladen, der läuft aber nicht besonders. Und der Bauer, bei dem mein Pferd im Stall steht, langt ganz schön kräftig zu. Hundertfünfzig Piepen im Monat!“

„Das ist ’ne Menge Knete.“ Lena biss sich auf die Unterlippe. Warum habe ich nur so eine blöde Frage gestellt!, dachte sie. Hoffentlich ist Wanja nicht beleidigt.

Wanja war nicht beleidigt. Außerdem hatte er nun genug damit zu tun, sein nervöses Pferd zu beruhigen. Dem grauen Wallach gefiel es anscheinend überhaupt nicht, dass er hier so ruhig stehen sollte. Er fing an zu trippeln, brach seitlich aus und wippte auffordernd mit dem Kopf.

„Ho, ho, du Spinner!“ Wanja gab sich Mühe, sein Pferd zu besänftigen. „Ist ja gut, alter Junge! Was soll denn die gute Raja von dir denken?“
„Sollen wir ein bisschen zusammen reiten?“, schlug Lena vor.
»Klar, machen wir. Zu Gronerdingers Wäldchen rauf?“
Lena nickte. „Aber langsam! Tewes hat gesagt, Raja darf nur noch im Schritt gehen. Es ist ein Glück, dass ich sie noch reiten kann. Du, Wanja, du kannst dir nicht vorstellen, wie sehr ich meine Raja liebe!“
„Vielleicht kann ich's doch“, sagte Wanja.
Crazy Horse war immer eine halbe Länge voraus. Raja folgte ihm gelassen. Es ging nur leicht bergauf. Fasane keckerten im Gebüsch, dann und wann wetzten Kaninchen im Zickzack über den Wiesenweg, der Westwind war stärker geworden.
Wanja drehte sich zu Lena um. „Ich sammele Farben.“
„Was sammelst du?“
„Farben!“ Wanja lachte breit. „Zu jeder Jahreszeit. Und jetzt sammele ich natürlich die Farben des Herbstes.“
Lena verstand das nicht. „Wie geht denn das?“
„Ganz einfach. Ich speichere die Reflexe meiner Augen im Gehirn. Ich weiß ja, das hört sich blöde an, aber so funktioniert das nun mal bei mir. Man kann es übrigens trainieren. Richtiges Sehen kann man trainieren. Guck dir bloß mal den Waldrand an! Welche Farben siehst du?“

„Braun“, sagte Lena. „Die Herbstblätter sind braun und die Baumstämme auch!“

Fast ärgerlich schüttelte Wanja den Kopf. „Kindergarten!“, spottete er. „So lernt man's im Kindergarten. Die Wiese ist grün, der Acker ist braun, der Himmel ist blau, und die Sonne ist gelb. Nix stimmt davon! Das Licht macht die Farben, und das Licht verändert sich ständig. Die Pigmente auf den Oberflächen der Dinge werden durch das Licht zu Reizen, die wir durch die Augen im Hirn als Farben wahrnehmen. Und wer nicht dumm ist und keine vorgefasste Meinung hat, der nimmt die Vielfalt der Farben wahr.“

„Wenn man dich so reden hört!“ Lena musste unwillkürlich lachen. Doch schnell wurde sie wieder ernst. Mit zusammengekniffenen Augen betrachtete sie minutenlang den Waldrand, ließ den Blick gleiten und gab sich Mühe, ihre vorgefasste Meinung zu verdrängen. „Braun sehe ich auf jeden Fall“, sagte sie, „aber ganz viele verschiedene Töne von Braun. Rötliches Braun und gelbliches, aber an manchen Stellen scheint das Laub sogar zu brennen. Feuerrot! Und wenn der Wind die Äste bewegt, verändern sich die Farben. Silber! Ich sehe sogar Silber!“

„Gut!“ Wanja war mit Lenas Aufzählung zufrieden. „Jetzt die Baumstämme. Du hast gelernt, Holz ist braun. Aber schau genau hin! Wie wirken sie aus dieser Entfernung? Sag nur, was du auch wirklich siehst!“

Lena zögerte nicht lange. „Die Baumstämme dort sind schwarz oder dunkelblau oder sogar violett. Jedenfalls sehe ich diese Farben. Zum Kuckuck, wer hätte das gedacht! Lila Baumstämme."

„Ich", sagte Wanja kühl, „ich hätte das gedacht. Ich bin ja auch ein Farbensammler. Nun sieh mal zu den Wolken rauf, Lena! Und komm mir bloß nicht mit so was Primitivem, die Regenwolken seien alle grau."

Wie Wanja sie heute rumkommandierte! Lena machte eine heftige Bewegung, die sich sofort auf die alte Stute übertrug.

Da klopfte Lena Rajas Hals und lächelte. Dass Wanja dieses Fragespiel so ernst nahm, war schon ein bisschen komisch. Aber sie ließ sich auf das Spiel ein, denn es war neu für sie, so bewusst die Farben der Natur zu betrachten.

„Ich sehe jede Menge Grautöne", sagte Lena, „von Bleigrau bis zu beinahe blauem Grau. Da sind aber auch ganz andere Farben. So wie Sepiatinte ungefähr. Und so giftgrüne Streifen, wo's ein bisschen heller ist. Und da!" Lena zeigte zu einer wuchtigen Wolke hinauf, die tief über den Pappeln hing. „Da ist an den Rändern so was Gelbliches …"

„Ocker", erklärte Wanja. „Diese Farbe heißt Ocker. Du lernst verdammt schnell, Lena. Ich wette, bald kannst du richtig Farben erkennen."

„Jawohl, Herr Lehrer!" Lena wusste nicht genau, ob sie

sich über dieses Lob freuen oder ärgern sollte. Der spielt sich mächtig auf, der Wanja, dachte sie.
Doch es gefiel ihr, die Farben der ausgebleichten Grasbüschel am Wegrand zu beschreiben, die flammenden Rottöne eines Ahornblattes, den Purpur der welkenden Eschenwedel, das sonnenverbrannte Braun der Disteln und die dunkle Erde der umgepflügten Äcker. Für Sekunden träumte Lena diesen Tagtraum: Wir reiten über die endlose Prärie des Wilden Westens, und wo der milchige Dunst über dem Horizont lagert, steigt der dünne Rauch unseres Lagerfeuers auf, und dort stehen die Büffelhautzelte unseres Stammes.
„Wie meinst du das eigentlich, dass du die Farben des Herbstes sammelst?", fragte Lena, als sie die kleine Höhe vor dem Waldrand erreicht hatten.
„Hab ich doch schon gesagt", gab Wanja zurück. „Ich speichere sie in meinem Gedächtnis, und zu Hause male ich sie mit Aquarellfarbe auf große Zeichenblockblätter. Nur die Farben. Die Formen der Dinge sind mir nicht so wichtig."
Lena hielt verwundert ihr Pferd an. „Das hast du nicht gesagt, dass du die Farben aufmalst!"
Wanja drehte mit dem tänzelnden Crazy Horse ein paar Pirouetten auf der Stelle. „Weißt du denn nicht, dass ich später sowieso Maler werde?"
„Woher soll ich das wissen?" Beinahe ärgerlich rief Lena das gegen den flattrigen Wind an. Sie wusste so wenig

von Wanja, und immer wieder setzte er sie in Erstaunen. Oder spielte er etwa bloß die Rolle des Eigenbrötlers?
„Manchmal machst du's ganz schön spannend."
Wanja grinste verlegen. „Ist nicht böse gemeint. Weißt du, die meisten Leute machen doofe Bemerkungen, wenn ich davon rede, dass ich einmal Maler werden möchte."
„Ich bin aber nicht die meisten Leute", antwortete Lena spitz. „Und ich wüsste auch nicht, wieso man da doofe Bemerkungen machen kann. Maler! Du, Wanja, das ist doch echt stark!" Er hat ein Ziel für die Zukunft, ging es Lena durch den Kopf. Und was ist mit mir? Einen Beruf zu haben, in dem man seine Gefühle und seine Gedanken ausdrücken kann! Ob es für mich so etwas auch geben könnte? Diese Frage beunruhigte sie plötzlich.
„Komm mich doch mal zu Hause besuchen!", sagte Wanja. „Ich war schon so oft bei euch auf dem Pferdehof, aber du warst noch nie bei uns. Ich zeige dir dann meine Bilder!"
„Wär nicht schlecht!" Lena gab sich alle Mühe, sich ihre Freude nicht anmerken zu lassen. Ja, sie würde Wanja gern besuchen. Sie wusste wirklich wenig von ihm. *Pass bloß auf!* War das nicht so etwas wie eine Warnung? Konnte die Aufschrift auf seinen T-Shirts nicht auch bedeuten, dass man ihn in Ruhe lassen sollte? „Am nächsten Wochenende?", fragte Lena. „Sonntags vielleicht. Ich käm dann mit dem Rad."

„Klasse!“ Wanja schien sich auch sehr zu freuen. „Wir telefonieren vorher, und ich geb dir dann eine Wegbeschreibung.“

Sie ritten in weitem Bogen zum Bach zurück und schwiegen lange Zeit. Der Hufschlag der Pferde klang dumpf auf dem weichen Boden. Wanjas Sattelzeug knirschte rhythmisch. Sprühregen setzte ein. Dann waren sie bei der kleinen Brücke angekommen.

„Ich muss zurück nach Billerbeck“, sagte Wanja. „Schaufenster dekorieren. Ich hab versprochen, dass ich helfe. Die Winterkollektion ist fällig. Scheußliche Plastikpuppen anziehen und Preisschildchen für hässliche Klamotten schreiben! Kannst du dir vorstellen, wie ich das hasse?“

„Kann ich“, sagte Lena und verzog den Mund. „Für mich wird's aber auch Zeit. Du weißt ja …“

„Annette. Klar, weiß ich. Mach's gut, Lena!“ Wanja hob die Hand zum Abschied und gab die Zügel frei.

Crazy Horse hatte darauf offenbar nur gewartet. Mit ausgreifenden Galoppsprüngen stob er davon und fiel dann in zügigen Trab.

Lena schaute dem Reiter und seinem grauen Pferd noch eine Weile nach, doch Wanja blickte sich nicht mehr um. Da gab Lena der alten Stute das Zeichen, dass es nun Zeit zur Heimkehr sei. Raja setzte sich gemächlich in Bewegung.

Kaum war Lena in Rufweite des Pferdehofes, da kam

Pitt ihr aufgeregt winkend entgegengestürmt. Die Wuschelhündin umtanzte ihn.
„Lena! Lena!“, schrie Pitt. „Hanna hat gesagt, dass Herr Tewes ihr gesagt hat, dass Doc Kranenburg ihm gesagt hat, dass die Katze nun aus der Krise ist!“ Und weil er diesem komischen Satz noch einen seiner starken Sprüche anhängen musste, rief er jubelnd: „Die Jockel muss nicht sterben, die ist über’n Berg!“
Das war eine wunderbare Nachricht. Lena liebte das Katzenquartett, das Fremden gegenüber so abweisend war; sie wusste auch, wie sehr Tewes an seinen pechschwarzen Schönheiten hing, die mit ihm im einsamen Häuschen wohnten. „Stimmt das auch wirklich?“
„Wenn ich’s dir doch sage!“ Pitt stemmte empört die Arme in die Seiten. „Tewes ist zur Tierklinik gefahren, um die Jockel nach Hause zu holen. Aber das ist noch nicht alles. Außerdem haben wir nämlich dein Fahrrad repariert, ich und der Ioannis, und jetzt ist die Karre besser als neu. Was kriegen wir als Honorar? Jeder ’ne Pommes rot-weiß?“
Bevor Lena antworten konnte, kam Ioannis stolz auf ihrem Rad aus der Scheune gefahren und drehte ein paar gewagte Kurven. Er hatte nur zwei Finger verpflastert, und das bedeutete, dass der übereifrige Pechvogel diese Reparatur ohne größere Schäden überstanden hatte.
„Danke, ihr zwei Mechaniker!“, rief Lena. „Danke! Das habt ihr meisterhaft geschafft!“

Bei diesem Lob strahlten die beiden Fachleute über das ganze Gesicht bis zu den ölverschmierten Ohren, und weil sie gerade so richtig in Fahrt waren, übernahmen sie es auch, Raja zu den anderen Pferden auf die Weide zu bringen. Lena eilte durch den Nebeneingang ins Haus.

In der Wohnhalle hockte Gregor pfeifepaffend auf dem Ledersofa und hatte die Zeitung vor sich. „Du kommst gerade richtig“, sagte er und schielte über den Brillenrand. „Annette hat vor zwei Minuten angerufen!“

„Was?“ Lena staunte. „Ist sie etwa schon zu Hause?“

„Scheint so“, murmelte Gregor und las weiter in seiner Zeitung.

Da hastete Lena die Treppe hinauf, um sich umzuziehen. Vor der Badezimmertür stieß sie mit ihrer Mutter zusammen, die einen dicken Dahlienstrauß trug. Patsch – die Blumen landeten auf dem Sisalteppich.

„Bist du immer so stürmisch?“, schimpfte Hanna.

„Nur manchmal. Entschuldige!“ Lena bückte sich, um die Dahlien aufzusammeln. „Kommst du mit mir zu Annette?“

„Aber sicher“, Hanna ordnete die Blumen, die Lena ihr reichte. „Ich warte in der Küche auf dich.“

Ioannis wollte auch mit. Hoffte er auf ein Festessen bei Schulze-Gehlings? Oder war er gespannt auf das Wiedersehen mit Annette? Wahrscheinlich beides, dachte Lena. Sie ahnte, dass Ioannis heimlich in Annette verknallt war.

„Ich bleibe bei Ronja und Gregor“, erklärte Pitt. „Die sind sonst so allein.“
„Nanu!“ Hanna schaute ihrem Filius scharf ins Gesicht. „Das ist doch nicht der wirkliche Grund. Komm, Pitt, raus mit der Sprache! Warum willst du nicht mit uns fahren?“
Pitt druckste herum, dann nuschelte er: „Kann doch sein, dass die Annette sich im Krankenhaus verändert hat. Ich meine, dass sie jetzt anders aussieht. Könnte ja sein! Und dann krieg ich einen Schrecken!“
„Ich glaub, mein Walross zirpt!“ Lena starrte den Bruder verdutzt an. „Das hab ich gar nicht gewusst, dass in deinem verfressenen Körper so eine zarte Seele wohnt!“
Also fuhren Hanna, Lena und Ioannis mit dem Volvo-Kombi zum Schulze-Gehling-Hof. Annette erwartete sie schon bei der Haustür. Der schwarze Leinenpulli unterstrich die Blässe ihres Gesichts, doch sie lachte fröhlich, und an der Stirn klebte nur noch ein Pflaster. Zur Feier des Tages durfte sogar der Münsterländer seinen Zwinger verlassen. Er mischte sich lautstark in das allgemeine Begrüßungsgetümmel. Wie selbstverständlich übernahm es Ioannis, Annette den Blumenstrauß zu überreichen.
„Prima, dass ihr gleich gekommen seid!“, rief Annette und umarmte Hanna und Lena und auch den verlegenen Ioannis.
„Ist doch Ehrensache“, sagte Hanna. „Wie fühlst du dich?“

„Ich könnte schon wieder Bäume ausreißen", behauptete Annette.
„Das lass mal lieber!" Vater Schulze-Gehling war aus dem Wohnzimmer gekommen. Er hatte sich den Sonntagsanzug angezogen und sah sehr feierlich aus. „Hallo, Frau Belker, kommen Sie ins Haus! Na, Lena und Ioannis, freut ihr euch, dass unsere Annette wieder richtig gesund ist?"
„Blöde Frage!", flüsterte Lena der Freundin zu. „Was die Erwachsenen manchmal für einen Müll labern."
Das hörte Herr Schulze-Gehling aber nicht mehr, denn er war im Wohnzimmer längst dabei, Hanna einen Begrüßungsschnaps aufzudrängen. Der Tisch war gedeckt. Annettes Mutter wuchtete eine gigantische Bratpfanne aus der Küche und hatte ein hochrotes Gesicht. Sie grüßte die Gäste überschwänglich.
Lena zeigte auf die dampfende Pfanne. „Ist das deine Krankenhausschonkost?", fragte sie ihre Freundin und kicherte.
„Bratkartoffeln mit ganz viel Speck!" Annette zog sich einen Stuhl heran. „Hab ich mir gewünscht. Im Krankenhaus gab es immer nur eine müde Pampe. Also, ich muss mal wieder was Anständiges essen!"
Lena dachte: Sie scheint wirklich wieder richtig gesund zu sein. Dann fielen ihr beinahe die Augen aus dem Kopf, als sie zusah, wie Annette sich den Teller voll häufte. Natürlich nahm Ioannis diese Herausforderung

sofort an und machte es Annette nach. Da langte auch Lena kräftig zu. Es wurde ein fröhliches Schmausen.
„Meinen Odin hab ich natürlich auch schon besucht", sagte Annette mit vollem Mund zu Lena. „Du hättest mal sehen sollen, wie happy er war, als ich zu ihm in den Stall kam. Ich kann es kaum erwarten, wieder in den Sattel zu steigen." Doch als sie Lenas entsetzten Blick wahrnahm, fügte sie schnell hinzu. „Die Hindernisse lasse ich erst mal weg!"
Ioannis wurde dann übrigens Sieger im Bratkartoffelessen. Pitt, sein schärfster Konkurrent im Futtern, war ja nicht mitgekommen.
Als Lena spät am Abend in ihrem Wigwam am Schreibtischchen saß, um all das in ihrem Tagebuch festzuhalten, was sie erlebt hatte, da unterstrich sie dick mit grüner Tinte den Schlusssatz: Dies war ein Glückstag!

Feuer! Feuer!

Nieselregen gehört zum Münsterland. Lena wusste das und ließ sich die Laune nicht verderben. Außerdem konnte sie nun die Nachmittage wieder mit der lustigen Annette verbringen. Gemeinsam beschäftigten sie sich mit ihren Hausaufgaben, doch eigentlich war das alles eher Jux als Arbeit. Wenn Ioannis dann auch noch aufkreuzte und zusammen mit den Mädchen neue griechische Küchenrezepte ausprobierte, deren Wirkung erst einmal an Pitt ausprobiert wurde, hatten sie eine Menge Spaß.

Spannend war es gewesen, als Annette zum ersten Mal wieder ihr Pferd bestiegen hatte. Die erste Begeisterung schrumpfte fast zur Ängstlichkeit. Bauer Schulze-Gehling hatte den Fuchswallach gesattelt und aus dem Stall geführt, doch Annette erfand tausend Ausflüchte, ehe sie dann endlich den Fuß in den Steigbügel setzte und zögernd in den Sattel stieg. Odin stand ganz still, als spürte er, dass diese Handlung seine Reiterin viel Überwindung kostete. Das Trauma! Doch das Schwindelgefühl ließ rasch nach. Annette ritt langsam eine Runde im Geviert des Hofes und lächelte glücklich.

Am Abend las Lena noch lange beim Schein der Nachttischlampe im Buch der Lieder von Heinrich Heine.

Hanna hatte ihr diese Lektüre empfohlen und sie auf manche Doppelbödigkeit in den Zeilen des Spötters Heine aufmerksam gemacht. Und als Lena endlich das Buch zuklappte, nahm sie die Strophe vom Untergang der Sonne mit in ihren Schlaf.

Aber dann diese Schreie! Und der plötzliche Lärm im Haus! Lena fuhr hoch und wusste im ersten Moment nicht, ob das Wirklichkeit war oder ein Albtraum. Ronja, die meist in Pitts Zimmer schlief, bellte in höchster Aufregung. Auch Pitts gellende Rufe machten Lena endgültig klar, dass dies kein Traum war. Am lautesten aber tönte Gregors Stimme durch das Haus.

„Feuer!“, schrie Gregor. „Feuer im Stall!“

Lena sprang aus dem Bett und riss die Tür auf. Auf den Stufen, die von ihrer Dachkammer zur oberen Etage hinunterführten, geriet sie ins Stolpern, doch im letzten Augenblick konnte sie nach dem Treppengeländer greifen und den Sturz verhindern. Durch das Fenster des Elternschlafzimmers sah sie den Feuerschein auf der Rückseite des Hofes.

Der Pferdestall!

Lena schrie in panischer Angst. Sie merkte kaum, dass Hanna, die sich die Jeans übergestreift hatte, sie bei den Schultern gepackt hatte und sie zurückzerrte von der Treppe. Aus der Halle war Gregors Stimme zu hören, die sich fast überschlug. Lena begriff, dass ihr Vater mit der Feuerwehr telefonierte.

„… ja, auf dem Pferdehof! Belker ist mein Name. Beeilen Sie sich. Der Dachstuhl des Stallgebäudes brennt … Ich versuche, die Pferde zu retten …“
Das konnte doch nur ein Albtraum sein! Lena schüttelte sich. Das durfte doch nicht wahr sein! Die Tiere …
„Raja!“, rief Lena in höchster Angst, die Erstarrung löste sich, Arme und Beine ließen sich wieder bewegen. Sie scheuchte die Hündin zur Seite, die angstvoll an ihr hochsprang.
„Pitt, du bleibst im Haus! Hast du verstanden? Bleib bloß im Haus! Und – verdammt – halt den Hund fest! Lena, ruf du bei Schulze-Gehling an und bei Gerlinghoff! Sie sollen zu Hilfe kommen …“ Als Gregor durch die Nebentür nach draußen stürzte, fuhr ein kalter Windstoß durch das Haus.
Hanna riss bei der Kellertreppe den Feuerlöscher von der Wand und folgte Gregor. Lena rannte zum Telefon. Ihre Hände zitterten so heftig, dass sie Mühe hatte, die richtigen Ziffern zu treffen, und als sie endlich Bauer Schulze-Gehlings schlaftrunkenes „Bitte, was ist denn los?“ hörte, bekam sie kaum ein Wort heraus. Doch Annettes Vater begriff sofort, und er wollte es auch übernehmen, die Nachbarn zu alarmieren.
Ronjas klagendes Geheul schallte durch das Haus. Lena spürte, wie Übelkeit in ihr hochstieg, als sie nach draußen hastete. Die Flammen, die am Dachfirst des Stalles züngelten, machten ihr entsetzliche Angst.

„Vorsicht, Lena!“, schrie Hanna. „Bleib zurück!“
Da sah Lena die vier Pferde, das Pony und Xerxes, den Ziegenbock. Ein Glück!, schoss es ihr durch den Kopf. Offenbar waren die Tiere irgendwie aus dem Stall ausgebrochen und rannten nun erregt im Hintergrund der Hauskoppel umher. Beinahe gespenstisch wirkten ihre Leiber im Widerschein des Feuers. Benno und Motte keilten wild aus, Mux stieg wieder und wieder und wieherte schrill, Raja hatte den Kopf gesenkt.
Mux!, dachte Lena. Mux war es, er hat die Stalltür eingetreten! Und sie lachte und weinte gleichzeitig. Was für ein Segen, dass der wilde Mux so ein tüchtiger Türeneintreter war! Lena sah zu Gregor und Hanna hinüber, die mit dem Handfeuerlöscher verzweifelt gegen die prasselnden Flammen ankämpften. Gregor war noch im Schlafanzug und lief auf nackten Füßen, doch einen Hut hatte er sich auf den Kopf gestülpt. Wie verrückt das aussah!
Plötzlich erschrak Lena bis ins Mark. Da lag etwas beim Pfosten des Weidezauns, krümmte sich, stieß wimmernde Rufe aus.
„Da … da liegt einer!“, stammelte Lena. Dann schrie sie es hinaus: „Da liegt einer! Gregor, ein Mensch! Da liegt ein Mensch! Komm schnell!“
Gregor hatte sie gehört. Völlig außer Atem kam er gelaufen und beugte sich über die Gestalt, die im Gras lag. „Großer Gott! Der ist verletzt! Wieso liegt er hier? Der

Notarzt! Ein Notarzt muss her!“ Gregor starrte in das Gesicht des Stöhnenden. „Ich glaube, den kenne ich. Ja, den kenne ich! Freddy Stolle ... Das ist ja Wahnsinn!“
Woher kennst du ihn?, wollte Lena den Vater fragen. Aber dazu kam sie jetzt nicht, denn Gregor war aufgesprungen, schaute zur Landstraße hinüber und wedelte wild mit den Armen.
Uhlendorfs Freiwillige Feuerwehr rückte an. Nur wenige Minuten waren seit dem Alarm vergangen, und schon näherten sich schnell zwei Löschfahrzeuge. Die rotierenden Blaulichter leuchteten hell durch die Nacht.
Hanna ließ erschöpft den Handfeuerlöscher sinken, mit dem gegen solch einen Brand ohnehin nichts auszurichten war. „Dass sie so rasch kommen! Mir fallen tausend Steine vom Herzen. Wie konnte der Brand nur ausbrechen? Ich verstehe das nicht!“ Dann fiel Hannas Blick auf die Gestalt am Boden. „Wer ist denn das?“
„Ein Vollidiot!“, fauchte Gregor.
Wehrleiter Pollock war ein erfahrener Feuerwehrmann, der schon viel erlebt hatte. Kaum war er aus dem Führerhaus des ersten Wagens gesprungen, überschaute er mit einem Rundblick die Lage. „Alles bewahrt Ruhe!“, rief er mit dröhnender Bassstimme. „Die Tiere sind in Sicherheit. Der Wind steht günstig, da gibt’s keine Gefahr für das Wohnhaus. Zwei C-Rohre ausfahren! Störiko und Pröbsting, nach vorn! Bickel lässt sich Wasseranschlüsse zeigen. Hopp, dann wollen wir mal!“

„Hier liegt ein Verletzter!“, rief Gregor dem Wehrleiter zu. „Wir brauchen einen Arzt. Es scheint schlimm zu sein. Schulterbruch oder so.“
Ohne weitere Fragen griff Wehrleiter Pollock zum Sprechfunkgerät und forderte mit knappen Anweisungen den Rettungswagen und den Notarzt an. Dann wandte er sich an Gregor. „Haben Sie hier irgendwo explosive Stoffe gelagert?“
„Nein“, antwortete Gregor, „bestimmt nicht.“
„Wasser marsch!“, rief der Wehrleiter laut. Er rückte sich den Helm zurecht. „Können Sie mir etwas über die Brandursache sagen?“, wollte er von Gregor wissen.
Gregor fasste sich ins verrußte Gesicht. „Ich vermute, dass es sich um Brandstiftung handelt.“
„Huiii!“ Pollock pfiff durch die Zähne. „Dann müssen wir sofort die Kripo informieren. Welche Gründe haben Sie für diese Vermutung?“
„Die Gegenwart des verletzten jungen Mannes dort lässt darauf schließen“, sagte Gregor mit verhaltener Wut.
Lena konnte das alles nicht verstehen. Brandstiftung? Wer sollte ihnen so etwas antun? Und warum denn auch? Die Leute vom Pferdehof waren beliebt in der ganzen Gegend, es gab doch keine Feinde oder sonst irgendwelche Leute, die ihnen Böses wünschten. Oder etwa doch? Wer war denn dieser verletzte Mann, den Gregor anscheinend kannte und den er Freddy Stolle genannt hatte? Nein, Lena verstand gar nichts mehr.

Gregor, Hanna und der Wehrleiter knieten bei dem Verletzten.

„Haben Sie starke Schmerzen?“, fragte Pollock.

„Ja“, flüsterte der junge Mann wimmernd, „meine Schulter. Es ... es tut so weh! Eins von den Pferden – es hat mich an der Schulter erwischt, als ich gerade die Tür aufreißen wollte. Da hat das Pferd von innen getreten, und die Tür ist zersplittert ... Au!“ Fast war es nicht zu verstehen, als er ganz leise sagte: „Ich wollte doch die Pferde retten. Die Pferde, die sollten nicht sterben, weil ...“

„Lasst ihn doch!“, forderte Hanna. „Er kann ja nicht mal sprechen. Warum kommt der Arzt denn nicht?“ Sie wischte mit einem Taschentuch über das nasse Gesicht des jungen Mannes.

„Hol eine Wolldecke!“ Gregor bemerkte erst jetzt, dass Lena hinter ihm stand. „Und zieh dir was an, Mädchen! Du holst dir doch den Tod in dieser Kälte.“

Lena eilte zum Haus. Sie hatte die Kälte vorher kaum wahrgenommen. Doch nun spürte sie, dass ihre Beine ganz steif waren.

In ihrem Zimmer schlüpfte sie in die Kordhose und in den dicken Islandpullover. Sie zog auch rasch die Gummistiefel an. Ihr langes Haar war vom Regengefissel klatschnass. Im Wandschrank des Elternschlafzimmers fand sie eine Wolldecke. Pitt klebte mit dem Gesicht geradezu an der Fensterscheibe und spähte nach draußen. Er war stinksauer, dass er die Löscharbeit nicht aus unmittelbarer Nähe verfolgen konnte. Ronja hatte sich unter Hannas Bettdecke verkrochen.

Als Lena wieder nach draußen rannte, waren die Flammen beinahe erloschen. Stinkender Qualm breitete sich aus. Lena musste husten. Dachziegel zerplatzten, rauchende Balken standen wie ein hässliches Gerippe vor dem fahlen Nachthimmel. Lena sah, dass in der Zwischenzeit etliche Leute aus der gesamten Nachbarschaft mit Autos und Treckern gekommen waren, doch sie brauchten nicht mehr einzugreifen. Scheinwerfer erhellten die Szene, und Lena musste unwillkürlich an eine Theaterbühne denken.

Dass auch Tewes bei den Bauern stand! Lena fragte sich, wie er wohl von dem Brand erfahren hatte. Von seinem Kotten hinter Gronerdingers Wäldchen aus konnte er den Feuerschein nicht gesehen haben, und ein Telefon gab es in seinem Häuschen nicht.

Außer Gregor und Hanna bemühte sich nun ein Feuerwehrmann, der anscheinend in erster Hilfe besonders ausgebildet war, um den Verletzten. Er nahm die Wolldecke, die Lena ihm reichte.

„Können wir ihn denn nicht ins Haus tragen?“, fragte Hanna.

„Besser nicht“, sagte der Feuerwehrmann. „Wer weiß, ob er nicht innere Verletzungen hat! Ich hab ihn jetzt richtig gelagert. Der Notarzt ist unterwegs, es kann nicht mehr lange dauern.“

„Wie jung er ist!“, flüsterte Lena. Im Licht der starken Lampen konnte sie das Gesicht des Verletzten erst jetzt richtig sehen. „Der ist ja noch ein Junge.“
„Sechzehn“, sagte Gregor, „er ist gerade mal sechzehn.“
Plötzlich begann der Junge wieder leise zu reden. „Wir haben geschworen, dass wir uns an Ihnen rächen würden! Weil Sie uns verknackt haben ...“
„Verknackt? Das nennst du verknackt?“ Gregor lachte auf. „Drei Wochenenden bei der Bahnhofsmission helfen, weil ihr einen Menschen zusammengeschlagen habt. Und das nennst du verknackt?“
Hatte der Junge Gregor überhaupt verstanden? Er brabbelte nun fast tonlos. „War ja nicht schwer, das rauszukriegen, wo Sie wohnen ... Benzin ... Benzin haben wir dann geklaut. Und zugeschlagen. Zack, zugeschlagen! Im Dunkeln. Klasse Feuerchen. Aber wie dann die Pferde so geschrien haben ... Das konnte ich nicht aushalten, da bin ich zurückgelaufen, weil ich die Stalltür ... Aber das Pferd hat auf einmal ... Sippel und Hörstken, die sind aber einfach abgehauen ohne mich ...“
„Still!“, mahnte Hanna. „Nicht sprechen!“
„Kapieren Sie, was er meint?“, fragte der Feuerwehrmann Gregor.
Gregor nickte heftig. „Da ist nicht viel zu kapieren. Ich bin Jugendrichter. Vorige Tage war die Verhandlung. Die drei Kerle hatten einen Portugiesen zusammengeschlagen. Ohne jeden Grund. Blanker Ausländerhass. Weiß

der Teufel, welcher Armleuchter diese Kerle aufgehetzt hat! Aber was ich nicht kapiere: dass dieser Knilch ohne Wimpernzucken einen Menschen niedermacht, aber die Tiere retten will. Das kriege ich nicht in den Kopf."

„Man sollte solche Burschen doch ..." Was der Feuerwehrmann weiter sagte, ging im Motorenlärm unter. Das war wahrscheinlich auch gut so, denn Lena vermutete, dass es sich um eine dieser Stammtischweisheiten handelte, die ihr Vater so hasste. Sie hatte von Gregor gelernt, dass manche Jugendliche ihren Frust, ihre Chancenlosigkeit und ihre Angst vor der Zukunft in blinden Hass gegen irgendwen und irgendwas umwandelten, und da kamen ihnen die Menschen aus anderen Ländern gerade recht. Gregor hatte Tag für Tag mit solchen jungen Leuten zu tun, die sich in ihrer Dummheit und Hilflosigkeit ihr Leben systematisch zerstörten und allen bösen Aufhetzern und Alt- oder Neunazis auf den Leim gingen. Ein Teufelskreis: So hatte Gregor das genannt. Freddy Stolle war einer aus dem Teufelskreis.

Der Rettungswagen war gekommen.

Dr. Matmas, der persische Arzt, war den Belkers bekannt. Mit ihm stiegen zwei Sanitäter vom Roten Kreuz aus dem Ford-Transit. Der Arzt grüßte knapp und kniete sich sofort neben den Verletzten.

„Lässt du dich von diesem Arzt überhaupt anfassen?", fragte Gregor mit zornbebender Stimme. „Hör genau zu, Freddy, der Arzt ist ein hässlicher Ausländer. Darf

der denn mit seinen braunen Fingern deine blütenweiße deutschnationale Haut berühren? Nun sag schon!"
„Bitte, Gregor, lass doch", sagte Hanna und fasste ihren Mann beim Arm. „Er hört dich ja doch nicht."
Und da bemerkte Lena plötzlich, dass Gregor weinte. Sie war erschrocken und angerührt von diesem Bild. Da stand ihr Vater im triefend nassen Schlafanzug und mit einem lächerlichen Hut auf dem Kopf und weinte.
Von irgendwo rief jemand: „Feuer aus!"
Dr. Matmas sagte: „Das Schulterblatt scheint gebrochen, und der rechte Arm ist ausgekugelt. Sieht nicht gut aus."
Behutsam legten die Sanitäter mit Hilfe des Arztes den Verletzten auf die Trage und brachten ihn zum Krankenwagen.
Als das Auto der Rettungswacht oben an der Landstraße verschwunden war, näherte sich wieder ein Wagen. Hauptkommissar Twardecki und sein Assistent waren gekommen. Gregor und Wehrführer Pollock informierten die Beamten von der Coesfelder Kriminalpolizei. Der Assistent notierte eifrig. Er fand später auch den leeren Benzinkanister im Gras. Die Kripoleute fotografierten den ausgebrannten Dachstuhl des Pferdestalles und die Schmauchspuren an den Wänden.
„Wissen Sie, wie wir die Erziehungsberechtigten von diesem Freddy Stolle erreichen können?", fragte der Hauptkommissar.

„Erziehungsberechtigte? Das ist gut." Gregor lachte bitter. „Sie müssen sich an das Jugendamt der Stadt wenden. Seiner Mutter wurde das Sorgerecht entzogen."
„Und die Namen der beiden anderen, die weggelaufen sind, die können Sie mir sicher geben."
„Kann ich", antwortete Gregor. „Mark Sippmann und Horst van Oor. Das schreibt sich mit zwei O, ohne H."
„Die kriegen wir schnell", sagte der Assistent. „Die Fahndung beginnt sofort. Das ist 'n Klacks."
„Sicher", antwortete Gregor müde, „das ist 'n Klacks. Aber dann geht das Elend von neuem los."
Hanna rief laut: „Bitte, Sie alle! Kommen Sie alle mit ins Haus! Ich mache Kaffee!"
Lena kletterte auf das Gatter der Weide. Aber da hielt jemand sie auf einmal an den Beinen fest.
„Wohin willst du?", fragte Tewes. „Zu Raja. Ich will zu Raja!"
„Das geht nicht", sagte Tewes ruhig, „das ist jetzt zu gefährlich. Warte, bis die Pferde nicht mehr so aufgeregt sind."

Von freundlichen Nachbarn

Das war ein irres Gedränge im Haus! Die geräumige Wohnhalle füllte sich mit laut redenden Männern in nassen Jacken und Mänteln. Ronja rannte von einem zum anderen, hatte gar nicht genug Nasen, um all die fremden Gerüche aufzunehmen und ließ sich von jeder Hand kraulen, die sich nach ihr ausstreckte. Pitt bewunderte scheu die Uniformen der Feuerwehrleute. Ein junger Mann stülpte Pitt seinen Helm mit dem ledernen Nackenschutz auf den Kopf, da wuchs Pitt vor Stolz um einen halben Meter.

Hanna, Tewes und Lena kochten Unmengen Kaffee, Gregor ging mit der Schnapsflasche durch die Reihen der Männer und war erleichtert darüber, dass er noch ein paar Reserveflaschen Weizenkorn in der Vorratskammer fand. Dem allgemeinen Gemurmel über die mutmaßlichen Brandstifter hörte er nicht zu, und er äußerte sich auch nicht, als jemand sein Bedauern darüber ausdrückte, dass der verletzte Freddy schon mit dem Rettungswagen abtransportiert worden war. „Den hätten wir doch mal ordentlich durch die Mangel drehen können!“, rief der Mann. Für einen Vortrag über die Primitivität der Selbstjustiz war jetzt nicht die richtige Stunde.

Wehrführer Pollock gab seinen Leuten geradezu kasernenhofmäßig den Befehl zum Abrücken. Hanna und Gregor bedankten sich noch einmal bei den Männern. Pitt gab bedauernd den Schutzhelm zurück.
Die Nachbarn aus der Bauernschaft allerdings schienen noch keine Lust zum Nachhausefahren zu haben. Wahrscheinlich dachten sie sich, dass der Rest der Nacht sowieso zu kurz wäre, um sich noch einmal ins Bett zu legen, denn die Kühe mussten im Morgengrauen gemolken werden.
Also blieb man zum Klönen und Pläneschmieden. Klar, die Schnapsflaschen mussten ja auch ordnungsgemäß geleert werden. Weil alle laut und durcheinander und in ihrem münsterländischen Plattdeutsch redeten, verstand Lena kaum ein Wort.
Ja, da waren wichtige Pläne zu schmieden.
Bauer Steinkamp rief Gregor zu: „Bei Brandstiftung zahlt keine Versicherung, das ist mal klar. Da muss man sich an den Verursachern schadlos halten."
Gregor hatte sich inzwischen notdürftig angezogen. Vor Aufregung hatte er einen hochroten Kopf. „Da ist nix zu holen, bei den Verursachern, das ist ebenfalls klar. Jetzt stehen wir ganz schön auf dem Schlauch." Er lachte bitter.
Nun aber hatte Herr Schulze-Gehling seinen großen Auftritt. „Den Pferdestall, den bauen wir in einem Tag wieder auf, da helfen alle Mann mit. Das ist nun mal so

bei uns in der Bauernschaft. Hier hat das Wort Nachbarschaft nämlich noch eine Bedeutung!“

Hanna musste plötzlich weinen. Vor Rührung? Oder war es die Entspannung nach den bedrückenden Stunden? Sie fasste Herrn Schulze-Gehling um die Schultern und drückte ihm einen schmatzenden Kuss auf die Stirn.

„Und was ist mit uns?“ Ludger Preutejohann von der Gärtnersiedlung protestierte lachend. Dann wandte er sich an Gregor. „Sag mal, wie heißt du eigentlich?“

„Ich?“ Gregor zuckte verdutzt zusammen. „Belker.“

„Er will deinen Vornamen wissen“, flüsterte Lena dem Vater zu. Hilfe, dachte sie, jetzt geht's Gregor ans Leder. Sie wusste ja genau, dass ihm solche Vertraulichkeiten peinlich waren.

„Ich heiße Gregor“, sagte Gregor und machte ein unglückliches Gesicht.

„Also, denn man prost, Gregor!“ Ludger Preutejohann hob sein Glas. „Ich bin der Ludger. Unter Nachbarn sagt man du zueinander. Und wir alle in der Bauernschaft sind ja nun mal Nachbarn.“

Lena schaute nicht hin, als Gregor nun mit allen Anwesenden auf gute Nachbarschaft anstoßen und trinken musste. Alles, was in dieser Nacht geschah, kam ihr noch immer seltsam unwirklich vor, und die Bilder vom brennenden Pferdestall bedrückten sie wie die Erinnerung an einen Albtraum. Sie sah, dass noch ein paar Leute gekommen waren, Frauen und Männer, die neu-

gierig und aufgeregt fragten und sich die Ereignisse dreimal, viermal schildern ließen.
Vater Anton Holtmann und Sohn Stefan Holtmann von der Bauschreinerei in Temming bewiesen sich als erstklassige Organisatoren. Sie stellten in der Art, wie Fußballtrainer eine Mannschaft nominieren, das Arbeitsteam zu einem raschen Wiederaufbau des abgebrannten Dachstuhls zusammen. Und Material gab es anscheinend genug. Die Holtmanns erklärten, einige Hölzer für Balken und Sparren hätten sie von ehemaligen Baustellen noch übrig. Dachziegel wollten etliche Bauern aus ihren Reservebeständen, die sie oft nach Sturmschäden brauchten, zur Verfügung stellen. Jöst Austenkamp sagte zu, den Außenanstrich des verrußten Mauerwerks zu übernehmen. Und was da sonst noch zu reparieren wäre: Das werde man locker in den Griff kriegen. Dann war erst einmal eine weitere Runde Kornschnaps fällig.
Selbst in Uhlendorf hatte sich die Nachricht von dem Brand auf dem Pferdehof anscheinend herumgesprochen. Elektromeister Katsanakis, in Gummistiefeln und mit einem Regenmantel über dem geblümten Schlafanzug, polterte ins Haus und war augenscheinlich ein wenig enttäuscht, dass es im Moment für ihn nichts zu tun gab.
„Aber die Elektroanlage vom Stall, die bringe ich selbstverständlich sofort bei Tageslicht in Ordnung“, verkündete er. „Wo sich unser Ioannis hier bei den Belkers

regelmäßig den Bauch voll schlägt und wo unser Ziegenbock hier ein Zuhause gefunden hat, da kann ich auf diese Weise ja ein bisschen von meinen Schulden abtragen – sozusagen.“ Später sang Herr Katsanakis zur Freude der rund vier Dutzend Leute, die sich rauchend, trinkend und schwatzend in der Wohnhalle drängten, ein trauriges griechisches Volkslied.

Vater Holtmann stellte fest, dass nun für die angesagte Aktion Nachbarschaftshilfe alles geregelt sei.

Bauer Steinkamp gab zu bedenken, dass aber einer ein paar Kästen Bier besorgen müsse.

„Das ist natürlich meine Sache“, sagte Gregor.

Wo steckte eigentlich Tewes?

Lena konnte ihn im Haus nicht finden. Durch den Nebenausgang schlich sie nach draußen. Beizender Brandgeruch hing noch in der Luft, doch der flattrige Regenwind trieb auch einen Duft von umgepflügter Erde von Südwesten heran. Einzelne Sterne blinzelten durch die Lücken in den Wolkenschichten. Lena spähte zur Hecke am Ende der Hauskoppel hinüber. Wo waren die Pferde? Da war Licht in der Scheune. Und da hörte Lena auch die beruhigende Stimme des alten Stallmeisters. Das Tor war nur angelehnt. Lena trat behutsam ein. Erleichtert erkannte sie, dass sich die Tiere fast wieder so verhielten, als wäre nichts Aufregendes geschehen. Auf der Strohschütte standen die drei Haflinger. Mux schlug noch ein wenig mit dem Schweif, doch er hatte die Augen halb

geschlossen. Raja und das bunte Pony standen neben einem Stützbalken und schienen zu schlafen. Der Ziegenbock Xerxes zupfte einen Heuballen auseinander. Jemand schüttete Wasser in einen Zinkkübel – und das war Frau Schulze-Gehling.
„Dass Sie auch gekommen sind!" Lena staunte. „Ich hab Sie ja drinnen überhaupt nicht gesehen."
Frau Schulze-Gehling lachte leise. „Ich war auch nicht im Haus. Das Gerede überlasse ich lieber den Mannsleuten. Ich bin mehr praktisch veranlagt, weißt du. Da hab ich lieber mitgeholfen, die Tiere in die Scheune zu treiben. War ganz leicht."
„So leicht war's auch wieder nicht", widersprach Tewes. „Und allein hätte ich es gar nicht geschafft." Er kaute heftig mahlend auf seinem Priem herum. „Unser Treter hier war noch lange nervös und hat den wilden Mann markiert!" Tewes zeigte auf Mux. „Aber das ist ja auch ganz natürlich bei solch einem jungen Burschen. Pferde haben panische Angst vor Feuer."
„Wir lassen das Licht in der Scheune am besten brennen", sagte Frau Schulze-Gehling. „Die Umgebung hier ist den Pferden nicht so vertraut, da könnten sie leicht wieder unruhig werden."
Tewes nickte. „Und in zwei, drei Stunden wird es sowieso hell. Lena, du bist vorsichtig, ja?"
Lena hatte sich der alten Stute genähert. „Klar doch", sagte sie. „Ich will nur mal kurz zu Raja."

Es war beinahe so etwas wie ein Kuss. Raja drückte die weichen Lippen auf Lenas Schulter. Dann schnaubte sie leise. Lena lehnte die Stirn an den Pferdehals und ließ die Fingerspitzen über das raue Fell gleiten.
„Jetzt ist alles wieder gut“, flüsterte Lena. „Arme Raja! Dass diese Kerle dich mit ihrem Feuer so in Angst versetzt haben! Aber jetzt ist alles wieder gut.“
Sollte das ein spöttisches Lächeln sein? Raja guckte, als wollte sie sagen: Du, Lena, da hab ich in meinem langen Pferdeleben doch schon andere Katastrophen erlebt. Es kommt, wie es kommt. Man muss sich nicht immer gleich vor Furcht in die Hose machen.
Das Pony Sturmwind kam getrippelt und stieß Lena mit der Nase an. Der kleine Kerl wollte auch wahrgenommen werden.
Und so streichelte Lena mit der rechten Hand Rajas Flanke und kraulte mit der linken den Widerrist des Ponys. Erst als Tewes mahnend rief, verließ sie auf Zehenspitzen die Scheune.
Im Haus machte sich lärmende Aufbruchstimmung breit. Hanna sorgte dafür, dass sich keiner der angetrunkenen Männer ans Steuer setzte. Zusammen mit den anderen Frauen stellte sie Fahrgemeinschaften zusammen. Und selber betätigte sie sich auch als Taxifahrerin, ließ sechs Bauern in den Volvo steigen und brachte auch Herrn Katsanakis nach Uhlendorf, obwohl der tausend Eide schwor, stocknüchtern zu sein. Doch Hanna blieb

unerbittlich und erklärte, ihr Bedarf an Feuerwehr-, Polizei- und Rettungswageneinsätzen sei für diese Nacht gedeckt – und damit basta!
„Wow, bin ich müde!“, stöhnte Lena.
„Geh rasch zu Bett, Mädchen!“ Hanna strich Lena über das Haar.
„Das lohnt sich doch gar nicht mehr. Ich muss doch sowieso gleich zur Schule.“
„Unsinn!“ Hanna schüttelte heftig den Kopf. „Nach so einer Nacht kannst du nicht zur Schule gehen. Ich wette, du würdest gleich in der ersten Stunde vor Müdigkeit vom Stuhl fallen.“
Pitt protestierte. „Aber ich will auf jeden Fall in die Schule gehen. Ich muss allen erzählen, wie ich mit der Feuerwehr das Feuer gelöscht habe und …“
Gregor nahm den Sprüchemacher auf den Arm und trug ihn zu seinem Zimmer hinauf. Er ließ ihn einfach aufs Kissen plumpsen. Da lag zwar schon die schnarchende Ronja, doch in Pitts Bett war für beide Platz. Pitt schlief sofort ein.
Am anderen Tag ging es hoch her auf dem Pferdehof. Die Nachbarn hielten ihr Versprechen. Da wurde gesägt, genagelt und gehämmert, und noch vor Einbruch der Nacht lagen die neuen Ziegel schon auf dem reparierten Dachstuhl des Pferdestalles. Pitt und Ioannis halfen selbstverständlich kräftig mit und verletzten sich nur wenig. Ioannis bekam ein Pflaster auf den Nasenrücken,

und Pitt zeigte stolz den Verband am linken Schienbein herum.

Sippel und Hörstken wurden von der Autobahnpolizei am Oberhausener Kreuz gefasst.

Ein Fohlen für Lena

In diesem Herbst riss die Kette der aufregenden Ereignisse nicht ab. In Schulze-Gehlings Hühnerstall wütete eines Nachts ein Marder und biss sieben Hennen tot. Ein Junge aus der Oberstufe des Droste-Gymnasiums musste die Schule verlassen, weil er mit Haschisch dealte. Hanna wurde mit einem Übersetzerpreis ausgezeichnet und bekam nicht nur eine feine Urkunde, sondern auch einen hübschen Batzen Geld. Tewes, Hanna und Lena fuhren mit der Haflingerstute Motte zum Mühlengestüt, wo Motte von dem berühmten Vererber Pirmin gedeckt wurde und nun trächtig war. Pitt fiel beim Klassenausflug von der Brücke der Steinfurter Aa in den Sumpf und musste mit einem Seil herausgezogen werden. Zwei Jungbullen, die in Bockelsdorf ausgebrochen waren, rissen den Zaun vom Bauerngarten des Pferdehofs ein und stampften fast alle Pflanzen nieder.
Und dann kam eines Mittags der Anruf von Wanja.
Lena war gerade von der Schule heimgekommen. Als das Telefon klingelte, wollte sie es zuerst einfach klingeln lassen. Hanna war mit Pitt zum Zahnarzt nach Billerbeck gefahren, Gregor war beim Gericht, und sie selbst erwartete keinen Anruf. Doch dann hob sie den Hörer ab, denn der Anrufer schien hartnäckig zu sein.

„Lena Belker!“, sagte Lena.
„Hier ist Wanja! Ich dachte schon, ihr wärt nicht da. Hör zu, Lena, ich hab ein verdammt heißes Problem, und vielleicht kannst du mir helfen.“
Lena presste den Hörer fester ans Ohr. Wanjas Stimme hörte sich aufgeregt an. „Was für ein Problem ist es?“
„Das Problem ist ein Fohlen!“ Wanja schrie beinahe. „Und wenn ich keine Lösung finde, dann wird aus dem Fohlen Wurst gemacht! Kapierst du das, Lena?“
„Nein“, gab Lena zurück, „wie soll ich das kapieren? Erzähl mir mal die ganze Geschichte, Wanja! Am besten fängst du vorne an.“
„Nicht böse sein!“, bat Wanja. „Ich bin so ’n bisschen überdreht. Also, die Sache ist die: Bei dem Bauern, bei dem ich mein Crazy Horse untergebracht habe, gibt’s ein schwarzes Stutfohlen, aber das wird mal ein heller Schecke, weil die Mutter ein Apfelschimmel ist. Oder war! Wahrscheinlich ist sie ja schon geschlachtet worden. Was weiß ich! Und der Bauer hat zu mir gesagt, wenn ich das Fohlen nicht bis übermorgen vom Hof geschafft habe, dann …“
Lena unterbrach den aufgebrachten Wanja. „Halt! Das ist nie im Leben der Anfang der Geschichte. Du wolltest von vorn anfangen, vergiss das nicht!“
Wanja nahm einen neuen Anlauf. „Vor ein paar Wochen tauchte hier so ein Knilch auf, der wollte sich einen Kotten mieten und Tiere halten und so. Jedenfalls hat er was

von alternativem Leben geschwätzt. Eine Apfelschimmelstute mit ihrem Fohlen brachte er gleich mit. Aber weil er kein geeignetes Häuschen finden konnte oder weil er vielleicht auch gar kein Geld hatte, stellte er das Pferd und das Fohlen bei unserem Bauern ein. Klar, gegen Knete. Der Knilch hat sich aber irgendwann aus dem Staub gemacht, und 'ne Adresse hat er nicht hinterlassen. Einfach weg war er – hui! Und weil er dem Bauern ja noch Geld schuldete, hat der gesagt: Okay, dann behalte ich eben die Stute und das Fohlen. Und die werden verkauft!"

Lena fragte beklommen: „Wie meinst du das?"

„Wie ich's gesagt habe!" Wanja lachte bitter. „Die Stute ist dann ruckzuck verkauft worden, als das Fohlen abgesetzt war. Das ist jetzt grad mal zwei, drei Wochen her. Es war keine Rassestute, sie hatte auch keine Papiere. Jung war sie auch nicht mehr. Verstehst du? Und an wen verkauft man solche Pferde?"

Lena spürte, wie ihre Hand, die den Hörer hielt, zu zittern begann. „Ich weiß", sagte sie leise, „an den Schlachter."

„In der Tat." Wanjas Stimme ließ Zorn spüren. „Und Schlachter, das bedeutet in den meisten Fällen: Transport nach Italien. Ich schätze, du kennst die Bilder aus dem Fernsehen. Pferde, eng zusammengepfercht auf dem Viehtransporter, viele verhungern oder verdursten oder sterben vor Angst und Schwäche. Und in ihrer Panik beißen und treten sie sich gegenseitig und verletzen sich oft schwer. Den Rest machen die Knüppel der Verlader. Aber in Italien braucht man ja eine Menge Pferde und Ponys und Esel für die Salami. Und als Würste kommen die toten Pferde dann zu uns zurück, und wir fressen sie auf und ..."

„Bitte, hör auf!" Lena schüttelte sich. Als sie sich ein wenig gefasst hatte, fragte sie: „Was hat das mit dem Fohlen zu tun?"

„Das gleiche böse Spiel. Die meisten Fohlen landen in den Pferdeschlachtereien, besonders die Hengstfohlen. Die paar Superfohlen, die zur Körung ausgewählt werden, na! Und man braucht in der Zucht ja auch nur wenige Hengste, vor allem bei der künstlichen Besamung. Weg mit den anderen! Weg auch mit Stutfohlen, die keine tollen Abstammungsnachweise haben! Ich sag's dir mal lieber gleich, Lena. Das Fohlen, um das es hier geht, wird garantiert niemals ins Stutbuch eingetragen. Es hat nicht einmal eine Geburtsbescheinigung. Es ist einfach bloß so ein unbedeutender Bastard."

„Wie du das sagst, Wanja!"

„Du weißt doch genau, wie ich das meine, Lena!" Wanja schien mit den Zähnen zu knirschen. „Als ob ich mir aus dem ganzen Quatsch mit den Zuchtpapieren und dem Rassegerede was machte! Aber der blöde Bauer hier, dem das Fohlen nun gehört, der sieht das so eng. Er meint, so ein Tier sei bloß seinen Fleischpreis wert. Ein

Lebendgewicht von zweihundert Kilogramm muss so ein junges Pferd haben, dann lohnt sich der Verkauf an den Metzger, und so ein Gewicht erreicht ein Fohlen, wenn es so rund ein halbes Jahr alt ist. Das Fohlen, von dem ich rede, ist jetzt fast ein halbes Jahr. Begreifst du mein Problem allmählich?"

„Und ob ich das begreife! Für wie dämlich hältst du mich denn eigentlich?" Lena merkte undeutlich, dass Wanja die Hälfte seines Problems ihr inzwischen aufgeladen hatte. Aber was sollte sie tun?

„Du musst mir helfen", sagte Wanja eindringlich. „Ich hab den Bauern angebettelt, dass er das Fohlen nicht an eine Schlachterei verkauft. Das mache ihm auch gar keinen Spaß, meinte er, aber das Tier müsse vom Hof, weil es ihm nichts einbringt. Du kannst es sogar geschenkt haben, hat er zu mir gesagt, aber unter der Bedingung, dass es übermorgen vom Hof ist. Ich hab ihm geschworen, dass ich dafür schon sorgen würde. Mensch, Lena, ich war total happy, zumal der Klaus aus meiner Klasse gesagt hat, er würde das Fohlen nehmen."

Lena atmete auf. „Und er nimmt es?"

„Scheiße!", schrie Wanja. „Er nimmt es nicht. Heute Morgen in der Schule hat er mir ganz kleinlaut untergejubelt, dass seine Eltern es ihm verboten hätten. Und jetzt renne ich hier überall rum und frage mich doof und dusselig, aber keiner will das Fohlen haben. So langsam weiß ich nicht mehr, was ich machen soll."

„Was sagen denn deine Eltern?“ Lena hätte die Frage am liebsten sofort wieder verschluckt.
„Du hast sie doch kennen gelernt“, knurrte Wanja.
Ja, Lena hatte Wanjas Eltern kennen gelernt, als sie ihn besucht hatte, um seine Bilder anzuschauen. So herrliche Malereien mit eindrucksvollen Farbenspielen, dass es ihr erst einmal die Sprache verschlagen hatte. Die Farben des Herbstes: Wanja hatte sie auf große Papierbahnen gebannt.
Aber Wanjas Eltern brachten für Lenas Begeisterung nur ein spöttisches Schmunzeln auf. Wanja solle doch erst einmal vernünftig zeichnen lernen, und Papierverschwendung sei das auch. Gewiss, freundliche Leute waren sie, doch die Sorge um die weitere Existenz ihres Textilgeschäftes hatte sie offenbar abgestumpft gegenüber Wanjas Angelegenheiten. Lena wusste, Wanja hatte gelernt, sich um seine Probleme selber zu kümmern, doch nun hatte er ein Problem, das ihn überforderte. Lena dachte: Und er hat mich um Hilfe gebeten!
„Ihr habt doch noch jede Menge Platz in eurem Stall“, sagte Wanja. „Kannst du nicht mal mit deinen Eltern reden?“
„Mein Vater beißt mir die Nase ab!“ Lena knetete den Hörer. „Aber ich verspreche dir, ich werde alles versuchen. Zuerst mal werde ich mich in der Bauernschaft umhören. Kann ja sein, dass jemand das Fohlen gern nimmt. Bist du heute Abend zu Hause?“

„Klar. Ich hocke mich neben das Telefon und warte auf deinen Anruf. Du bist meine letzte Hoffnung!“

„Wenn ich dich bloß nicht enttäuschen muss!“ In Lenas Bauch begannen wieder einmal die Schmetterlinge zu flattern. „Also, bis später dann!“

„Tschüss, Lena!“

Lena fühlte sich auf einmal maßlos müde. Du bist meine letzte Hoffnung: Das hatte Wanja gesagt. Doch sie ahnte, dass es schwer sein würde, so plötzlich eine neue Heimat für ein Fohlen zu finden, das nicht einmal Papiere hatte.

Warum war Hanna nicht zu Hause!

Die tüchtige Hanna, die so praktisch veranlagt war und stets Rat wusste, die würde vielleicht auf der Stelle einen heißen Tipp haben. Aber sie musste ja unbedingt mit dem Vielfraß Pitt zum Zahnarzt fahren. Es konnte Stunden dauern, bis sie zurückkommen würde. Wahrscheinlich erledigte sie auch gleich einen Haufen Einkäufe und besuchte ein paar Leute von der Bürgerinitiative gegen die geplante Müllverbrennungsanlage in Legden. Das war ja auch alles wichtiger als die Rettung des Fohlens!

Jetzt bin ich ungerecht, dachte Lena. Wie kann Hanna wissen, dass ich ihre Hilfe brauche? Lena ballte die Fäuste und riss sich zusammen. Wanja braucht meine Hilfe, und das Fohlen erst recht, sagte sie sich, also lass dir was einfallen, Lena!

Zwar spürte sie, dass sie hungrig war, doch sie kaute nur

rasch eine trockene Brotschnitte und wärmte sich die Linsensuppe gar nicht erst auf, denn andere Dinge waren jetzt wichtiger.

Zuerst rief sie bei den Bauernhöfen an, auf denen Pferde gehalten wurden, und das waren eigentlich fast alle in der Bauernschaft. Die Bauern selber waren um diese Zeit wieder mit Pflügen und Güllefahren und Maisernten beschäftigt, und wenn sich am anderen Ende der Leitung überhaupt jemand meldete, dann waren es stets die Bauersfrauen. Ein Fohlen? Nein, vielen Dank, kein Bedarf! Das war die häufigste Antwort. Wenn aber eine Spur von Bereitschaft vorhanden war, sich ein Stutfohlen schenken zu lassen, dann galt die erste Frage der Vererberlinie der Mutterstute und dem Namen des Vaters. Und wenn Lena dann eingestehen musste, dass es für dieses Fohlen keinerlei Papiere gab, erlosch das Interesse auf der Stelle. Die Besitzer der großen Höfe in dieser Gegend führten sich eindeutig als eine Art Klassezüchter auf, und ihre Reitpferde sollten einen erstklassigen Stammbaum aufweisen.

Es ist zum Verzweifeln, dachte Lena.

Ohne große Hoffnung rief sie anschließend bei Schulze-Gehling an. Annette meldete sich, das hatte Lena auch erwartet. Annette hörte sich Wanjas Problem an, das ja nun auch Lenas Problem war.

„Ich kann meinen Vater ja fragen“, sagte Annette, „aber ich garantiere dir: keine Chance! Erstens hat unsere

Desdemona gerade gefohlt, und Vaters Tessa säugt ja auch noch so ein halbstarkes Raubein. Und zweitens ..."
Lena fuhr dazwischen. „Bei eurer Pferdeherde sollte doch wohl noch so'n bisschen Platz sein für ein Waisenkind!"
Annette räusperte sich. „Zweitens ist mein Vater stellvertretender Vorsitzender vom Temminger Reit-, Zucht- und Fahrverein. Du weißt haargenau, was ich damit sagen will."
„Klar!" Lena hatte Mühe, vor Zorn nicht laut zu schreien. „In eurem elitären Stall dürfen nur Pferde mit Goldmedaillen und Ahnenketten bis nach Arabien und Verdienstorden mit Stern und Schleifchen stehen. Und ob ich weiß, was du sagen willst! Für so ein Zamperl ohne blaues Blut und Königskrone ist da kein Platz, das kann ruhig geschlachtet werden."
„Quatsch doch nicht, Lena!" Annette war außer sich. „Wenn ich zu bestimmen hätte, würden wir das Fohlen sofort nehmen. Aber ich hab nicht zu bestimmen, hörst du? Ich hab nicht zu bestimmen. Da beiße ich bei meinem Vater auf Granit. Und er hat ja auch immerhin eine Vorbildfunktion. Er muss das Zuchtziel des Verbandes vertreten ..."
„Ich hab's geschnallt", unterbrach Lena die Freundin. „Vorbildfunktion: Das hast du wirklich schön gesagt. So Leute wie wir sind gut genug für Allerweltspferde, aber so edle Familien wie die Schulze-Gehlings sind anschei-

nend was Besseres, die lassen nur Pferde mit Heiligenschein auf ihren Hof, oder?“
„Hör doch auf mit dem Müll!“ Annette schien den Tränen nahe zu sein. „Kann ich denn was dafür?“
„Brauchst nicht gleich zu heulen“, brummte Lena. Sie wusste ja selbst, wie töricht es war, ihre Freundin zu beschimpfen. „Hast du wenigstens einen Tipp für mich?“
„Ich würde mal bei der Deckstation anrufen“, sagte Annette.
Aber Annettes Tipp taugte nichts. Der Mann, der sich mit „Staatliche Deckstation Temming“ meldete, lachte, als Lena ihn fragte, ob er er nicht ein Fohlen haben wolle, für das er gar nichts bezahlen müsste.
„Mädchen, Mädchen, du machst wohl Witze!“, sagte der Mann abschätzig. „Bei uns stehen die drei besten Vererber von ganz Westfalen. Wir brauchen keine Fohlen, wir machen Fohlen, und zwar erste Klasse. Bei mir bist du an der allerfalschesten Adresse. Das ist ungefähr so, als wenn du in eine Kneipe gingst und den Wirt fragtest, ob er ein Bier von dir haben möchte!“ Anscheinend fand der Mann diesen Vergleich sehr komisch, denn er lachte selbstgefällig.
„Vielen Dank für Ihre freundliche Auskunft“, sagte Lena spitz und knallte den Hörer auf die Gabel. Das war’s also!, dachte sie. Jetzt kommt alles auf Gregor an. Lena biss sich so fest auf die Unterlippe, dass es schmerzte. Das Problem nahm an Gewicht zu.

Ronja schlug an. Sie hatte vor Lena das Brummen des Volvos gehört. Einen Augenblick später stürmte Pitt ins Haus, und als er seinen Begrüßungsringkampf mit der Wuschelhündin beendet hatte, rief er laut nach Lena.
„Schrei nicht so!", sagte Lena. „Hier bin ich doch. Was ist los? Geht die Welt unter?"
Pitt riss den Mund sperrangelweit auf und zeigte auf einen Backenzahn. „Der Typ hat tierisch brutal gebohrt, aber ich hab kein bisschen geweint. Das hättest du nie im Leben ausgehalten, das sage ich dir. Und weißt du, was am schlimmsten ist?"
„Nein, aber du wirst es mir bestimmt verraten!"
„Ich darf eine ganze Stunde lang nix essen!"
„Das überlebst du nicht", sagte Lena kalt. „Du wirst vor Entkräftung sterben. Aber Kindersärge sind angeblich gar nicht so teuer."
„Willst du mich beleidigen?", schrie Pitt.
Mit gespieltem Entsetzen breitete Lena die Arme aus. „Das würde ich niemals wagen." Sie sah Hanna mit dem vollen Einkaufskorb durch den Seiteneingang kommen und lief zu ihr in die Küche. „Hanna, Hanna, ich brauche deine Unterstützung! Wir müssen unbedingt ein Fohlen zu uns auf den Hof nehmen, das wird sonst geschlachtet!"
Hanna wuchtete den Korb auf den Küchentisch. „Ein Fohlen? Und wir sollen das nehmen? Lena, machst du Witze?"

Lena senkte den Kopf. Kleinlaut sagte sie: „Etwas Ähnliches hat mich gerade so ein Macker von der Deckstation auch gefragt. Aber ich mache keine Witze. Es ist blutiger Ernst!"
Hanna zog einen Stuhl heran und setzte sich erst einmal. Sie schaute Lena ins Gesicht, und da begriff sie, dass die Sache wirklich sehr ernst war. „Los, erzähl schon!", forderte sie ihre Tochter auf.
Und Lena sprudelte los wie ein Wasserfall. Von Wanjas Problem berichtete sie, das ja jetzt auch ihres war, von den vielen vergeblichen Anrufen und von Annettes Absage. „Willst du denn, dass das Fohlen mit so einem furchtbaren Viehtransporter tagelang durch die Gegend gefahren und dann geschlachtet wird?"
„Nein, Lena, das will ich selbstverständlich nicht!" Hanna zog Lena zu sich auf den Schoß. „Aber wir haben nun schon so viele Tiere, und die Kosten fressen uns die Haare vom Kopf. Gregor wird ausflippen, wenn er das hört. Lass uns überlegen, ob es nicht eine andere Lösung gibt!"
„Ach, Hanna, ich hab doch alles versucht. Es gibt keine andere Lösung. Außerdem eilt es doch so sehr."
Lena schmiegte sich ganz eng an die Mutter. „Bist du auf meiner Seite?"
„Puh!", stöhnte Hanna. „Ich bin auf deiner Seite. Aber das wird noch ein Affentheater geben, das garantiere ich dir. Mach dir nur ja nicht zu große Hoffnungen!"

Pitt war hingerissen von der Vorstellung, dass ein neues Fohlen auf den Pferdehof käme. Er rollte wild mit den Augen, ballte die Fäuste und verkündete: „Ich bin auch auf deiner Seite, Lena. Und den Gregor, den wickel ich doch locker um den kleinen Finger. Soll ich die Sache in die Hand nehmen?"

Trotz allem musste Lena lachen. „Ist lieb von dir, Pitt. Aber mit Gregor reden: Das muss ich schon selbst machen. Du kannst mir die Daumen halten."

Das war auch nötig!

Gregor kam an diesem Abend ziemlich früh aus der Stadt nach Hause. Er war guter Laune und fragte fröhlich, was es denn Gutes zu essen gebe.

„Zuerst gibt es ein Problem", sagte Lena. „Das müssen wir lösen. Anschließend gibt es dicke Bohnen mit Speck, weil das dein Lieblingsessen ist." Sie nahm ihren Vater bei der Hand, zog ihn ins Wohnzimmer und drückte ihn auf das Ledersofa. „Wir bekommen ein sehr gutes Stutfohlen geschenkt, wenn du Ja dazu sagst. Also sag Ja!"

„Nein!" Gregor sprang vor Entsetzen senkrecht in die Höhe. „Soll das ein Witz sein?"

Lena schüttelte grimmig den Kopf. „Du bist jetzt der dritte Mensch, der das für einen Witz hält. Es ist aber kein Witz. Wir müssen das Fohlen retten, weil es sonst geschlachtet wird. Hanna und Pitt meinen auch ..."

Gregor unterbrach Lena mit einer schroffen Handbewegung. „Ich hab Nein gesagt. Als wir auf den Pferdehof zogen, hatten wir einen Hund, und wenn's nach mir gegangen wäre, hätte sich unser Tierbestand damit erschöpft. Doch dann hatten wir auf einmal vier Pferde, einen Ziegenbock und ein Pony. Und weil Tewes meinte, dass es für Mottes Pferdeglück wichtig sei, dass sie mal wieder Nachwuchs kriegt, hab ich mich überreden lassen, ihr das Vergnügen bei einem Deckhengst zu verschaffen. Das war – Teufel noch eins! – teuer genug. Aber jetzt noch so aus heiterem Himmel ein zusätzliches Fohlen – nein, da lasse ich mich nicht überreden." Gregor suchte in seinen Jackentaschen herum, konnte die Pfeife aber nicht finden.

„Menschen haben schließlich Verantwortung für hilflose Tiere", sagte Lena.

Gregor ging nicht darauf ein. „Wir werden noch viele, viele Jahre an dem Bankdarlehen zu knacken haben, das wir aufnehmen mussten, als wir den Pferdehof kauften. Okay, das war so geplant. Aber all diese zusätzlichen Kosten, die sind nicht eingeplant. Da kommt eins zum anderen, und 'nem nackten Mann kann man nun mal nicht in die Tasche fassen. Tut mir Leid, Lenamädchen. Vergiss die Sache!"

Lena spürte, wie ihr die Tränen in die Augen traten. Sie war zornig und traurig zugleich. „Na fein, du willst also, dass das Fohlen verwurstet wird! Du isst ja gern Salami!"

„Lena, nicht unfair sein!", mahnte Hanna.

Da spielte Lena ihren letzten Trumpf aus. „Als es bei uns gebrannt hat, da waren wir dankbar für die Hilfsbereitschaft der Nachbarn. Aber wenn von uns mal Hilfsbereitschaft erwartet wird, kneifen wir." Sie zeigte auf Gregor. „Du machst es dir sehr einfach!"

Gregor nahm seine Brille ab und putzte die Gläser am Tischtuch sauber. Lena wusste, das war immer ein Zeichen von Unsicherheit bei ihm. Wenn ihr Vater seine Brille wienerte, wurde er weich. Lena fühlte, wie ihr Herzschlag ein enormes Tempo vorlegte.

Plötzlich prustete Gregor wie ein Walross. „Macht doch, was ihr wollt!", grollte er. „Hier macht ja sowieso jeder, was er will. Warum werde ich überhaupt noch gefragt? Holt euch doch alle Fohlen aus dem gesamten Münsterland auf den Hof! Eine Büffelherde könnten wir auch noch gebrauchen. Wie wär's mit einem richtigen zoologischen Garten mit Elefanten und so?"

Lena platzte fast vor Freude, doch sie ließ es sich nicht anmerken. So kühl wie nur eben möglich sagte sie: „Das darf ich also als Einverständnis ansehen." Dann verlor sie aber doch die Fassung und stieß einen so gellenden Indianerjubelschrei aus, dass Ronja sich vor Schreck platt auf den Teppich legte. Mit ein paar Sprüngen war Lena am Telefon.

Wanja hatte selbstverständlich voll banger Erwartung auf den Anruf gewartet. Er meldete sich sofort. Seine Stimme klang merkwürdig heiser.

„Wanja!“ Lena konnte vor Aufregung zuerst gar nicht richtig sprechen. „Mensch, Wanja ...“ Endlich hatte sie sich gefasst. „Wir nehmen das Fohlen zu uns auf den Pferdehof! Meine Eltern sind einverstanden. Stell dir das nur vor!“

Wanja ließ so eine Art Urschrei hören. Dann stammelte er: „Lena, was soll ich bloß sagen! Echt, Lena, du bist die Größte! Am liebsten würde ich dir ...“ Er schniefte.

„Was würdest du mir am liebsten?“ Lena grinste über das ganze Gesicht. „Sag schon, Wanja!“

„Das – das sage ich dir vielleicht später mal.“

Lena lachte laut. „Du Feigling!“

„Ich bin dir so verdammt dankbar, Lena. Wirklich, ich kann dir das gar nicht richtig sagen.“

„Dann versuch's erst gar nicht!“, schlug Lena vor. „Lass uns lieber darüber reden, wie wir das Fohlen hierher bringen und wie alles überhaupt weitergeht.“

Klar, da war noch eine Menge zu bereden und zu planen. Und Lena und Wanja redeten und redeten und waren sehr glücklich. Als Lena später endlich den Hörer auflegte, hatte sie beinahe einen Krampf im Ohr. Sie dachte: So viel habe ich noch nie an einem einzigen Tag telefoniert. Aber es hat sich gelohnt.

Wer heißt denn schon Marienkäfer?

Bauer Lezgus kam in seinem schweren Omega mit dem Pferdehänger dahinter schon am frühen Nachmittag angetuckert. Es hatte den Anschein, dass er das Fohlen, das angeblich eine so große Belastung für ihn war, so rasch wie möglich loswerden wollte. Selbstverständlich saß Wanja mit ihm im Auto.

Lena, Annette, Pitt und Ioannis rannten dem Fahrzeug entgegen. Ronja war in der Küche eingesperrt worden und heulte jämmerlich. Hanna wartete auf der Freitreppe vor der Haustür.

Bauer Lezgus stieg aus dem Wagen und rückte sein grünes Lodenhütchen zurecht. Wanja winkte aufgeregt und eilte zum Hänger, wo der neue Bewohner des Pferdehofes Krach machte, unwillig gegen die Holzverkleidung keilte und ängstliches Wiehern hören ließ. Die kurze Fahrt schien dem Fohlen nicht gefallen zu haben.

Bauer Lezgus und Wanja lösten die Riegel und klappten die Rampe herunter – dann lotste Wanja das nervös trippelnde Fohlen rückwärts aus dem Transporter.

Was für ein schönes Fohlen!, dachte Lena. Vor lauter Begeisterung bekam sie einen Schluckauf. Stumm stand sie da, staunte und fühlte, wie die Freude warm in ihr hochstieg. Und die Schmetterlinge im Bauch tobten geradezu.

Das Stutfohlen schien schon sehr kräftig zu sein für seine fünf Monate. Ein Zucken lief über sein dunkles Fell. Der kurze wollige Schweif zitterte vor Aufregung, und es sah so aus, als scharrte das Pferdemädchen mit allen Hufen gleichzeitig im Kies. Wanja hatte Mühe, das verstörte kleine Tier festzuhalten, das mit heftig schlagendem Kopf Anstalten machte, sich loszureißen und davonzupreschen.

„Ist ja alles gut“, sagte Wanja sanft. „Du bist doch die Allerbeste. Hoh, meine Kleine, hoh!“

Doch so einfach ließ sich das Fohlen nicht besänftigen. Es schnaubte unwillig und furchtsam zugleich, weitete die Nüstern und warf wilde Blicke nach allen Seiten, als wollte es fragen: Wo bin ich hier? Was für Leute sind das, die ich da sehe? Droht mir hier irgendeine Gefahr? Und warum ist da alles so neu und unbekannt für mich? Plötzlich schien es den Geruch der anderen Pferde aufzunehmen. Für Augenblicke stand es wie erstarrt da.

„So ein tolles Fohlen wollten Sie schlachten lassen?“, blaffte Pitt den Bauern an.

„Halt die Klappe!“, zischte Lena ihrem Bruder zu. Sie war noch ganz benommen von diesem Anblick. Nein, so schön hatte sie sich ihr neues Fohlen auch nicht vorgestellt.

Bauer Lezgus tat so, als hätte er Pitts Bemerkung nicht gehört. Wieder schob er an seinem Hütchen herum, und das sollte wohl eine Art Begrüßung gegenüber Hanna

darstellen. Hanna kam langsam näher und betrachtete hingerissen das verwirrte Fohlen. Dann gab sie Herrn Lezgus die Hand.
Der Bauer hatte einen Vertrag mitgebracht, der war in säuberlicher Handschrift mit Schenkungsurkunde überschrieben. Hanna musste den Vertrag durchlesen und dann unterzeichnen. Bauer Lezgus' Unterschrift prangte schon unter dem Papier, in dem beide Vertragsparteien bestätigten, dass das Stutfohlen nun ohne Bezahlung in den Besitz und in die Verantwortung der Familie Belker übergehe. Bauer Lezgus erwähnte überdeutlich seine eigene Großzügigkeit und die Tatsache, dass diese Schenkung einen großen finanziellen Verlust für ihn darstelle.
„Der macht's ganz schön spannend, der Angeber!", flüsterte Annette. „Dabei ist er froh, dass er das Tier vom Hals hat. Das würd ja auch seinem Ruf schaden, wenn es sich rumspricht, dass er so ein gutes Fohlen an eine Schlachterei verschachert."
Lena nickte. „Und jetzt ist es Werbung für seine Gutherzigkeit. Bei so einem tierlieben Boxvermieter stellen die Reiter doch gern ihre Pferde ein. Na, mir soll's recht sein."
Anschließend hatte Bauer Lezgus es sehr eilig.
Nun wollten die Kinder natürlich die neue Bewohnerin des Pferdehofes aus der Nähe bestaunen und streicheln. Pitt drängelte sich vor, er hielt ein Grasbüschel in der ausgestreckten Hand.

„Langsam, langsam!“, warnte Wanja. Er hatte Schwierigkeiten, das scheuende Fohlen zu halten. Das schon etwas mürbe Stallhalfter aus brüchigem Leder, das Bauer Lezgus dem Fohlen angelegt hatte, war eigentlich viel zu groß für den kleinen Pferdekopf, und der Ring am Führstrick schien recht durchgescheuert zu sein. „Ihr dürft euch nicht so hastig bewegen!“
Da war es schon zu spät. Das Fohlen stieg, ließ die Vorderbeine durch die Luft wirbeln und warf mit einem Ruck den Kopf nach hinten. Dann machte es plötzlich laut knack – und der verdutzte Wanja stand da mit dem Strick in der Hand, während das Fohlen in wilden Sprüngen davonjagte und im Zickzack durch das Rhododendrenrondell fegte.
„Ruhig!“, rief Hanna. „Bleibt alle ruhig! Ihr dürft nicht hinterherrennen. Lasst es erst mal zur Ruhe kommen!“
Bei den Haselnussbüschen machte das Fohlen Halt und riss welke Blätter von den Zweigen. Annette, Wanja und Lena versuchten unter beschwichtigenden Rufen, das verstörte Tier einzukreisen. Hanna hielt die übereifrigen Pitt und Ioannis an den Jackenkragen zurück.
„Bist doch die Beste!“, flüsterte Annette. „Komm zu mir, ja, komm schon!“
Wanja näherte sich Schritt für Schritt von der Seite. „Ist doch alles in Butter, meine Kleine! Jetzt bist du doch zu Hause. Mach keinen Scheiß, hm? Du darfst auch zu den anderen Pferden auf die Weide. Brav! Brav!“ Rasch

wollte er nach dem Halfter greifen, doch das Pferdemädchen ließ sich nicht überrumpeln.
Lena und Annette taten so, als kümmerten sie sich gar nicht um das aufgeregte Fohlen, das inzwischen in den Garten eingedrungen war und verblühte Stockrosen ausrupfte. Aber das Fohlen duldete es zitternd, dass die beiden Mädchen näher und näher kamen. Lena wisperte alle Kosenamen, die ihr einfielen. Gleichzeitig mit Annette fasste sie nach dem Halfter, ließ die Hand über das struppige dunkle Fell gleiten und war sich sicher: Nun läuft sie uns nicht wieder davon.
Da irrte Lena sich aber gewaltig. Das Stutfohlen schien allmählich Spaß zu finden an diesem Spielchen. Ein Stoß nach links, ein Stoß nach rechts, und Lena und Annette landeten der Länge nach in der aufgeweichten Gartenerde.
Pitt schrie vor Lachen. Doch die Schadenfreude verging ihm schnell. Das Fohlen hatte sich das lästige und zu große Halfter vom Kopf geschüttelt und rannte Pitt, der sich ihm mit ausgebreiteten Armen entgegenstellte, einfach um. Und nun hatten die anderen was zu lachen.
Hanna tat inzwischen das einzig Vernünftige. Sie öffnete das Gatter zur Hausweide. Dort standen nämlich die drei Haflinger und schauten dem Treiben neugierig zu. Das Fohlen sah endlich die Artgenossen, zögerte einen Augenblick und duldete es dann, dass Lena und Annette die Arme um seinen Hals schlangen. Wanja schob ein

bisschen von hinten, und mit Ioannis, Hanna und dem lehmverschmierten Pitt im Hintergrund setzte sich die kleine Prozession in Richtung Pferdeweide in Bewegung. Lena konnte spüren, wie das junge Pferdeherz klopfte.
Motte, Benno und Mux standen starr wie Statuen und erwarteten den Neuzugang in der kleinen Herde des Pferdehofs mit Misstrauen und Spannung. Motte war es dann, die das Fohlen aufmerksam beschnupperte und augenscheinlich keine Einwände gegen den Neuzugang hatte. Anschließend begrüßte Benno die kleine Stute mit leichten Nasenstübern. Mux guckte ein wenig streng und hielt auf Distanz. Er legte warnend die Ohren an und zeigte sogar die Zähne, als wollte er – gemäß der Aufschrift auf Wanjas T-Shirt – verkünden: *Pass bloß auf!* Und die kleine Neue verstand sofort. Respektvoll hielt sie Abstand. Xerxes, der Ziegenbock, guckte nicht einmal auf. Er graste an der entfernten Seite der Koppel eifrig vor sich hin und verschmähte nicht einmal die verwelkten Gräser.
Das Stutfohlen vollführte auf der Weide ein paar Hopser und trabte anschließend mit erhobenem Kopf ein paar Kreise. Schaut mich genau an, ihr alle!, schien es zu sagen. Ich gehöre ab jetzt hierher, ich bin eine von euch. Ihre Furcht war anscheinend verflogen. Nur von Mux hielt sie weiterhin Abstand.
Annette legte den Arm um Lenas Schulter. „Du, ich beneide dich. Das wird einmal ein prächtiges Pferd!“

„Ist aber nicht reinrassig“, stichelte Lena. „Hat keine Papiere!“
„Hör schon auf!“, brummte Annette.
Da kam Raja aus dem offenen Stall getrottet. Sie verbrachte die meiste Zeit im Stall, seit es kühl geworden war. Hinter ihr hoppelte das Pony Sturmwind.
„He, Raja! Sieh dir mal unsere Neue an!“, rief Lena. „Willst du dich nicht ein bisschen um sie kümmern?“
Wie immer reagierte Raja gelassen. Eine Neue? Nun gut. In ihrem langen Pferdeleben hatte es immer wieder Neue gegeben. Die kamen und gingen. Trotzdem saugte die alte Stute den Geruch des kleinen Pferdes aufmerksam ein. Und die Neue guckte das alte Pferd an, wie man eben eine Respektsperson zur Kenntnis nimmt.
Pitt kletterte durch die Sprossen des Zauns und schwang sich auf Sturmwinds Rücken. Ganz klar, er wollte vor dem neuen Fohlen angeben und seine übliche Show abziehen. Sie sollte von Anfang an wissen, was für ein außergewöhnlicher Reiter er war und was für ein ganz besonderes Reitpferd er besaß. Kühn ritt er sogar mit dem Gesicht nach rückwärts und mit ausgestreckten Armen und Beinen. Richtig dämlich, fand Lena.
Dann hockten sie nebeneinander auf dem Gatter: Wanja, Hanna, Pitt, Lena, Ioannis und Annette. Das dunkle Fohlen erkundete inzwischen die Weide und das Innere des Stalles.
„Ich kann Ihnen gar nicht sagen, wie dankbar ich Ihnen

bin“, sagte Wanja verlegen und schaute Hanna dabei nicht an.
„Dann versuch’s erst gar nicht“, schlug Hanna vor.
„Ich weiß auch nicht, wie ich das irgendwie gutmachen könnte“, murmelte Wanja und wurde noch verlegener.
„Ich hätte da eine Idee“, sagte Hanna. „Du könntest dich zum Beispiel hin und wieder bei uns sehen lassen und bei der Stallarbeit helfen. Die Zeit auf der Weide ist ja bald vorbei.“
„Ist doch klar“, sagte Wanja schnell. „Ich komme, so oft ich kann. Sie können sich auf mich verlassen.“
„Auf mich kann man sich auch verlassen!“, rief Ioannis. Es hörte sich an, als wäre er etwas gekränkt. Half er denn nicht sowieso immer auf dem Pferdehof?
„Und auf mich erst!“, kreischte Pitt. „Ich hab alles im Griff. Und organisieren kann ich am allerbesten.“
Hanna lachte. „Alles klar! Wir haben ein erstklassiges Team von Helfern beisammen. Tewes wird sich freuen.“
Annette hatte auch etwas mitzuteilen, und das war besonders erfreulich. Ihr Vater lasse sagen, dass er mehr Hafer geerntet habe, als er für seine Pferde benötige, und er werde gern kostenlos ein paar Säcke zum Pferdehof bringen. Schon aus Gründen guter Nachbarschaft. Und ein Fuder Heu könne er den Belkers auch locker überlassen.
Plötzlich schnellte Lena von der Zaunstange hoch, als wäre sie von einer Biene gestochen worden. Dass ihr

diese Frage erst jetzt einfiel, konnte sie selbst nicht begreifen. „Mann, Wanja! Wie heißt unser neues Fohlen eigentlich?“

Wanja grinste. „Du lachst dich kaputt, Lena, aber das Fohlen hat noch gar keinen Namen.“

„Das darf doch nicht wahr sein!“ Annette schlug sich mit beiden Händen an die Stirn. „Schon fünf Monate – und hat noch keinen Namen. Ich glaub, mein Schwein pfeift! Na, dann wird's aber Zeit, dass wir einen guten Namen aussuchen.“

Pitt hatte einen Geistesblitz und bekam vor Eifer rote Ohren. „Donnerwolke! Wir nennen die Neue Donnerwolke! Das passt astrein zu Sturmwind. Sturmwind und Donnerwolke. Na, wer hat mal wieder die beste Idee gehabt?“

Aber die anderen protestierten im Chor. „Bäääh!“

Hanna strich dem enttäuschten Pitt durchs Haar. „Meinst du nicht, Pitt, dass ein starker Pferdename auf unserem Hof genügt? Nur dein Pony hat so einen unheimlich tollen Namen mit viel Power. Dabei sollten wir's auch lassen.“

Pitts Gesicht hellte sich auf. Was Hanna da gesagt hatte, war Balsam für seine Seele. Ja, nur sein Pferd sollte einen richtig starken Namen haben.

Ioannis dachte scharf nach. „Was Griechisches ist immer gut. Was haltet ihr von Kassandra?“

„Gar nichts!“, entgegnete Lena, die Bücherleserin, sofort. „Weißt du nicht, wer Kassandra war? Ich kenne sie aus einem Sagenbuch. Das war die Tochter vom König Priamos, und bei dem Kampf um die Stadt Troja, also, da hat die ganz schlimme Weissagungen gemacht. Und all das Unheil, was sie im Voraus prophezeit hat, das ist auch eingetreten. Nein, Ioannis, so ein Negativname kommt nicht in Frage!"

„Was du alles weißt!", murmelte Ioannis beeindruckt.

„Blacky", schlug Annette vor. „Wie wär's mit Blacky?"

Wanja war entschieden dagegen. „Erstens weißt du bei dem Namen nicht, ob es sich um eine Stute oder um einen Hengst handelt. Zweitens wird ein komischer Fernseh-Showmaster schon so genannt. Und drittens wird dieses Fohlen ja wohl gar nicht so dunkel bleiben, weil es von einer Apfelschimmelstute abstammt. Ihr werdet schon sehen, mit zunehmendem Alter wird sein Fell heller und heller werden, vielleicht sogar fast weiß mit Kringeln und Punkten. Schaut mal genau hin! Ein bisschen von der Musterung ist schon zu erkennen. Könnt ihr's sehen?"

„Punkte?", fragte Pitt verdutzt. „Dann sieht es später ja aus wie ein Marienkäfer."

„Das ist es!", schrie Wanja begeistert. „Das ist der richtige Name: Ladybird!"

„Ladybird?" Lena und Annette fragten das gleichzeitig und starrten Wanja verständnislos an. „Was bedeutet das denn?"

„Marienkäfer!“ Wanja genoss seine Überlegenheit sichtlich. „Auf Englisch heißt Marienkäfer Ladybird. Dass ihr das nicht wisst! Was lernt ihr eigentlich in der Schule?“

„Hör sich einer diesen Angeber an!“ Lena hätte Wanja am liebsten vom Zaun geschubst, doch sie saß zu weit von ihm entfernt. Sie legte den Kopf schief und flüsterte in Gedanken das Wort La-dy-bird. „Gefällt mir“, sagte sie dann entschieden. „Ladybird ist exakt der passende Name. Eins zu null für Wanja.“

Annette und Ioannis erklärten, dass auch ihnen der Name sehr gefalle, und Hanna nickte dazu. Die Namenssuche war beendet.

Pitt allerdings hatte noch etwas zu maulen. „Pipifax ist das“, meinte er. „Wer heißt denn schon Marienkäfer? So was Bescheuertes! Ein Pferd namens Marienkäfer. Wenn ihr mich fragt …“

Ihn fragte aber niemand mehr, denn Tewes kam auf seinem Moped gefahren. Er pellte sich aus seiner Ledermontur und nahm den Schutzhelm ab, dann betrachtete er lange und kritisch das neue Fohlen und ließ sich von den jubelnden Zurufen der Kinder nicht aus der Ruhe bringen. Ladybird äugte aufmerksam herüber.

„Macht einen gesunden Eindruck“, stellte Tewes sachlich fest. Zu Hanna sagte er, Doc Kranenburg solle das Fohlen auf jeden Fall gründlich untersuchen, und allerlei gute Anweisungen für die Futterzusammenstellung hatte er auch parat.

Später halfen Wanja, Ioannis und Pitt dem alten Stallmeister bei der Stallarbeit. Sie misteten aus, mischten Hafer und Häcksel und füllten die Wassereimer. Hanna war ins Haus gegangen, weil sie noch zu arbeiten hatte. Lena und Annette hockten weiter auf dem Gatter und konnten sich nicht satt sehen an Ladybirds scheuen Versuchen, mit den anderen Pferden Kontakt aufzunehmen. Mux reagierte wie ein richtiger Herdenchef auf die Neue. Immer wieder hielt er sie auf Abstand, wenn sie sich den anderen nähern wollte.
Als Ioannis, Wanja und Annette in den Volvo kletterten, um sich von Hanna der Reihe nach heimbringen zu lassen, gelobten sie noch einmal hoch und heilig, sich tatkräftig an der Arbeit auf dem Pferdehof zu beteiligen.
Gregor kam an diesem Abend ziemlich spät nach Hause. „Ich hab bei der Kripo noch die Protokolle durchgelesen und unterzeichnet“, sagte er. „Bei Brandstiftung gibt es immer eine Menge Papierkram.“ Er machte einen bedrückten Eindruck. „Im Krankenhaus war ich auch noch kurz. Dem Freddy geht es nicht so besonders. Mit der Schulterverletzung gibt's anscheinend Komplikationen.“
Hanna hörte zu und stellte keine Fragen. Sie merkte, dass ihr Mann im Moment nicht mehr darüber sagen wollte.
Lena und Pitt zerrten den Vater natürlich sofort zur Pferdeweide. Hanna folgte langsam mit der Wuschelhündin Ronja. Die Dunkelheit senkte sich über das Land. Fahl

leuchteten die Leiber der drei Haflinger. Der Ziegenbock hatte sich neben der offenen Stalltür niedergelegt. Raja und Sturmwind befanden sich anscheinend schon im Stall. Pitt schlüpfte durch die Stangen des Gatters und knipste das Licht an, das mit gelblichem Schein wie ein Halbmond ein Stück der Weide ausleuchtete. Und dort stand das Fohlen und hob den Kopf zu der milchigen Wolkenschicht empor, aus der leichter Nieselregen fiel.

„Sie heißt Ladybird!“, rief Lena. „Guck nur, Gregor, guck! Wie schön sie ist! Und Tewes hat gesagt, sie macht einen gesunden Eindruck. War es nicht gut, dass wir sie gerettet haben?“

„Doch, Lenamädchen, es war sicher gut!“ Gregor sagte das beinahe verlegen.

„Später wird sie wahrscheinlich weiß!“, rief Pitt. „Und Punkte kriegt sie wie ein Maikäfer. Darum heißt sie ja auch Lädiböht. Das ist englisch. Ich hätt aber Donnerwolke besser gefunden.“

Gregor drehte sich zu Hanna um. „Verrückt ist das, völlig verrückt. Den Pferden, die keiner haben will, können wir helfen, aber bei den Menschen, die keiner haben will, versagen wir.“

„Du sprichst von Freddy?“, fragte Hanna.

„Er hat sich völlig eingesponnen in seine Isolation. Der Arzt meint, es ist ihm gleichgültig, ob er gesund wird oder nicht. Und was nun mit ihm geschieht – das scheint ihn überhaupt nicht zu interessieren. Er starrt nur stumm die

Wand an. Mit mir wollte er gar nicht reden. Er wollte auch nicht wissen, was aus Sippel und Hörstken geworden ist."
„Wenn es zu spät ist, dann werden wir wach", sagte Hanna. „Was für eine erbärmliche Gesellschaft wir doch sind! Man müsste sich mehr um die Kids kümmern, wenn sie noch klein sind."
„Dafür kümmern wir uns aber um kleine Pferde!" Gregor lachte bitter.
„Eins schließt das andere nicht aus", sagte Hanna. „Und sei nicht ungerecht", bat sie. „Verdirb Lena und Pitt die Freude nicht!"
Zur gleichen Zeit stand Lena im Stall bei Raja und flüsterte der alten Stute ins Ohr: „Kümmere dich gut um unsere kleine Ladybird, hörst du? Ich mag sie sehr. Aber du bleibst natürlich meine Allerliebste – auf ewig!"
Auf ewig? Lena erschrak bei diesem Gedanken.
Raja lächelte.

Der lange Ritt

Auf diesen Tag hatten Lena und Annette gewartet. Die Sonne brachte das herbstliche Land zum Leuchten, die Luft war kühl und klar, der Wind erzählte Geschichten. Die beiden Mädchen sattelten Motte und Benno. Für solch einen Ritt durch das weite Land gab es keine besseren Pferde als die trittsicheren, ruhigen und unermüdlichen Haflinger. Annettes geschulter Fuchswallach Odin war gewiss ein erstklassiges Pferd für die Reitbahn und für den Parcours, doch an das Auf und Ab im weglosen Gelände war er nicht gewöhnt.

Überhaupt hatte sich Annettes Einstellung zum Reiten nach dem Unfall etwas geändert. Zwar besuchte sie längst wieder die Reithalle in Temming und den Übungsplatz ihres Vereins, doch ihre Lust auf Höchstleistungen und Ehrenschleifen war merklich abgekühlt. Der alte Ehrgeiz stellte sich nicht wieder ein, was der Trainer selbstverständlich bemängelte, was Annette aber egal war. Und Lena freute sich, dass die Freundin an der leichten Reitweise Geschmack fand, ja, dass ihr diese Art des Reitens Spaß machte.

„Kann ich nicht mitkommen?“, fragte Pitt. „Sturmwind ist das ausdauerndste Pony der Welt, und das mit den kurzen Beinen, das täuscht.“

Die Mädchen blieben eisern. Sie wollten für sich sein an diesem strahlenden Nachmittag. Da konnte auch Ronja noch so sehr betteln und herzerweichend heulen: Sie musste zu Hause bleiben. Mux fand es offenbar auch nicht besonders lustig, dass die Reiterinnen sich ohne ihn auf den Weg machten. Er galoppierte im Karree der Koppel umher und vollführte rasante Bocksprünge, doch seine Bemühungen blieben ohne Erfolg. Tewes hatte gesagt, Mux werde bald ein ausgezeichnetes Reitpferd sein, doch ein paar Monate müsse der junge Haflinger noch warten, bis er ausgebildet werde.

„Pass gut auf die kleine Ladybird auf!", rief Lena und winkte Raja zum Abschied einen Gruß zu. Dann stieg sie in den Sattel.

Lena ritt Benno, Annette ritt Motte. Zu diesem Zeitpunkt sei ein ausgedehnter Ausflug nur gut für die trächtige Haflingerstute, hatte Tewes gemeint. Flott gingen die Pferde auf dem weichen Wiesenweg. Auf dem sumpfigen Boden in Gronerdingers Wäldchen klopften die Hufe dumpf. Als die Reiterinnen wieder freies Grasland erreichten, lenkten sie die Tiere auf das Hochmoor zu. Die braunen Kolben der Pfeifenputzerpflanzen an den Rändern der Gräben lösten sich bereits auf und ließen winzige weiße Fallschirmchen mit dem Wind treiben. Weit weg summten die Maisfräsen. Drosseln klammerten sich an den schwankenden Zweigen der Ebereschen fest und pickten die letzten Beeren.

Die Mädchen ließen ihre Pferde zwischen den Wallhecken langsam gehen, denn die Schlehdornbäumchen und Brombeerbüsche streckten ihre dornigen Finger aus. Dann und wann flüchteten aufgescheuchte Tiere ins Dickicht hinein: Fasane, Kaninchen, Rehe. Die Wachteln flatterten so plötzlich auf, dass die Reiterinnen erschrocken zusammenzuckten. Auch die Haflinger warfen dann die Köpfe auf. Einmal strich eine Kette plappernder und schreiender Reiher in Pfeilformation am stahlblauen Himmel in südlicher Richtung dahin. In den sumpfigen Tümpeln blubberten die Fäulnisgase kleine Schaumblasen. Im Wollgras turnten dicke Käfer.

Was für wunderbare Farben!, dachte Lena. Und ihre Gedanken wanderten zu Wanja, der solche Pracht in seinen Bildern einfing. Dass seine Eltern das nicht verstehen konnten!

Das Gelände stieg an, wie eine dunkle Wand ragte der Hügelzug der Bomberge. Annette zeigte auf eine Schneise im Fichtengehölz. Wie von selbst strebten Motte und Benno auf diese Lücke zu, sie kannten das Gelände. Nur selten mussten die Reiterinnen Hilfen einsetzen.

„Ist das ein Wetter!“, rief Annette.

Lena schnipste eine langbeinige Schnake vom Schirm ihrer Reitkappe. „Extra für uns gemacht!“

Sie erreichten den Hochwald. In den Strahlenbündeln torkelten die welken Blätter der Buchen wie riesige goldene Schneeflocken zur Erde. Der sonnenverbrannte

Adlerfarn verströmte eine würzige Süße. Die Pferde mussten sich mächtig anstrengen auf dem ziemlich ansteigenden Hang.
Zur Entlastung der Pferderücken ließen die Mädchen sie kurz im Galopp gehen. Das gefiel Benno und Motte! Als sie das Hochplateau erreicht hatten, ließen Lena und Annette die Haflinger wieder im Schritt über den federnden Boden des Waldwegs gehen.
„Lutz kommt in diesem Winter übrigens nicht nach Hause", sagte Annette auf einmal. „Er will in Kanada bleiben!"
„Aber er ist doch fertig mit seinem Studium!" Lena dachte an die Reise im Planwagen, die sie zusammen mit Annette und ihrem Bruder im vergangenen Jahr gleich nach Weihnachten unternommen hatte. Damals waren Motte und Benno auch dabei gewesen. „Schade. Dann gibt's also keine Winterreise in den Teutoburger Wald. Warum will Lutz nicht kommen?"
„Es gefällt ihm in Kanada. Er hat einen Job in Manitoba bei der Forstbehörde. Du, er ist ganz hingerissen von der Gegend dort, der Lutz. Da wären Förster noch richtige Förster in gewaltigen Waldgebieten und nicht so bessere Parkwächter wie bei uns, hat er geschrieben. Weißt du, was ich glaube?"
Lena drehte sich zu ihrer Freundin um, die schräg hinter ihr ritt. „Verrat es mir!"
„Ich glaube, unser Lutz will für immer in Kanada blei-

ben. Jedenfalls, wenn das möglich ist. Er nennt Kanada das schönste Land der Welt."

Lena erschrak ein wenig. „Du meinst, er will überhaupt nicht wieder nach Deutschland kommen? Oh, für mich käme das nicht in Frage!"

Annette sagte ernst: „Wenn er da drüben glücklich wird, dann ist's doch in Ordnung, dass er sein Leben in Kanada lebt. Ich glaube, der Lutz weiß genau, was er will. Außerdem kämpft er zusammen mit anderen Umweltschützern gegen die Arschgeigen aus der Holzindustrie, die riesige Waldungen niedermachen und ganze Landschaften versteppen lassen. Lutz meint, dass er sich da auch politisch einmischen will. Mensch, Lena, das ist 'ne Lebensaufgabe!"

Lena schwieg eine Weile. Sie lauschte dem Plopp-Plopp der Pferdehufe. Eine Lebensaufgabe! Wissen, was man will und wofür man lebt! Sie bildete sich ein, einen kleinen Stich in der Herzgegend zu spüren. „Dann hat Lutz es ja gut", sagte sie leise. „Wenn er weiß, was er will ... Der Wanja weiß übrigens auch, was er will."

„Und was will er?", fragte Annette. „Da bin ich aber neugierig, Lena."

„Er will Maler werden. Ich hab überhaupt keine Ahnung, was ich mal werden will. Manchmal macht mich das ganz verrückt."

Annette lachte so laut, dass die verwilderten Tauben, die im Laub scharrten, flatternd erschreckt aufflogen.

„Arme Lena!“, spottete sie. „Wo du ja schon so alt bist und dringend einen Beruf brauchst.“

„Mach dich nur lustig über mich!“ Lena spielte die Gekränkte. „Was ist mit dir? Weißt du denn, was du mal werden willst?“

Annette spielte mit den Haaren in Mottes weißer Mähne. „Also, als ich in der vierten Klasse war, da wusste ich's ganz genau. Da wollte ich Stewardess und Urwaldärztin und Schönheitskönigin und Berufsreiterin und Astronautin werden, und zwar alles gleichzeitig. Aber jetzt? Null Ahnung. Ich mache mir da auch noch keine Gedanken. Wir sind doch noch so jung!“

„Aber manche Leute haben als Kinder schon besondere Begabungen bewiesen“, sagte Lena. „Denk mal an Mozart oder so.“

Da prustete Annette wieder los. „Du bist kein Mozart, und ich bin kein Mozart. Was soll's also? Vielleicht kriegen wir beide später mal einen stinknormalen Beruf. kaufmännische Angestellte oder Fahrkartenverkäuferinnen bei der Bundesbahn. Was weiß ich!“

„Falls wir überhaupt was kriegen“, überlegte Lena. „In ein paar Jahren sind die meisten Menschen vielleicht längst arbeitslos. Alles ist vollautomatisiert. Roboter machen die Arbeit.“

„Mal nicht den Teufel an die Wand“, sagte Annette.

Da spukte plötzlich eine Idee in Lenas Kopf herum. Sie meinte es nicht ganz ernst, aber der Gedanke gefiel ihr.

„Wir könnten doch aus dem Pferdehof ein richtiges Gestüt machen. Du und ich. Was hältst du davon?"
Annette winkte ab. „Da musst du schon so etliche Milliönchen investieren. Außerdem gibt's in dieser Gegend fast schon zu viele Gestüte. Denk bloß mal an Warendorf! Und mein Vater ist ja nicht der einzige Bauer, der zwei, drei eigene Zuchtpferde hält. Schmink dir deine Idee ab, Lena! Du willst ja vermutlich nicht so einen Ponyhof für Ferienkinder gründen, oder?"
Lena schüttelte den Kopf. „Will ich nicht. Die gibt's genug!"
„Dann lass uns aufhören zu spinnen!"
Lena richtete sich im Sattel auf und hielt sich die Nase zu. Mit verstellter Stimme verkündete sie: „Verehrte Zuhörerinnen und Zuhörer, das war unsere Sendung Melodien zum Träumen. Wir schalten jetzt um zu den Nachrichten."
„Flötepiepen!", rief Annette. „Das tun wir nicht. Wir reiten jetzt zum Longinus-Turm rauf und schauen uns die Windkrafträder an. Los, Lena, auf geht's!"
Die Haflinger genossen es, dass sie wieder ein schnelleres Tempo einschlagen durften. Mähnen und Schweife flatterten wie Fahnen, als sie hügelan strebten und ihre Kräfte zeigten. Der Aussichtsturm aus verwittertem Sandstein beherrschte nicht mehr allein diese Landschaft, denn ganz in seiner Nähe waren zwei imposante Windkraftwerke mit riesengroßen Flügeln aufgestellt

worden. Erst als Lena und Annette sich direkt unter diesen sanften Giganten befanden, erlebten sie wirklich die Höhe dieser neuartigen Windmühlen einer alternativen Stromerzeugung.

„Wow!“, staunte Annette. „Da dreht sich alles im Kopf, wenn man zu den Rotoren raufguckt. Aber merkst du das, Lena? Man hört nur das Windgeräusch, da ist überhaupt kein Motorenlärm oder so. Ich finde diese Apparate richtig schön, fast wie moderne Landschaftsplastiken, die sich bewegen.“

Lena empfand das ähnlich. Sie wusste aus der Zeitung, dass diese zwei Windkraftwerke den Strom für ungefähr fünfhundert Haushalte und landwirtschaftliche Betriebe lieferten. „Vielleicht erfinden wir beide später mal Kraftwerke, die so richtig die Energie von Sonne und Wind und Erdwärme ausnutzen, damit die gefährlichen Atomkraftwerke und all die Stinker, die aus Kohleverbrennung Strom erzeugen, völlig überflüssig sind. Erfinderin: Wär das nicht ein toller Beruf?“

„Klar, wir beide erfinden die umweltfreundlichste Art der Energieerzeugung“, gab Annette trocken zurück. „Aber nicht mehr heute Nachmittag. Wir müssen allmählich an den Heimweg denken.“

Bei der Bruder-Klaus-Kapelle unterhalb des Hügelkammes gab es eine Quelle, die aus einem Felsspalt sprudelte. Dort nahmen sie Motte und Benno Sattel und Zaumzeug ab und ließen die Haflinger in Ruhe trinken und grasen. Lena holte Kekse und Cola aus der Satteltasche. Die tief stehende Sonne färbte am Horizont die Ränder der Wolken rot.

Ja, es wurde Zeit, nach Hause zu reiten.

Bergab zeigten die Haflinger erst richtig, wie sicher sie sich im Gelände bewegten. Sie fanden ganz allein die beste Spur. Neben einer Ackerbrache, auf der die Lupinenschoten zu flüstern schienen, ging es westwärts. Abgeerntete Weizenfelder waren schwarz von hüpfenden Krähen, in einer Erlenschonung klagte irgendein großer Vogel, unter dem Dach einer Feldscheune schossen die Fledermäuse im Zickzack auf ihrer Insektenjagd hin und her.

„Spannend!", flüsterte Lena.

Die Reiterinnen durchquerten einen flachen Bach. Das Wasser spritzte auf. Mühelos nahmen die Haflinger die steil ansteigende Böschung am anderen Ufer. Dann ging es auf einem schmalen Feldweg weiter.

„Vor zwei, drei Jahren hat Lutz hier noch Forellen geangelt", sagte Annette, „aber jetzt ist der Bach so gut wie tot."

So gut wie tot?, überlegte Lena. So schlecht wie tot!

Annette hatte inzwischen einen Vorsprung von drei Pferdelängen. Sie rief: „Diese wahnsinnigen Güllemengen der Schweinemäster machen alle Bäche kaputt. Und dann noch die Chemiebrühe der Bauern! Einige werden ja langsam vernünftig und kippen nicht mehr blind allen

Giftscheiß auf die Felder. Ich wollte, mein Vater käm auch mal ein bisschen zum Nachdenken!“

Lenas Gedanken wanderten zu Annettes Bruder. Auf der Reise im Planwagen hatte sie ihn im vergangenen Winter gut kennen gelernt, und seine Meinung zu politischen und ökologischen Vorgängen auf dieser Welt hatte das Licht in ihrem Kopf angeknipst. Lutz hatte sie angesteckt mit seinem Eifer. Lena dachte: Vor zwei, drei Jahren hat Lutz hier noch Forellen geangelt, und jetzt will er für immer in Kanada bleiben. Hat er denn gar kein Heimweh?

Die Vorstellung, von daheim fortzugehen und in einem anderen Land zu leben, ließ sie frösteln. Oder lag es an der Abendkühle, dass sie den Anorak bis zum Kinn zuknöpfte? Hanna und Gregor und Pitt – die waren ihr doch so wichtig. Und der Pferdehof mit all den Tieren: Das bedeutete Heimat, und von der kann man sich doch nicht so einfach trennen. Natürlich wanderten ihre Gedanken auch zu Wanja. Ich werde immer wieder zurückkehren zu unserem Pferdehof, schwor Lena sich, egal, was die Zukunft mir an guten und bösen Überraschungen bringen wird.

Auf dem bemoosten Feldweg am Rande des Bockelsdorfer Eichenwäldchens ritt Annette wieder dicht neben der Freundin. Sie merkte, dass Lena in Gedanken versunken war. „He, Schwester, was grübelst du?“, rief sie Lena zu. „Einen Cent für deine Gedanken!“

„Dreimal darfst du raten“, sagte Lena.
„Du denkst an Wanja?“
„Falsch!“
„An Ladybird?“
„Falsch!“
„An Raja?“
„Schon wieder falsch!“ Lena kicherte. „Ich denke daran, dass ich für Sozialkunde noch was lernen muss.“ Aber das war gelogen.
„Muss ich auch noch“, sagte Annette.
Auf der Landstraße in der Ferne gleißten die Lichtkegel der Autos im Abenddunst wie kleine Kometen. In Uhlendorf flammten die Neonröhren der Peitschenlampen auf, obwohl es noch nicht dunkel war. Der Uhrenschlag vom Kirchturm klang herüber, aber Lena zählte die Schläge nicht. Was bedeutete schon die Uhrzeit nach so einem wunderbaren Ritt! Lena saugte die Wärme ein, die von Bennos Körper ausging. Sie fragte: „Wird der Lutz euch denn hin und wieder mal besuchen?“
„Logo!“ Annette trieb Motte zu schnellerem Schritt an. „Aber das wird wohl noch ein bisschen dauern. Der hängt doch an unserer Familie, der Lutz, auch wenn er seinen eigenen Weg geht.“
Kühe brüllten fordernd in den ausladenden Ställen der Gehöfte. Melkzeit. Hoch am Himmel sirrte ein Düsenjet. Nach einer Viertelstunde erreichten die Reiterinnen den Weg, der zum Pferdehof führte.

„Das war ein langer Ritt“, sagte Annette leise.
„Ein langer Ritt und ein schöner Ritt“, antwortete Lena. Sie fühlte sich kein bisschen müde, sondern seltsam leicht und wie beschwipst. Am liebsten hätte sie gesungen. Sie klopfte Bennos Hals. „Du bist ein feiner Bursche!“ Und so leise, dass nur er es hören konnte, sagte sie: „Gleich sind wir zu Hause!“
Motte und Benno gingen jetzt Schritt. Sie waren müde, aber nicht verschwitzt. Und das war gut, fand Lena. Der Kies knirschte unter den Pferdehufen. Die Ulmen wiegten sich im Wind.
Die Haustür flog auf. Ronja kam gesprungen und begrüßte die Reiterinnen und die Pferde mit fröhlichem Gebell und einem wilden Hundetanz.
Pitt stand auf der Treppe und schrie: „Beeilt euch! Das Abendessen ist fertig. Ich und Hanna, wir haben Apfelpfannkuchen gebacken. Mindestens tausend Stück!“
Lena schaute zu den hölzernen Pferdeköpfen am Hausgiebel hinauf, die sich wie Scherenschnitte schwarz vor dem bleigrauen Abendhimmel abzeichneten. „Hallo!“, rief Lena ihnen zu. „Hallo, ihr da oben!

Lenas Fahrt zum großen Fest

Inhalt

Besuch auf dem Pferdehof

Endlich! Der Schulgong schepperte zwar wie ein alter Eimer, doch jetzt verkündete der blecherne Ton den Beginn der Ferien, und darum klang er in Lenas Ohren wie süßes Glockengeläute.

In der ersten Stunde hatte Deutschlehrer Seliger vergeblich versucht, die Mädchen und Jungen zu einem Gespräch über das Gedicht *Weihnachtslied, chemisch gereinigt* von Erich Kästner zu ermuntern. An jedem anderen Tag hätten sie gewiss Spaß gehabt an dieser spöttischen Fassung des Liedes *Morgen, Kinder, wird's was geben*, aber doch nicht am letzten Schultag vor den Ferien!

In der zweiten Stunde hatte der eifrige Referendar Kümmel, dem bereits in jungen Jahren die Haare ausgefallen waren, den Erdkundeunterricht dazu genutzt, mit Hilfe einer Landkarte die Entstehung des Staates Israel zu erklären. An jedem anderen Tag hätte er vielleicht aufmerksame Zuhörer gehabt, die auch kritische Fragen gestellt hätten, aber doch nicht am letzten Schultag vor den Ferien!

In der dritten Stunde wollte Frau Spinn, die von allen natürlich nur Missis Spider genannt wurde, ihren Schülerinnen und Schülern das Kanon-Liedchen *Hello, my little Boy* beibringen, das sie selber lustig fand, obwohl es den Kindern eher albern vorkam, doch dann gab sie ihr Vorhaben entnervt auf. An jedem anderen Tag hätten die Leutchen aus der siebten Klasse wahrscheinlich Lust auf einen musikalischen Englischunterricht gehabt, aber doch nicht am letzten Schultag vor den Ferien!

Und dann schepperte endlich der Schulgong. Schluss! Aus! Ferien! Noch schneller als sonst stürmten alle zur Tür. Die Weihnachtsgrüße und Neujahrswünsche von Missis Spider hörten sie nicht mehr.

Kreischend und lachend schwadronierten die Jungen und Mädchen von zu erwartenden Geschenken. Frannes schwärmte von neuen Programmen für seinen PC, Marita redete von einem Hund aus dem Tierheim, Ioannis erklärte mit Händen und Füßen die elektrische Lichtschranke, die er für das Gartentor konstruiert hatte und mit der er seine Eltern überraschen wollte. Lena hielt sich lachend die Ohren zu. Was für ein Lärm!

Die gesamte Droste-Schule wirkte wie ein Irrenhaus. Auf dem Schulhof hüpften und tanzten die Kinder wie verrückte Clowns. Die älteren Schülerinnen und Schüler bemühten sich, gelassen und cool zu wirken, doch auch sie strebten hastiger als sonst dem flachen Schuppen zu, wo die Fahrräder, Mofas und Mopeds untergestellt waren. Der große Tannenbaum vor dem Schulportal schwankte im Regenwind, die bunten Kerzenbirnen klingelten wie Silberschellen.

Der Schulbus rollte knurrend aus der Haltebucht. An

diesem Tag saß Frau Hulscher, die Besitzerin des Busunternehmens, selber am Steuer. Sie hatte die Heizungsklappen so weit geöffnet, dass Lena sie in Verdacht hatte, sie wollte ihre Fahrgäste braten. Plärrende Chorgesänge drangen schmerzhaft aus den Lautsprechern. Viele Kinder schrien oder pfiffen die Melodie von *White Christmas* mit. Die feuchten Jacken und Mäntel dampften. Wie üblich war der Bus auf dem ersten Teil der Strecke proppevoll.
„Dass die Leute zu Weihnachten immer anfangen zu spinnen!“ Annette kicherte. Sie saß eingequetscht auf dem Fensterplatz neben Lena.
„Kann man nichts gegen machen“, antwortete Lena. „Mein Vater sagt immer: Zu Weihnachten werden alle triefherzig, dann spenden sie ein paar Mark und beruhigen ihr Gewissen, und nach dem Vollrausch zu Silvester benehmen sie sich wieder wie die Kannibalen.“
Annette lachte laut. „Da ist was dran! Sag mal, was spielt sich denn bei euch zu Hause so an Weihnachten ab? Macht ihr richtig mit Baumschmücken und Bescherung und solchem Tralala?“
Lena war von der Frage der Freundin überrascht. Sie hatte nie darüber nachgedacht. Als sie noch in der Großstadt wohnten, hatten sie immer eine kleine Fichte mit Wurzeln gehabt, weil Pitt darauf bestand. Die Bäumchen waren später in den Vorgarten gepflanzt worden. Aber dies würde nun die erste Weihnacht auf dem Pferdehof

sein, und sie hatten noch nicht darüber gesprochen, wie sie die Feiertage begehen wollten. Lena antwortete ausweichend: „Vermutlich machen wir ganz ruhig in Familie. Ohne Besuch und so. Kleine persönliche Geschenke wird's geben. Was Selbstgemachtes. Meine Eltern hassen diese vorweihnachtliche Einkaufshysterie, von der die gesamte Bevölkerung befallen wird. Ich finde sie übrigens auch bescheuert. Pitt sieht das natürlich anders. Der ist raffgierig und verfressen."

„Das brauchst du mir nicht zu sagen!" Annette wischte mit dem Anorakärmel den Beschlag von der Fensterscheibe. „Ich kenn den Knilch ja!" Sie schüttelte sich die Nässe aus dem kurz geschnittenen weißblonden Haar. „Meine Eltern sind ziemlich konservativ, ich meine, was Weihnachten betrifft. Und Oma Toni erst mal! Wenn wir nicht einen riesigen Ömmes von Weihnachtsbaum in der Diele stehen haben, der genau bis zur Decke reichen muss, dann werden die garantiert todkrank und beißen sich die Ohren ab. Aber in Familie machen wir auch. Meine Schwester Gabriela kommt aus Reutlingen. Die arbeitet da als Versicherungskauffrau. Frag mich bloß nicht, was 'ne Versicherungskauffrau macht!"

Lena boxte Annette in die Seite. „Tu ich auch nicht."

Annette beugte sich zu Lena hinüber und flüsterte: „Sie bringt übrigens ihren Freund mit. Klaus heißt der. Ich kenne den Typ noch gar nicht. Meine Eltern sind ganz kribbelig. Der Lutz taucht morgen schon zu Hause auf."

„Wer ist denn Lutz?“, fragte Lena erstaunt.
Da sprang Annette fast empört vom Sitz auf. „Mein Lieblingsbruder natürlich! Von dem hab ich dir doch schon tausendmal erzählt!“
Lena verteidigte sich. „Klar, von deinem Bruder hast du mir schon mal was erzählt. Dass er Kreismeister im Gespannfahren war und dass er in Göttingen Forstwirtschaft studiert. Aber den Namen Lutz, den hör ich jetzt zum ersten Mal. Hast du ihn sonst nicht Ludger genannt?“
Annette winkte ab. „Vergiss es! Der Lutz heißt ja eigentlich auch Ludger, aber den Namen mag er nicht leiden. Nur Oma Toni und meine Eltern sagen Ludger zu ihm, die anderen nennen ihn Lutz. Alles klar?“
„Alles klar.“ Lena fasste Annette beim Kragen und zog sie auf den Sitz zurück. „Ist er nett?“ Lena fragte das nur so dahin, um die aufgeregte Freundin ein wenig zu beruhigen. Ob er nun Ludger oder Lutz hieß: Was hatte sie schon mit Annettes Bruder zu tun! Dass sie ihre Meinung bald ändern würde, konnte Lena ja jetzt noch nicht wissen.
„Und ob der nett ist! Wäre er sonst mein Lieblingsbruder?“ Annette rieb sich die Hände. „Ich freu mich ganz toll auf ihn!“ Dann sagte sie: „Ich hab eben schon große Geschwister. Du weißt doch, dass ich das doofe kleine Nesthäkchen bin, die Nachzüglerin.“ Annette kicherte albern.

Lena ließ sich von Annettes übermütiger Laune anstecken. „Dass du doof bist, weiß ich schon lange!" Und dann quiekte Lena los, weil sie sich heftig gegen Annettes Kitzelangriffe wehren musste.
Der Schulbus hatte inzwischen den Außenbezirk von Habichtsbeek erreicht. An jeder Haltestelle polterten Scharen von Schülerinnen und Schülern nach draußen und brüllten dabei irgendwelchen Quatsch. Ferien! Da hat man jede Menge Recht auf Blödsinn.
Lena schaute hinaus auf die triefende Landschaft. Fisselregen, knorrige Weidenbäume im Nebel, düsterer Himmel über grauen Wiesen und schwarzen Äckern, Feldscheunen und kleine Kotten wie Spukhäuser, abweisend wie unbewohnte Burgen die einsamen Gehöfte im flachen Land: Lena liebte das Münsterland auch in der dunklen Jahreszeit, während Pitt es verächtlich Matschland nannte. Als Lena und Annette schließlich beim Hof von Schulze-Gehling ausstiegen, waren nur noch die Kinder von der Großgärtnerei in Frau Hulschers Bus.
Lena lief zu ihrem Fahrrad, das wie immer an der Mauer hinter dem Hoftor abgestellt war. „Ich krieg übrigens auch Besuch!", rief sie Annette nach, die zum Wohnhaus eilte. „Meine alten Freundinnen aus der Stadt. Mein Vater bringt sie mit. Sie bleiben über Nacht auf dem Pferdehof. Du, ich bin riesig gespannt!"
Annette hatte sich ganz plötzlich auf dem Absatz umgedreht und starrte Lena beinahe giftig an. „So, bist du

das? Wie schön für dich!"
Lena fasste sich an den Kopf. „Mensch, Annette! Bist du etwa eifersüchtig?"
„Ich und eifersüchtig? Pah! Was du dir da wieder einbildest!" Annette schlug mit einer heftigen Handbewegung durch die Luft, als müsste sie einen unsichtbaren Feind verprügeln, und war wenige Sekunden später im Haus verschwunden.
Lena war so sehr in Gedanken, als sie nach Hause zum Pferdehof radelte, dass sie die Kälte an den Händen und die Regentropfen im Gesicht kaum spürte. Ob Annette wirklich eifersüchtig war auf Kerstin und Dörthe? Erst jetzt machte Lena sich richtig klar, dass sie die beiden Freundinnen seit dem Auszug aus der Stadt nicht mehr gesehen hatte, und das war immerhin ein halbes Jahr her. Lena dachte: Und dabei hatten wir uns doch hoch und heilig geschworen, dass wir uns nicht aus den Augen verlieren würden! Und wenn Dörthe nicht angerufen hätte am vergangenen Sonntag, hätte ich mich dann von mir aus bei den beiden gemeldet? Lena spürte auf einmal so etwas wie ein Schuldgefühl. Da war plötzlich die wichtige Frage: Freue ich mich auf Kerstin und Dörthe? Die Antwort fand sie nicht mehr. Denn als Lena über den Kiesweg das Heckenrosenrondell auf dem Vorplatz des Pferdehofes umkurvte, sah sie den weinroten Peugeot aus Methusalems Zeiten, der gehörte dem Organisten von Uhlendorf. Alois Raderschall gab nebenher Kla-

vierunterricht, und zwar nicht aus pädagogischer Sorge um den Pianistennachwuchs, sondern um sein kümmerliches Gehalt aufzubessern. Einer seiner schlechtesten Schüler war Pitt.

Und Pitt schlug auch nur unter Protest in die Tasten. Eigentlich träumte er schon seit Monaten von der Welle der Begeisterung, von der die Band *The hot Potatoes* von einem Riesenerfolg zum anderen geschwemmt würde, wenn sie ihre Welthits in allen Ländern vor gigantischen Publikumsmengen mit ihren 3000-Watt-Anlagen erdröhnen lassen würden. *The hot Potatoes*: Das waren der Gitarrist Simon, der Bassmann Wanja und der Schlagzeuger Pitt, alle aus der vierten Klasse der Grundschule in Uhlendorf. Als Sängerin wollten sie Eva-Maria verpflichten, doch die sträubte sich beharrlich, weil sie sich lieber dem Training mit ihrem Pony Tarzan widmete als den drei Starmusikern. Simon und Wanja spielten übrigens auf schnurbespannten Stöcken, während Pitt auf Pappkartons, Blechkanistern und Plastikeimern trommelte. Pitt behauptete, er beherrsche sein Schlagzeug schon professionell und brauche nun unbedingt eine Schießbude wie Carl Palmer.

Lena musste unwillkürlich lachen, als sie an Pitts Auseinandersetzung mit den Eltern dachte. Gregor hatte erklärt, gegen die Anschaffung eines Schlagzeuges sei grundsätzlich nichts einzuwenden, doch erstens habe er das Geld dafür nicht übrig und zweitens müsse nach seinem Verständnis ein Musiker erst einmal Noten und die Grundbegriffe der Musik lernen. Hanna, die wie stets praktisch dachte, entschied, dass sich dafür der Klavierunterricht besonders eignet, zumal sowieso ein solches Instrument vorhanden sei. Und so war es zur Zusammenarbeit von Pitt und Herrn Raderschall gekommen. Eigentlich war es mehr ein Zweikampf.

Lena schob ihr Fahrrad in die Scheune. Aus dem Wohnzimmer wimmerte der Viervierteltakt vom *Tanz des Schweinehirten*. Pitt übte dieses kleine Stück von Béla Bartók schon seit Wochen. In sein verzögertes Klimpern bettelte Alois Raderschalls Fistelstimme ununterbrochen: „Allegro! Allegro!“ Es hörte sich steinerweichend an: Pitts Klavierspiel und die Bitten des Organisten.

Lena rannte zur Hauskoppel. Trotz des nassen Wetters waren die Haflinger, Pitts kurzbeiniges Pony Sturmwind mit dem Harlekinfell und der Ziegenbock Xerxes auf der Weide. Tewes wollte es, dass die Tiere tagsüber so viel wie eben möglich im Freien liefen, weil das nach seiner Erfahrung abhärtete.

Motte und Benno wiegten fröhlich die Köpfe, als sie Lena erkannten. Mux, das verspielte Fohlen, kam auskeilend gesprungen und übte sich im Wiehern, doch es ging ziemlich daneben. Xerxes riskierte nur kurz ein Auge und mümmelte dann weiter das spärlich wachsende Gras.

Lena kletterte auf das Gatter und kraulte die weichen

Hälse der Haflinger. „Schöne Pferde seid ihr!“, sagte sie. Dann zog sie einen eingetrockneten Apfelschnitz aus der Anoraktasche und hielt ihn Mux vor die Nase, der nahm ihn nur zögernd. „Du verwöhnter Halbstarker, du!“, rief Lena lachend.

Im großen Stall wartete Raja. Die alte Stute hatte längst Lenas Stimme gehört. Regenwetter war schlecht für ihre Gelenke, darum musste sie im Stall bleiben. Sie nahm das wie alles mit großer Geduld hin. Lena presste ihr Gesicht gegen die Backe des großen Pferdes, ließ die eine Hand über das schorfige Fell gleiten und streichelte mit der anderen Rajas Lippen. So standen sie minutenlang. Lena hätte vorher nicht geglaubt, dass sie einmal eine so innige Zuneigung zu einem Tier empfinden würde.

„Du bist die Allerschönste!“, flüsterte sie der Stute zu. Das sanfte Pferd schnaubte leise. Lena wusste, dass Raja lächeln konnte, doch das verriet sie niemandem. Sie drückte der Stute einen Abschiedskuss auf die Nase und verließ den Stall.

Lena ging durch die Seitentür in die Küche. Aus dem zischelnden Suppentopf stiegen angenehme Düfte auf. Vorn in der Wohnhalle hackte Pitt noch immer auf dem Klavier herum. Wuschelhündin Ronja jaulte jämmerlich die Begleitung dazu. Hanna saß in ihrem Arbeitszimmer am Computer und schien nicht recht weiterzukommen.

„Hallo, Hanna!“ Lena gab der Mutter einen Klaps auf die Schulter. „Uff, endlich Ferien!“

„Hallo, Lenamädchen! Du hast Ferien und ich zermartere mir hier das Gehirn. Ganz schön ungerecht."
„Was machst du denn da?"
„Ich versuche, einen lyrischen Text aus dem Schwedischen zu übersetzen. Aber wie soll man sich bloß bei Pitts Geklimper konzentrieren!" Hanna lächelte gequält. „Immerhin habe ich in Ronja und Herrn Raderschall zwei Leidensgenossen. Sag mal, Lena, hast du keine Lust, Klavierspielen zu lernen?"
Beinahe entsetzt schüttelte Lena den Kopf. „Ein Versager am Klavier reicht doch wohl für diese Familie, oder? Nee, nee, Hanna, vergiss es! Ich höre dir gern zu, wenn du spielst. Vielleicht könnte ich's später mal mit einem Blasinstrument versuchen. Oboe oder Fagott, also, reizen würd mich das schon."
„Dann lass uns das mal mit Gregor besprechen, Lena!" Hanna stand vom Stuhl auf und streckte sich. „Jetzt wollen wir erst einmal essen." Sie hob den Finger, als plötzlich Stille eintrat im Wohnzimmer. „Na, bitte! Pitt ist schon verhungert."
Alois Raderschall nahm die Einladung zum Mittagessen gern an. Er fingerte sich den wallenden Haarschopf zurecht, der daran erinnerte, dass der Organist sich für einen Künstler hielt, und murmelte, Pitt mache allmählich Fortschritte. Das glaubte ihm aber niemand.
Sie saßen um den runden Tisch in der Küche und löffelten die Gemüsesuppe. Pitt maulte, dass eindeutig zu

wenig Wurst in der Suppe sei, und fütterte mit den Möhrenstückchen die bettelnde Ronja, weil er Möhren nicht mochte. Lena hielt ihm den üblichen Vortrag über die Fleisch fressenden Jungen, welche die Schuld daran trügen, dass es zu viele Schweinemäster, zu viele zusammengepferchte Schweine und zu viel Gülle gebe. Herr Raderschall aß hastig und schweigend, Hanna schaute dauernd auf die Wanduhr und wirkte ein wenig nervös. Und erst da fiel es Lena siedend heiß wieder ein, dass der Vater ja bald mit Kerstin und Dörthe aus der Stadt kommen würde. Merkwürdig, dachte sie, eigentlich müsste ich doch unentwegt dem Wiedersehen mit den alten Freundinnen entgegenfiebern. Ob sie sich sehr verändert haben? Ob sich die alten Freundschaftsgefühle wieder einstellen? Ob wir so vertraut miteinander reden werden wie damals? Lena wusste auch, dass die Frage noch offen war: Freue ich mich wirklich?

An diesem Schmuddelwettertag dunkelte es schon früh. Lena war kaum mit dem Staubwischen in ihrem Wigwam fertig, als sie durch das Fenster ihres Giebelzimmers die Lichtkegel auf der Zufahrt zum Pferdehof wahrnahm. Sekunden später erscholl das fröhliche Gehupe des Vectra.

Sie sind da! Lena spürte plötzlich Schmetterlinge im Bauch, als sie diesen Satz dachte. Dann stürmte sie die Treppe hinunter und rannte beinahe Pitt und Ronja um, die schon in der offenen Haustür standen.

„Lena! Lena!", schrien Dörthe und Kerstin gellend.
„Dörthe! Kerstin! Dass ihr endlich gekommen seid!" Lena eilte mit ausgebreiteten Armen auf die beiden Mädchen zu.
Dann begann ein verrückter Indianertanz. Lena, Kerstin und Dörthe hielten sich umschlungen und hüpften und tanzten und kreischten dazu wie am Spieß.
Pitt musste alle Kraft aufbieten, um die bellende und zappelnde Ronja am Halsband festzuhalten, die sich nur zu gern in das Getümmel gestürzt hätte. „Lass die blöden Schnepfen doch!", knurrte Pitt. „Die sind ja vom wilden Affen gebissen!"
Gregor hob die Sporttaschen von Kerstin und Dörthe aus dem Kofferraum. „Pfui, Pitt, so redet der feine Mann doch nicht!"
Pitt legte den Kopf schief und blinzelte den Vater an. „Ach, jetzt bin ich auf einmal ein feiner Mann? Das ist ja ganz was Neues. Komm, Ronja, lauf mit dem feinen Mann ins Haus! Vielleicht finden wir was zu essen!"
Es dauerte noch Minuten, bis die drei Mädchen die irre Begrüßungszeremonie beendeten. Da war so viel zu fragen und zu sagen. Sie brabbelten und glucksten sich die heißesten Neuigkeiten zu, starrten sich an und konnten nicht aufhören zu kichern. Doch Lena fühlte, dass dies alles ein Versuch war, die Unsicherheit zu überspielen.
Kerstin und Dörthe hatten von rund tausend Leuten Grüße auszurichten. Für Lena hatten sie die neue CD

von Phil Collins mitgebracht, für Hanna einen Rosenstrauß.

„Typisch!“, fauchte Pitt. „Ich krieg wieder nix.“

Dörthe pellte sich aus ihrem Polarforscher-Outfit: wattierter Anorak, Moonboots, Lappländermütze. Kerstin zog das Regenzeug aus.

Die Fassade des imposanten Wohnhauses mit den geschnitzten Pferdeköpfen am Giebel hatten die Besucherinnen schon gebührend bestaunt. Kurz darauf bewunderten Kerstin und Dörthe mit lauten „Ohs“ und „Ahs“ die große Wohnhalle mit dem alten Gebälk, den gewaltigen steinernen Kamin, die geschwungene Treppe zum Obergeschoss, die gekachelte Küche und die Nebenräume.

„Kommt, ich zeige euch jetzt unsere Tiere!“, rief Lena.

Aber zuerst wollten Kerstin und Dörthe Lenas Wigwam sehen. Angeführt von Ronja eilten die Mädchen nach oben. Gregor schaute ihnen schmunzelnd nach, dann stopfte er sich eine Pfeife.

„Weiber!“, murmelte Pitt. Doch da hörte er Tewes' altes Moped draußen knattern, und schon hellte sich sein Gesicht auf. Er würde heute mit dem alten Stallmeister die Tiere von der Weide holen. Er! Und nicht Lena.

Kerstin und Dörthe waren hingerissen von Lenas Zimmer unter dem Dach. Ja, es war wirklich wie ein Indianerwigwam! Wer – außer Lena – durfte schon in solch einem herrlichen Zimmer wohnen!

„Mensch, Lena, ich beneide dich“, sagte Dörthe.
Kerstin streckte sich auf dem Bett aus. „Irrsinnig gemütlich. Irr-sin-nig! Wenn ich das in der Schule erzähle, wow! Werden die staunen!“
Regen trommelte gegen die Fensterscheiben. Der Wind tuschelte in den kahlen Zweigen der Ulmen. Weit in der Ferne klagten Wildtauben.
„He, sollen wir drei nicht das Abendessen machen?“, fragte Kerstin plötzlich. „Wie in alten Zeiten!“
Dörthe war sofort dafür. „Ja, wie in alten Zeiten.“
„Und die Tiere?“ Lena protestierte. „Wollt ihr nicht erst mal unsere Tiere sehen?“
„Das machen wir morgen“, sagte Dörthe. „Die laufen uns doch nicht weg.“
Lena nickte, doch es machte sie traurig, dass Kerstin und Dörthe die Pferde und den Ziegenbock nicht sehen wollten. Und sie begriff, dass die alten Zeiten unwiderruflich vorbei waren.
„Also gut, machen wir das Abendessen“, sagte Lena. „Wie in alten Zeiten.“

Abschiedstränen

Im Kamin zischelte die Glut. Hanna lag auf dem Ledersofa und las die Zeitung. Gregor und Pitt pokerten um Streichhölzer. Ronja nagte am Teppichrand.
Die Mädchen hatten sich Schürzen vorgebunden und machten sich in der Küche mit ausgelassenem Eifer daran, ein erstklassiges Abendessen zuzubereiten. Italienisch: Darauf hatten sie sich rasch geeinigt. Im Gänsemarsch stolzierten sie ins Wohnzimmer, stellten sich nebeneinander auf und unterbreiteten ihren Vorschlag.
Kerstin verkündete: „Als Vorspeise *Tortino di patate all'aglio*, alle einverstanden?"
„Was für'n Zeug?", fragte Pitt entsetzt.
„Das sind Kartoffelküchlein mit Knoblauch", erklärte Kerstin. „Dass du das nicht weißt!"
Hanna und Gregor waren einverstanden, Pitt enthielt sich der Stimme. Ronja stieß einen fröhlichen Jaulton aus, sie schien zu spüren, dass über etwas Essbares geredet wurde.
Den Namen des Hauptgerichts las Dörthe von ihrem Zettel ab: *„Pappardelle rosa alla salsa di porro!"* Und ehe Pitt eine blöde Bemerkung dazu machen konnte, fügte sie hinzu: „Es handelt sich hierbei um Tomaten-Bandnudeln mit Lauchsoße."

„Und Fleisch? Ist in dem Essen kein Fleisch drin?“ Pitt ließ enttäuscht die Spielkarten auf den Tisch fallen.
„Nein“, sagte Lena schadenfroh, „da ist kein Fleisch drin. Wir servieren ein Essen für Genießer und nicht für Banausen. Zum Nachtisch gibt es *Gelato al caramello*. Da ist übrigens auch kein Fleisch drin.“
Gelato! Dass es sich um Eis handelte, das irgendwie mit Karamell zu tun hatte, begriff Pitt sofort, und es versöhnte ihn ein bisschen. Auf Eis war er zu allen Jahreszeiten scharf.
Gregor fragte: „Und an welche Getränke zu diesem köstlichen Mahl haben die Damen gedacht?“
Dörthe breitete die Arme aus. „Ist doch klar, dass wir unsere alte Spezialerfindung kredenzen! Früchtetee mit Saft von ausgepressten Orangen, zerstoßenen Nelken und Zimtstangen.“
„Katzenhaare, Fußnägel und Kinderpipi würde ich dann aber auch noch reinschütten!“, maulte Pitt. „Gibt's wenigstens Cola?“
„Weder Cola noch Ketschup“, antwortete Lena hart.
„Wir haben da noch einen ausgezeichneten *Brunello* aus der Toskana im Keller“, gab Gregor zu bedenken, „der würde auch hervorragend zu dieser Speisenfolge passen. Ist es gestattet, dass Hanna und ich statt eurer Spezialerfindung also ein Gläschen Wein trinken?“
Die drei Mädchen nickten gnädig und eilten wieder in die Küche. Lena genoss es, mit den alten Freundinnen

ohne viel Gerede etwas zu schaffen. Herrliche Düfte erfüllten die Küche, die Arbeit ging ihnen gut von der Hand, und als sie dann den Tisch gedeckt hatten und zum Essen riefen, waren sie sehr stolz.

Hanna und Gregor lobten die tollen Köchinnen und meinten es ehrlich. Pitt verriet nicht, dass auch ihm das italienische Essen schmeckte, und schaufelte schweigend so viel wie möglich in sich hinein; er ließ die eine oder andere Bandnudel auch unter den Tisch gleiten, wo die Wuschelhündin hockte.

Später saßen sie alle, wohlig gesättigt, in der Wohnhalle. Kerstin und Dörthe erzählten von zu Hause, Lena ließ die CD laufen, die sie geschenkt bekommen hatte, und Pitt hatte wieder einmal etwas zu meckern.

„Hört euch das bloß an!“, höhnte er. „Der Gruppe von Phil Collins fehlt doch eindeutig ein anständiger Schlagzeuger mit einem richtigen Drive.“

Da musste Lena laut lachen. „Klar, einer, der Pitt heißt! Der mit den weltberühmten wirbelnden Drumsticks. Brüderchen, du gibst mal wieder an wie so’n Sack Seife!“

Pitt zog sich schmollend mit Ronja zurück. Das heißt, sie verschwanden zwar in Pitts Zimmer, doch später, als auch die anderen schlafen gegangen waren, schlichen sie in die Küche zurück und futterten zusammen die Knackwürstchen, die noch im Kühlschrank lagen. Das merkte aber keiner.

Lena, Dörthe und Kerstin dachten natürlich noch lange nicht ans Schlafen. Sie hatten die Matratze von Lenas Bett auf den Fußboden gelegt und dazu die Matratze aus dem Gästezimmer. Mit den Decken und Kissen kuschelten sie sich auf diesem Nachtlager dicht zusammen, und erst hier in Lenas Wigwam flüsterten und kicherten sie über die geheimen Neuigkeiten, die nicht unbedingt für die Ohren der Erwachsenen bestimmt waren.
Dörthe berichtete, dass Schönling Harry sich in die langweilige Trixi verknallt habe und dass Kerstin jetzt eifersüchtig sei. Kerstin stritt das selbstverständlich ab und verriet Lena hämisch, dass Dörthe dem schüchternen Französischlehrer schöne Augen mache und eine richtige Streberin geworden sei. Das artete in eine Art Ringkampf aus, und als Dörthe und Kerstin dann prustend und nach Atem ringend wieder Frieden schlossen, sprudelten sie im Duett alles heraus, was Lena angeblich unbedingt wissen musste. Angelas Modefimmel, die Scheidung von Renés Eltern, Mirkos Fahrradsturz, die Schwangerschaft der jungen Referendarin, der große neue Fernsehapparat mit dem Superbildschirm, die Winterkollektion in Twiggy Blue's Boutique, die Menstruationsbeschwerden von Roxana und das Toupet des Sportlehrers: alles wurde eifrig durchgesprochen. Es gab ja so viel zu erzählen!
Lena hörte zuerst neugierig zu, doch dann merkte sie erstaunt, dass es eigentlich nur die Stimmen der beiden

Mädchen waren, denen sie lauschte, und dass das, was sie so hastig mitteilten, zum Wortgeklingel wurde. Lena dachte: Das geht mich doch alles gar nichts mehr an. Soll Melanie sich doch das Haar rosa färben, soll Michael doch alle zu seinem Geburtstag einladen, soll Anja doch Stöckelschuhe tragen! Na und? Was hab ich damit zu tun? Das ist alles so weit weg von mir. Und Lena dachte auch: Kerstin und Dörthe labern die ganze Zeit, mich lassen sie überhaupt nicht reden.

Irgendwann, da war Mitternacht nicht mehr fern, wurde es still in Lenas Zimmer. Zuerst schlief Dörthe ein, dann begann Kerstin mit leisen Pfeiftönen zu schnarchen. Lena fühlte sich auch hundemüde, aber sie konnte nicht einschlafen. In ihrem Kopf brannte das Licht noch hell, so viele Gedanken wollten noch geordnet werden. Lena spürte auch, dass ihr die Anwesenheit der beiden Mädchen in ihrem geheimen Wigwam auf einmal ein wenig unangenehm war. Sie hörte dem unregelmäßigen Rauschen der Ulmen und den spukigen Geräuschen im Dachgebälk zu. So ein altes Haus kam nie wirklich zur Ruhe.

Aber geschlafen hatte Lena dann doch, und zwar tief und fest, denn sie erschrak, als plötzlich die Tür aufflog und eine Büffelherde ins Zimmer stürmte. Die Büffel waren Pitt und Ronja. Die Wuschelhündin schüttelte sich heftig, und die Nässetropfen aus ihrem dunklen Fell hüllten das kleine Zimmer in eine Art Sprühregen.

Dörthe und Kerstin kreischten auf, als Ronja ihnen liebevoll die Gesichter abschleckte.
„Aufstehen, ihr Pennerinnen!", brüllte Pitt. „Ich will euch endlich zeigen, was für ein erstklassiger Reiter ich bin! Und einen Rehbock haben wir unten am Bach auch schon aufgescheucht, die Ronja und ich."
Lena, Kerstin und Dörthe wühlten sich aus den Decken. Die stürmische Freude der Hündin steckte an. Bald erscholl dreistimmiger Gesang aus dem Badezimmer, begleitet von Gelächter und Geplatsche und fröhlichem Geschrei. Lachend polterten die Mädchen dann hinunter in die Küche, wo der Frühstückstisch gedeckt war.
„Hab ich alles gemacht!", schrie Pitt. Er wuchtete die gusseiserne Pfanne von der Herdplatte auf den Tisch. „Spiegeleier mit Schinken!"
Die Mädchen wollten aber lieber Müsli mit Erdbeerquark und Marmeladenbrote essen. Hatte Pitt damit gerechnet? Wortlos machte er sich über die Spiegeleier her. Da kam Hanna in die Küche, sie hatte schon eine Weile an ihrer Übersetzung gearbeitet. „Hallo, guten Morgen, ihr Langschläferinnen! Wie war die Nacht?"
„Kurz", murmelte Lena.
„Ich hab wunderbar geratzt", sagte Kerstin. „Vielleicht hat's die gute Landluft gemacht."
„Und ich erst mal!" Dörthe blies die Backen auf. „Von wilden Schwänen habe ich geträumt und von Neujahrsraketen. Ist das nicht komisch?"

„Warum hast du denn nicht von Pferden geträumt?", fragte Pitt mit vollem Mund. Bis zu den Ohren war er mit Eigelb beschmiert.

„Pitt!", rief Hanna empört. „Das darf doch nicht wahr sein! Du hast doch schon mit Gregor gefrühstückt!"

„Das ist schon lange her", gab Pitt kauend zurück.

„Eines Tages platzt er", erklärte Lena ihren Freundinnen.

„Aber vorher zeige ich euch meine Reiterkunststücke!" Pitt wischte sich den Mund an der Tischdecke ab. „Auf geht's!"

Lena und Kerstin zogen ihre Regenjacken an, Dörthe verkleidete sich wieder als Polarforscherin. Umhüpft von Ronja eilten sie lärmend aus dem Haus. Regenwind schlug ihnen entgegen.

Pitt war als Erster beim Pferdestall. „Und jetzt zeige ich euch unsere Supertiere!", verkündete er Dörthe und Kerstin und riss schwungvoll die Stalltür auf. „Ich bitte um Beifall!"

Während Lena die Haken der Blendläden öffnete und Licht in den Stall ließ, betraten Kerstin und Dörthe erwartungsvoll und ängstlich zugleich das Wohnhaus der sechs Tiere. Dörthe stieß einen kleinen Schrei aus, als sie sah, dass die Pferde nicht in den Ständern festgemacht waren, sondern zusammen mit dem Pony, dem Fohlen und dem Ziegenbock frei herumliefen. Der Stall, der einst für zwei Dutzend Pferde gebaut worden war, bot

ihnen Platz genug, und sie kamen ja auch friedlich miteinander aus.
Zuerst kam Mux angetrippelt, um sich bei Lena seinen Apfelschnitz zu holen. Er schob Kerstin und Dörthe achtlos zur Seite und stieß fiepsiges Wiehern aus, als er Lena draußen entdeckte. Um Ronja machte er einen großen Bogen.
„Ist der süß!“, jubelte Kerstin. „Darf ich das Fohlen streicheln? Oder ist es bissig?“
„Mux beißt dir die Hand bis zum Ellenbogen ab, wenn du ihn berührst“, knurrte Pitt. Er hatte nämlich fest damit gerechnet, dass die beiden Besucherinnen zuerst einmal sein Pony Sturmwind bewundert hätten.
Kerstin und Dörthe beschmusten inzwischen ausgiebig die beiden Haflinger, was Motte und Benno augenscheinlich sehr gefiel. Lena schüttete das Futtergemisch, das Tewes am Abend vorher in der Futterkammer zubereitet hatte, in die Tröge und schleppte Wasser heran. Raja schaute ihr dabei aufmerksam zu. Der kleine Sturmwind stand wie üblich abseits und wirkte ein bisschen traurig. Xerxes mahnte meckernd sein Heufrühstück an. Das Fohlen Mux veranstaltete draußen vor dem Stall ein Wetthüpfen mit der Wuschelhündin.
Dörthe ging zu Lena hinüber, als die Pferde die Köpfe in die Tröge senkten und zu fressen begannen. „Das ist aber ein alter Klepper!“ Sie zeigte auf Raja. „Kriegt der bei euch sein Gnadenbrot?“

Klepper! Gnadenbrot! Diese Wörter trafen Lena wie Stromstöße. Wie konnte Dörthe nur so etwas sagen! Lena konnte sich nur mühsam beherrschen. „Raja ist meine Freundin, und sie ist das schönste Pferd der Welt. Spürst du nicht, wie zärtlich sie ist? Hast du nicht ihren Blick gesehen?"

Dörthe widersprach heftig. „Unter einem schönen Pferd stelle ich mir aber was anderes vor! Du musst doch zugeben, dass deine Raja schon uralt ist, oder? Ganz braune Zähne und ..."

Zornig schlug Lena mit der Faust gegen den Stützbalken. „Was du für einen Scheiß redest, Dörthe! Alte Menschen können schön sein und alte Pferde auch. Du kennst Pferde ja bloß aus Bilderbüchern und Reklamekalendern!"

„Streitet euch nicht!", bat Kerstin. „Jeder hat eben einen eigenen Geschmack. Ob wir vielleicht mal ein bisschen reiten können? Da hätte ich Lust drauf."

„Erst müsst ihr mir zuschauen!", forderte Pitt. Er hatte seinem Sturmwind in der Zwischenzeit das Zaumzeug angelegt und den kleinen Sattel aufgelegt, obwohl er wusste, dass Tewes es nicht leiden konnte, wenn man den Tieren nach dem Fressen nicht erst Ruhe gönnte.

Hanna erschien. Sie hatte den roten Kapuzenmantel an und sah aus wie ein Nikolaus ohne Bart. „Ich wollte nur mal schauen, ob ihr auch keinen Unsinn macht."

Gemeinsam mit den Mädchen sah sie zu, wie das Pony

Sturmwind gemächlich über die Hauskoppel trottete und wie der Reiter Pitt mit kühnem Lächeln die Arme ausstreckte, um allen zu zeigen, dass einer wie er selbst beim schärfsten Galopp sicher im Sattel sitzt, ohne sich festzuhalten.

„Was für ein ulkiges buntes Pony!", gluckste Kerstin. „Dass es mit den kurzen Stummelbeinen überhaupt laufen kann!"

„Im Fernsehen sind die Ponys viel schicker", sagte Lena bitter und hatte schon wieder Mühe, nicht aus der Haut zu fahren. „Aber wir sind hier nicht im Fernsehen. Unser Vater hat den kleinen Sturmwind nach einem Ponyturnier auf der Auktion gekauft, weil niemand den Knubbel mit den kurzen Beinen haben wollte. Und der stand da so betrübt und einsam. Pitt ist sehr stolz auf sein Pony. Los, klatscht tüchtig Beifall, bitte!"

Kerstin und Dörthe spendeten also Applaus, aber große Begeisterung merkte man ihnen nicht an. Sie durften dann auf Benno und Motte sitzen und im Schritt ein paar Runden auf der Hausweide drehen. Weil beide vorher noch nie im Sattel gesessen hatten, war das natürlich ein spannendes Abenteuer für sie. Hanna achtete darauf, dass die Pferde langsam gingen. Dörthe zerrte übertrieben lebhaft an Mottes Zügel, zappelte wie ein Clown und erklärte, sie fühle sich wie ein richtiges Cowgirl. Kerstin hockte zwar ziemlich verkrampft im Sattel, lächelte aber dennoch selig vor sich hin.

Pitt spottete: „Die Kerstin hat die Hose voll!“
Nach einer Viertelstunde hatten Dörthe und Kerstin die Lust an den Pferden verloren. Hanna und Lena sattelten Benno und Motte ab. Und da kam plötzlich jemand in irrsinnigem Tempo auf seinem Mountainbike gerast, vollführte eine rasante Vollbremsung und landete auf dem Hosenboden.
„Ioannis!“, schrie Pitt voll Freude.
„Wer ist das denn?“, flüsterte Kerstin Lena zu. „Ein Ausländer?“ Sie guckte beinahe erschrocken.
Lena sagte: „Ioannis ist Grieche. Er ist kein Ausländer.“
„He, wo ist denn da der Unterschied?“, wollte Kerstin wissen.
Lena tat so, als hätte sie die Frage nicht gehört. Sie wollte nicht antworten, weil Kerstin sie wahrscheinlich doch nicht verstehen würde. Sie sagte: „Ioannis ist der Besitzer des Ziegenbocks.“
Das hatte Ioannis gehört. Er streifte das Regenwasser aus seinem dunklen Haarschopf und erhob sich würdevoll. „Der Xerxes ist der stärkste Ziegenbock des Münsterlandes.“
„Das glaube ich nicht“, zweifelte Dörthe. „Ich hab schon viel größere Ziegenböcke gesehen.“ Sie griff nach Xerxes' Hörnern und begann kräftig zu schütteln. „Wehr dich, du Ziegenbock!“
„Nicht an den Hörnern ziehen!“, rief Ioannis. „Vorsicht, das kann er nicht leiden!“

Die Warnung kam zu spät. Xerxes stemmte die Hinterbeine in den Boden, spannte sie kurz wie eine Sprungfeder und schoss dann mit einem so plötzlichen Ruck nach vorn, dass die verdutzte Dörthe nicht einmal Zeit hatte, einen Schreckensschrei auszustoßen, bevor sie rücklings ins klatschnasse Gras plumpste.
Hohngelächter erscholl. Dann riefen Lena, Kerstin, Pitt und Ioannis im Takt: „Zu-ga-be! Zu-ga-be!"
Hanna lachte nicht. Sie half der eingesudelten Dörthe auf die Beine und wehrte den Ziegenbock ab, der die Aufforderung zur Zugabe anscheinend verstanden hatte und schon wieder Anlauf nahm.
„Ihr seid alle doof!", schrie Dörthe den Lachern zu und war den Tränen nahe. „Meine neuen Sachen! Seht ihr nicht, wie eingesaut ich bin?"
„Das trocknet wieder", tröstete Hanna. „Vielleicht macht ihr mal einen kleinen Spaziergang, ihr drei Mädchen. Lena möchte euch bestimmt gern ein bisschen von der Umgebung zeigen."
„Aber ich muss den Stall ausmisten", sagte Lena.
„Das mache ich", erklärte Ioannis, „ich bin Spezialist."
„Ich bin auch Spezialist!", krähte Pitt. „Ich helfe mit."
Und so schlenderten die Mädchen also durch den Nieselregen. Lena zeigte den alten Freundinnen die Scheune und die leeren Rotschwänzchennester im Dachstuhl, den Bauerngarten und die Käuzchenlöcher, die Rosensträucher hinter dem Haus und die verrußte alte Schmiede.

Doch jetzt im Winter fehlten die Farben, und alles wirkte ein wenig traurig. Dass Lena diese Stimmung mochte, würden Dörthe und Kerstin gewiss nicht verstehen können. Darum hielt Lena einfach den Mund, als die beiden über das schlechte Wetter schimpften. Was ist eigentlich schlechtes Wetter? dachte Lena.

Sie liefen auch zum Bach unten in den Wiesen hinunter, wo Ioannis immer vergeblich Forellen zu angeln versuchte. Die Wellen flüsterten leise, der Regen brachte die Wasseroberfläche zum Sprudeln, der Wind flötete in den Kopfweiden.

„Ist es nicht schön hier?", fragte Lena.

„Vor allem ist es kalt." Dörthe zitterte trotz der dicken Winterkleidung. Und dann fragte sie beinahe nebenher: „Hast du hier eigentlich eine neue Freundin, Lena?"

„Die Annette aus meiner Klasse. Sie ist übrigens eine richtig ernsthafte Springreiterin. Ihr Pferd heißt Odin, er ist ein Fuchswallach. He, der Hof von Schulze-Gehling ist höchstens zwei Kilometer entfernt! Sollen wir die Annette mal besuchen?"

„Das fehlte noch!", antwortete Dörthe spitz.

„Ich will sie auch nicht sehen", erklärte Kerstin entschieden.

„Dann hab ich einen anderen Vorschlag", sagte Lena. „Wir besuchen Tewes. Er war früher Stallmeister auf dem Pferdehof, und jetzt kümmert er sich um unsere Tiere. Ohne ihn ständen wir manchmal ganz schön auf dem Schlauch. Aber er weiß alles über Pferde, das kann ich euch flüstern. Lacht nicht, wenn ihr ihn seht, hört ihr? Er ist nämlich ziemlich klein, so eins sechzig höchstens, aber dafür ist er so breit wie hoch. Und vier geheimnisvolle Katzen wohnen bei ihm. Pechschwarze! Sein Kotten liegt dort hinter dem Wäldchen. Höchstens ’ne halbe Stunde ...“

„Lasst uns lieber wieder ins Haus gehen“, unterbrach Kerstin. „Ich bibbere schon wie Espenlaub. Außerdem muss ich mal. Nun kommt schon!“ Kerstin eilte voraus zum Pferdehof.

Dörthe nahm Lena beim Arm und fragte leise: „Mal ganz ehrlich, Lena! Macht’s dir wirklich Spaß, in dieser einsamen Gegend zu leben? Oder möchtest du wieder in der Stadt wohnen?“

Lena brauchte wirklich nicht lange nachzudenken. „Ich möchte hier leben. Hier! Ich bin jetzt auf dem Pferdehof zu Hause. Und diese Gegend ist alles andere als einsam, Dörthe, das kannst du mir glauben.“

„Aber hier ist doch nichts los! Keine Geschäfte, keine Kinos, keine Clique von heißen Kids, keine Partys ...“ Dörthe kicherte. „Keine tollen Jungs und so.“

„Partys!“ Lena schnaubte verächtlich. „Es gibt doch nichts Öderes als Partys. Da pfeif ich drauf. Ich liebe diese Landschaft und den Pferdehof und unsere Tiere. Hier passiert so viel Aufregendes! Nein, in die Stadt möchte ich um keinen Preis zurück.“

Das Gespräch war beendet. Schweigend gingen die drei Mädchen zum Pferdehof zurück. Sie zogen die nassen Mäntel und Schuhe aus, brühten sich Tee auf und hockten sich in der Wohnhalle in die Sessel und auf das Sofa. Sie knabberten Kekse, kraulten Ronja, redeten belangloses Zeug und wärmten dann für das Mittagessen die restlichen Bandnudeln vom Vorabend auf.
Hanna merkte, als sie zusammen beim Essen saßen, dass die Stimmung gedrückt war. Es hatte den Anschein, als warteten die Mädchen geradezu darauf, dass sie sich verabschieden konnten. Pitts gute Laune steckte niemanden mehr an. Ioannis kam aus Uhlendorf geradelt – zum zweiten Mal an diesem Tag, und es sollte nicht das letzte Mal sein. Er verputzte dann endgültig alle Essensreste, obwohl er gerade zu Hause zu Mittag gegessen hatte. Er und Pitt waren scharfe Konkurrenten im Vielessen.
Kurz vor vier Uhr brachten Hanna und Lena ihren Besuch nach Habichtsbeek zum Bahnhof, wie es mit Kerstins und Dörthes Eltern vereinbart worden war. Der Schienenbus kam pünktlich. Es war nur eine Fahrt von zwanzig Minuten bis zur Stadt.
„Also dann!“, rief Dörthe beim Einsteigen. „Hoffentlich sehen wir uns bald wieder! Dass es mal bloß nicht wieder ein halbes Jahr dauert!“
Kerstin winkte aus dem Fenster. „Es war schön auf dem Pferdehof! Vielen Dank für alles!“

„Kommt gut nach Hause!", rief Hanna. „Und fröhliche Weihnachten euch und euren Familien!"

„Fröhliche Weihnachten!", riefen Dörthe und Kerstin. „Fröhliche Weihnachten!" Sie riefen es, bis der Schienenbus in den Tunnel einfuhr.

Lena hatte nichts gesagt. Und während sie noch winkte, wurde ihr klar, dass Kerstin und Dörthe und sie sich wohl niemals wieder sehen würden. Die alte Freundschaft war zu Ende.

Sie haben sich so verändert, dachte Lena, Kerstin und Dörthe haben sich so verändert. Doch dann schüttelte sie fast wütend den Kopf, sodass ihr langes schwarzes Haar sich wie ein Schleier vor ihr Gesicht hängte. Es ist ganz anders, sagte Lena sich. Die beiden haben sich nicht verändert. Ich habe mich verändert. Nur ich.

Als sie im Volvo zurück zum Pferdehof fuhren, weinte Lena.

Hanna suchte im Autoradio nach einem Sender, der keine Weihnachtslieder dudelte.

Lena sagte: „Du fragst mich ja gar nicht, warum ich heule."

„Nein", antwortete Hanna, „ich weiß es doch."

Stürmische Weihnacht

Natürlich musste Lena ihren Kummer der alten Stute Raja mitteilen, obwohl ihr klar war, dass dieser Kummer gleichzeitig auch so etwas wie Erleichterung bedeutete. Enttäuschung. Hieß das denn nicht auch, dass man sich nicht länger von einer Einbildung täuschen ließ? Lena sah nun alles deutlicher. Dörthe und Kerstin waren auf der einen Seite, sie selber war auf der anderen. Das Ende einer Freundschaft: So etwas kam doch vor. Trotzdem war Lena traurig.

Raja blähte die Nüstern, als Lena ihr die Backen streichelte. Willig nahm sie es hin, dass Lena ihr die Zäumung anlegte, die Tewes für die alte Pferdedame angefertigt hatte. Nasenriemen und Kinnriemen waren mit Lammfell umwickelt. Eigentlich hätte Lena auch auf das gebisslose Zaumzeug verzichten können, denn Raja reagierte ohnehin auf jeden Zuruf und auf den leisesten Schenkeldruck. Genau genommen fand die Stute allein den Weg, den sie und ihre Reiterin gehen wollten. Lena legte die dicke weiche Filzdecke auf und zog sie fest. Einen Sattel brauchte sie nicht.

Es dunkelte schon stark, als die Reiterin und ihr Pferd in den Wiesenweg einbogen, der zum Murmelbach führte. Lena genoss die Bewegungen der Stute, ihre Nähe und

ihre Wärme. Der Reitlehrer hatte gesagt, Lena habe keinen exakten Sitz und hocke wie ein Apache auf dem Pferderücken. Für Lena war dieser Vergleich keine Beleidigung gewesen. Wie ein Indianer jede Bewegung des Pferdes in den eigenen Körper übergehen zu lassen und eins zu werden mit dem Tier, das war genau das, was sie unter Reiten verstand.
Sicher, sie konnte sich gut vorstellen, wie sie mit einem jungen Pferd ausgelassen über die Ebene galoppieren würde, doch sie hatte niemals den Wunsch, einem Pferd etwas zuzumuten, was es von Natur aus nicht tun würde. Hindernisrennen, Hürdenspringen und Dressurvorführungen fand sie schrecklich. Pferde zu Sklaven der Menschen gemacht: So sah Lena das. Gregor hatte einmal gesagt: „Wenn jemand gern über hohe Hürden springt, dann soll er es doch tun. Warum muss er dazu sein Pferd missbrauchen?“
Mit ihrer Freundin Annette hatte Lena zwangsläufig Streit, wenn sie über ihr Verhältnis zu Pferden sprachen. Annette war eine nur allzu ehrgeizige Reiterin, die keine Springprüfung in der Umgebung ausließ und die davon träumte, dass sie mit ihrem Odin schon bald das Deutsche Jugendreitabzeichen erringen könnte. Inzwischen hatten Annette und Lena aber beschlossen, dass die Freundschaft unter ihren unterschiedlichen Ansichten nicht leiden sollte.
„Über die Brücke, Raja!“, rief Lena und lenkte die Stute

zum anderen Bachufer hinüber. Sie wusste, dass manche Pferde vor dem schmalen Steg scheuten, doch Raja, die diesen Weg wohl schon seit vielen Jahren kannte, hatte damit überhaupt keine Schwierigkeiten. „Du bist ein braves Pferd!“, lobte Lena.

Der Regenwind fuhr von Südwesten her kalt über die Hügelkuppe. Lena zog die Kapuze tief ins Gesicht und legte den Kopf auf Rajas Hals. Sie holte mühelos das schöne Bild in ihre Vorstellung:

Ich bin jetzt eine Apachin. Mit meinem Pferd verlasse ich den schützenden Wald und gelange auf die offene Prärie, deren beißende Kälte mich fast blind macht. Die Schneekristalle funkeln wie Diamanten. Am Horizont zieht die Herde der Büffel. Vor der weißen Wintersonne zeichnet sich scharf der kreisende Adler ab …

Schluss mit dem Tagtraum! Raja wendete auf Zügelhilfe. Die Stute wusste selbst, dass dies keine Tageszeit für Ausritte war, zumal hier in den baum- und buschlosen Wiesen der Wind wie mit Peitschen nach dem Pferd und der Reiterin schlug. Also zurück über den Bach zum Pferdehof!

Ioannis war wieder da – zum dritten Mal an diesem Tag. Im Licht des Tiefstrahlers an der Scheunenwand machte er sich zusammen mit Pitt an der Fichte zu schaffen, die neben dem Gartentor aufragte. Der Baum war ungefähr fünf Meter hoch. Die beiden Jungen balancierten auf einer Stehleiter und hatten offensichtlich etwas sehr

Anstrengendes zu tun. Ronja, nur als schwarzes Bündel am Fuß der Leiter zu erkennen, passte winselnd auf, dass den beiden Jongleuren nichts geschah.
„Was macht ihr denn da?", rief Lena im Näherkommen.
„Wir schmücken den Weihnachtsbaum", antwortete Ioannis.
Pitt krähte: „Wenn wir schon im Haus keinen Weihnachtsbaum haben, dann soll wenigstens draußen einer stehen! Ich und Ioannis, wir wickeln eine lange Lichterkette um die Fichte. Siehst du das nicht?"
„Nein", sagte Lena, „es ist schon zu dunkel. Wie funktioniert denn das?"
Ioannis war voll in seinem Element. „Wir ziehen hier Kabel quer durch den Baum, und ich installiere dann überall Anschlüsse mit bunten Glühbirnchen. Ist 'n Klacks für so einen erfahrenen Elektriker wie mich. Bisschen Weihnachtsbeleuchtung muss schon sein."
„Habt ihr denn überhaupt Strom hier draußen?", wollte Lena wissen.
„Ich zapfe irgendein Kabel in der Scheune an", gab Ioannis zu verstehen.
„Genau", bestätigte Pitt. „Wir zapfen irgendein Kabel in der Scheune an."
Lena rief lachend, während sie Raja in Richtung Stalltür lenkte: „Passt bloß auf, ihr zwei Weihnachtsmänner, dass ihr keinen gewischt kriegt!" Sie sprang ab und führte ihr Pferd in den Stall, wo die Futtertröge schon

gefüllt waren. War Tewes hier gewesen? Hatten die beiden Jungen oder Hanna sich um die Tiere gekümmert?
Lena rieb Rajas nassen Rücken mit einem alten Frotteehandtuch ab. „Komm, Raja, mach dich ans Futter ran!"
Die Haflinger und das Pony mampften voll Inbrunst. Der Ziegenbock fetzte mit den Hörnern den Heuballen auseinander, der in der Futterraufe klemmte. „Was für ein hungriger Verein!", dachte Lena, als sie Rajas Geschirr an den Wandhaken hängte – und genau in diesem Augenblick machte es entsetzlich laut Peng.
Schwärze. Absolute Schwärze. Kein Fünkchen Licht war mehr auf dem gesamten Pferdehof. Und draußen schrie Pitt wie am Spieß, während die Wuschelhündin erbarmungswürdige Klagegesänge anstimmte. Die Pferde schnaubten irritiert.
Lena tastete sich nach draußen. „Was ist passiert?"
Eine klägliche Stimme, die zweifellos zu Ioannis gehörte, gab Antwort. „Ich glaube, es hat einen Kurzschluss gegeben. Irgendwas ist passiert und …"
„Vielleicht hab ich mir was gebrochen!", wimmerte Pitt, der anscheinend vor Schreck von der Leiter gestürzt war. Doch als Ronja ihn mit wildem Geschmatze wieder ins Leben zurückrief, fing er furchtbar an zu lachen, weil er so kitzlig war.
Hannas Stimme drang voll Furcht vom Wohnhaus herüber: „Ist alles okay? Pitt, Ioannis! Sagt doch was!"
Lena gab die Antwort. „Die beiden Clowns haben einen

Kurzschluss veranstaltet! Weiter ist nichts geschehen. Überlebt haben sie's auch. Ioannis hat mal wieder den genialen Elektriker gespielt."

„Ihr Saftheinis, ihr!", schimpfte Hanna. „Jetzt ist der ganze Strom weg. Die Hauptsicherung knallt sofort wieder raus. Irgendetwas ist im Eimer. Ioannis, dein Vater muss kommen! Wie ist eure Telefonnummer?"

„Du kannst doch nicht telefonieren, Hanna, wenn der Strom weg ist!", rief Lena.

„Quatsch!", brüllte Ioannis, dem es schon wieder sehr viel besser ging. „Das Telefon ist an ein anderes Stromnetz angeschlossen! Weiß doch jeder!" Dann gab er ein wenig zerknirscht die Telefonnummer an: „Sieben-acht-drei-null."

Elektromeister Katsanakis war zum Glück erreichbar. Als er mit seinem Montagewagen auf den Pferdehof gerollt kam, näherte sich fast gleichzeitig Gregors Vectra. Das war ein Glück für Ioannis, denn so blieb es ihm erspart, dass sein Vater ihm erst einmal die Ohren lang zog. Vater Katsanakis wusste, wie gefährlich der leichtfertige Umgang mit der Elektrizität war, und er hatte seinem Sohn schon so oft die Alleingänge verboten.

„Ziemlich duster", stellte Gregor beim Aussteigen fest.

„Ich hoffe, ich kann es schnell reparieren", sagte Herr Katsanakis, dem das alles natürlich peinlich war. „Mein Sohn und sein verdammter Übereifer! Wie oft habe ich schon ..."

„Wer nichts tut, der kann auch nichts falsch machen“, unterbrach Gregor. „Soll ich eine Laterne holen?“
Herr Katsanakis hatte einen Handscheinwerfer dabei. Er rief Ioannis zu sich, der auch gleich ängstlich geschlichen kam. Während Ioannis leuchtete, legte sein Vater das Relais in der Scheune still und kappte das verbrannte Kabel. Dann kümmerte er sich im Wohnhaus um den Sicherungskasten. Und dann gab es auch wieder Licht!
„Man sollte dir das Fell versohlen, Junge!“, schimpfte Herr Katsanakis und drohte seinem Sohn mit beiden Fäusten. Er war wirklich außer sich, denn diese Panne hätte auch schlimmer ausgehen können.
Gregor stimmte zu. „Und wenn du's dreimal gut gemeint hast, Ioannis, aber das war echt eine Scheißidee. Hoffentlich hast du daraus gelernt.“
Die beiden Männer beschlossen, auf den Schreck einen Schnaps zu trinken, und Hanna forderte empört auch einen Schnaps, denn immerhin waren ihr die drei letzten übersetzten Seiten im Computer durch den Stromausfall verloren gegangen.
„Was ist denn jetzt mit unserem schönen Lichterbaum draußen?“, fragte Pitt.
„Den kannst du dir abschminken“, sagte Gregor.
Pitt war stinksauer. „Weihnachten ohne Weihnachtsbaum ist überhaupt kein Weihnachten!“
Zu diesem Zeitpunkt konnte Pitt noch nicht wissen, dass er von der beleuchteten Fichte draußen ohnehin nichts

gehabt hätte. Der Sturm setzte am Morgen vom Heiligabend ein und wurde stärker und stärker. Die großen Ulmen stöhnten und ächzten, Hagel prasselte gegen die Fensterscheiben an der Westseite des Hauses, nasses Laub quirlte in Wirbeln auf dem Vorplatz, und die Zweige der Heckenrosen wurden hin und her gefetzt. Das Scheunentor flog auf, Gartengerät, Heuballen und Blumenkästen kullerten und schepperten über den Hof. Gregor stürzte nach draußen, um dem Sturm die Beute zu entreißen und das Tor sicher zu verrammeln.
Hanna war ziemlich früh am Morgen mit dem Volvo nach Uhlendorf gefahren, um letzte Einkäufe zu erledigen. Lena stand mit zusammengekniffenen Lippen wartend am Dielenfenster und machte sich Sorgen um die Mutter. Pitt, auf einmal seltsam kleinlaut, hatte sich mit Ronja in die Küche verzogen, wo man vom Sturm am wenigsten spürte.
„Komm endlich, Hanna!“, wünschte Lena. „Komm endlich!“
Und das Wünschen half. Scheinwerfer tasteten sich durch Regenböen und Hagelsturm heran. Lena erkannte, dass Gregor einen Flügel des Scheunentors geöffnet hatte, damit Hanna den Wagen in Sicherheit bringen konnte. Lena eilte zur Haustür. Minuten später hasteten die Eltern ins Wohnhaus: schwer bepackt, nass bis auf die Haut und völlig außer Atem.
„So hab ich mir Weihnachtswetter immer vorgestellt!“,

keuchte Hanna. „Herr des Himmels! Ich hab unterwegs jeden Augenblick damit gerechnet, mitsamt dem Auto auf den nächsten Acker geschleudert zu werden. An der Abzweigung nach Billerbeck sind sämtliche Verkehrsschilder umgeknickt und die Feldscheune von Bauer Biermann hat's regelrecht zerlegt. Puh, und was da so alles durch die Gegend fliegt! Hoffentlich wird's nicht noch schlimmer."

Es wurde schlimmer.

Am Nachmittag steigerte sich der Sturm zum Orkan. Aus dem Radio tönten immer neue Warnungen. Die Landstraßen waren wegen umgestürzter Bäume unpassierbar, die Autobahnen hatte man im Bereich Niederrhein und Westfalen längst gesperrt, Feuerwehren und Rettungsdienste waren pausenlos im Einsatz, Bäche quollen über und wurden zu reißenden Flüssen, die Leute in den Städten wurden aufgefordert, die Häuser nicht zu verlassen, weil Dachziegel, Zaunbretter und Reklamewände durch die Luft wirbelten.

Es war ein schreckliches Unwetter.

Lena sah durch das Küchenfenster, wie die Fichte neben der Scheune sich mehr und mehr zu Boden neigte und dann mit dem gesamten Wurzelwerk aus dem Boden gerissen wurde.

Pitts Weihnachtsbaum!

Die Belkers hockten um den Küchentisch und lauschten bedrückt dem Toben des Sturms. Gregor paffte seine

Pfeife, Hanna wärmte sich die Hände an der Teekanne, Pitt streichelte unentwegt die zitternde Ronja, Lena saß ganz starr und ballte die Hände vor dem Gesicht.
Dabei hatten sie sich das Weihnachtsfest doch so schön vorgestellt! Herrliches Essen wollten sie miteinander kochen, lange Spaziergänge wollten sie unternehmen, vor dem Kamin wollten sie sitzen und Musik hören, ein Pokerturnier veranstalten und ihre kleinen Geschenke überreichen. Hanna und Pitt hatten sogar ein Klavierstück für vier Hände eingeübt.
Aber nun dieser Sturm, der allen durch Mark und Bein ging!
Plötzlich brüllte der Wind in jäher Heftigkeit auf und schlug wie mit der Faust zu. Das ganze Haus schien zu vibrieren. Dann rauschte es auf dem Dach, als ginge eine Lawine talwärts.
„Scheiße!“, sagte Gregor. „Das waren die ersten Dachziegel. Gleich fliegt das ganze Haus weg.“
„Die Welt geht unter“, flüsterte Pitt voll Angst.
„Die Tiere!“, schrie Lena. „Wir müssen nach den Tieren schauen!“
Gregor sprang auf und warf die Pfeife in den Aschenbecher. „Ich mach das! Ihr bleibt im Haus!“
„Ich komme mit!“, sagte Lena entschlossen. „Ich komme auf jeden Fall mit!“ Sie rannte in die Diele und riss den Regenmantel vom Haken.
Gregor war ihr gefolgt; er zog sich den Anorak über und

griff nach der ledernen Schirmmütze. „Aber bleib dicht hinter mir, Lena! Das ist gefährlich!"

Sie schlüpften aus der Seitentür, als der Wind für einen Augenblick den Atem anhielt, und hasteten zum Stallanbau hinter dem Wohnhaus. Gregor hatte den Arm um Lenas Schultern gelegt.

Aber da! Was hatte das zu bedeuten? Da brannte doch Licht im Pferdestall! Lena schützte ihr Gesicht mit den Händen. Sie spürte, dass Gregor sie mit sich riss. Dann sprang die Stalltür auf.

Tewes!

„Großer Gott, Herr Tewes!" Gregor starrte verblüfft den alten Mann an. „Sie sind bei dem Wetter ..."

„Ja", antwortete Tewes, „ich bin bei dem Wetter gekommen. Pferde sind sehr schreckhaft. Da ist es gut, wenn einer da ist, der sie beruhigt."

Lena fühlte sich beschämt und erleichtert zugleich. Tewes hatte trotz Sturm und Regen den weiten Weg auf sich genommen. Wenn einer auf die verstörten Tiere einwirken konnte, dann war er es.

„Wenn sie aufgeregt sind", sagte Tewes, „dann muss man sie festmachen. Sie keilen aus und können sich gegenseitig verletzen."

Die beiden verschreckten Haflinger, die sich sonst frei im Stall bewegten, waren in ihren Ständern angebunden. Mux drängte sich fest an Motte. Das Pony Sturmwind, das fast wie ein kleines Kind wimmerte, war jetzt in

einer Box. Der Ziegenbock lag wiederkäuend im Stroh und wiegte unruhig den Kopf hin und her.
Raja stand ganz ruhig in der hintersten Ecke des Stalles, sie schien zu schlafen. Vielleicht hatte sie in ihrem langen Pferdeleben schon so manches Unwetter erlebt. Lena drückte das Gesicht gegen den Hals der Stute und flüsterte leise, zärtliche Worte. Und auf einmal war es so, als beruhigte das Pferd das Mädchen.
Gregor konnte es noch immer nicht fassen. „Mensch, Herr Tewes! Also, dass Sie extra hergekommen sind bei dem Orkan!"
Tewes streichelte die Flanken der Haflinger. „Die Gegenwart vertrauter Menschen ist bei so einem Wetter wichtig für die Tiere." Es hörte sich beinahe ein wenig vorwurfsvoll an, als er hinzufügte: „Wenn man Verantwortung hat, muss man sie auch wahrnehmen."
Lena und die beiden Männer blieben lange im Pferdestall. Dann und wann redeten sie beruhigend auf die Tiere ein. Mux holte sich bei Lena seine Streicheleinheiten. Raja stand wie ein Denkmal mit gesenktem Kopf.
„Der Wind lässt nach", sagte Tewes plötzlich unvermittelt, „er hat gedreht. Ich spüre es in den Knochen." Er schaute auf seine Armbanduhr. „Mitternacht ist vorbei. Fröhliche Weihnachten!"
Lena war aus einer Art Halbschlaf gerissen worden. „Fröhliche Weihnachten!", rief sie und erhob sich aus der Hocke.

„Fröhliche Weihnachten!“, knurrte Gregor.
Später stapften sie gemeinsam ins Haus. Der Sturm spielte seine letzten Kräfte aus. Das ganze Land dröhnte wie in einem Widerhall. „Fröhliche Weihnachten!“, riefen Gregor, Tewes und Lena.
Hanna und Pitt staunten nicht schlecht, als da auf einmal der alte Tewes in der Wohnhalle stand. Ja, man wünschte sich lachend ein frohes Fest, und alle waren erleichtert, dass das Unwetter vorüber war und dass die Tiere keinen Schaden erlitten hatten.
„Uff!“ Gregor ließ sich in einen Sessel sinken. „So etwas hab ich noch nie erlebt. Hoffentlich sind nicht zu viele Ziegel vom Dach gefallen. Ob man den Dachdecker auch zu Weihnachten anrufen kann?“
Hanna winkte ab. „Ich fürchte, so bald sind wir noch nicht an der Reihe. Da wird's in Uhlendorf viele Häuser noch schlimmer erwischt haben. Anrufen müssen wir aber trotzdem, damit sie uns auf die Liste setzen.“
Und dann gab es sogar noch eine kleine nächtliche Weihnachtsfeier. Lena sorgte für die Musik und wählte die CD mit den Flötenkonzerten von Mozart aus. Pitt hatte für die Eltern mit richtiger Anstreicherfarbe ein Bild auf eine Pressspanplatte gemalt, und wenn man genau hinsah, erkannte man Ronja. Dafür bekam er von Hanna und Gregor drei Bücher der amerikanischen Schriftstellerin Mary O'Hara: *Flicka, Sturmwind – Flickas Sohn* und *Grünes Gras der Weide*. Auf diese Weise erfuhr Pitt,

dass es noch ein anderes berühmtes Pferd mit Namen Sturmwind gab – jedenfalls in der Literatur.
Lena überreichte dem Vater feierlich eine Tabakdose, die hatte sie aus Ton geformt und im Brennofen in der Schule gebrannt. Für Hanna hatte Lena einen Gürtel aus farbigen Lederriemen geflochten. Als die Eltern ihr dann ein wunderbares neues Stirnband schenkten, in das sogar richtige Halbedelsteine gewirkt waren, führte Lena einen Indianertanz auf. Die Wuschelhündin bellte dazu.
Tewes nahm verschämt das Kautabakpaket und den Burgunder-Rotwein von Gregor und Hanna entgegen.
Lena bekam auf einmal rote Ohren. Ihr fiel siedend heiß ein, dass sie kein Geschenk für den alten Stallmeister hatte. Oder hatte sie vielleicht doch eins? Sie eilte in ihren Wigwam hinauf und kramte aus der Geheimniskiste das Foto hervor, das sie von Raja gemacht hatte. Es zeigte den Kopf der Stute, und ganz gewiss würde Tewes das Lächeln in den Augen erkennen.
Tewes freute sich sehr über Lenas Geschenk.
Und als der Morgen graute, merkten sie, dass es zu schneien begonnen hatte. Weiße Weihnachten auf dem Pferdehof! Nur Pitt sah die Flocken nicht. Er war mit Ronja im Arm auf dem Sofa eingeschlafen.

Annettes Idee

Zwei Reiter näherten sich rasch von Norden her über die schneebedeckten Felder. Ihre Silhouetten standen schwarz vor dem blassblauen Himmel. Die Schneekristalle funkelten wie Edelsteine im hellen Licht der Wintersonne. Lena wischte sich die Kältetränen aus den Augen und schaute den Reitern entgegen. Es war ein wunderschönes Bild.

Dann kam Ronja um die Hausecke gefetzt. Sie hatte herrlich im Schnee gewühlt und tobte ausgelassen wie ein Welpe. Auf Pitts Rufe hörte sie nicht mehr, denn sie hatte die Reiter entdeckt. Unter fröhlichem Gebell raste sie ihnen entgegen. Dass der eine Reiter eine Reiterin war, die auf dem Fuchswallach Odin saß, hatte Ronja wohl längst gemerkt.

„Hallo, Lena!", rief Annette schon von Weitem. „Frohe Weihnachten!"

„Frohe Weihnachten!" Lena winkte mit beiden Armen. Den Pferden wölkte dampfender Atem aus den Nüstern. Sie gingen in raumgreifendem Schritt. Die aufgeregte Hündin schien sie nicht zu stören. Lena sah, dass das andere Pferd die großrahmige dunkelbraune Oldenburger Stute Tessa war, die meist von Annettes Vater geritten wurde. Den jungen Mann, der jetzt in ihrem Sattel saß,

hatte Lena vorher noch nicht gesehen, doch er hatte beinahe so helles Haar wie Annette, und das Gesicht war ähnlich schmal geschnitten; also konnte er nur Lutz, der Lieblingsbruder, sein.
Trotz der Schneedecke knirschten die Stollen an den Hufen der Pferde auf dem Kies des Vorplatzes. Hanna und Gregor waren aus dem Haus getreten. Pitt kam atemlos und immer noch nach Ronja rufend von der Scheune her gerannt.
„Das ist mein großer Bruder!“, sagte Annette. „Und frohe Weihnachten auch!“
„Frohe Weihnachten!“, riefen Hanna, Gregor und Lutz durcheinander. Pitt balgte bereits wieder mit Ronja herum.
„Ich bin Lutz Schulze-Gehling“, stellte Lutz sich vor und nahm die Reitkappe ab. „Wird höchste Zeit, dass ich die neuen Nachbarn kennen lerne. Annette hat schon viel von Ihnen erzählt.“
„Na, so neu sind wir ja nun auch nicht mehr“, entgegnete Gregor. „Wir wohnen schon länger als ein halbes Jahr auf dem Pferdehof.“
„Sie haben Recht“, gab Lutz lachend zu. „Aber in den letzten Semesterferien war ich zu einem Praktikum in der Eifel und konnte nicht nach Hause kommen. Also, für mich sind Sie neu. Ich studiere übrigens Forstwirtschaft in Göttingen.“
„Hat Annette schon erzählt“, sagte Lena. Sie hatte Lutz

die ganze Zeit aus dem Augenwinkel beobachtet und mit leichtem Herzklopfen festgestellt, dass ihr Annettes Bruder gefiel.
„Darf ich ins Haus bitten?“, fragte Hanna.
Annette und Lutz stiegen ab. Sofort kam Pitt gelaufen. Er erklärte, selbstverständlich werde er die Pferde in die Scheune führen und dort festmachen, weil er nun einmal der Spezialist für derartige Aufgaben sei. Und wie man die Sattelgurte lockere, das wisse er auch. Also vertrauten Lutz und Annette dem Spezialisten ihre Tiere an. Ronja fand es wohl gar nicht lustig, dass Pitt sein Spiel mit ihr unterbrach, denn sie kläffte protestierend.
„Du bringst aber schönes Wetter mit“, sagte Hanna zu Annette.
Annette knöpfte den gefütterten Anorak auf. „Nach so einer Nacht haben wir das ja wohl auch verdient! Ich hab richtig Schiss gehabt, als unser Haus zu wackeln begann. Ein riesiges Stück von unserer Hofmauer ist umgekippt, und das Plastikdach von unserem Schweinestall ist fast bis nach Habichtsbeek geflogen. Von den Pappeln oben an der Straße, also, da ist mindestens die Hälfte aus der Erde gerissen worden. Schlimm war das!“
„Ist bei Ihnen viel passiert?“, fragte Lutz.
„Geht so“, antwortete Gregor. „Rund fünf Quadratmeter Ziegel sind vom Dach gefallen, und einige Bäume hat’s erwischt. Aber Menschen und Tiere sind zum Glück heil geblieben.“

Lena und Annette machten sich ans Kaffeekochen. Pitt schleppte Kuchen heran. Und da war auch Ronja wieder versöhnt. Sie seiberte fröhlich.
„Oje, wir kommen gerade vom Mittagessen!“, wehrte Lutz ab.
„Aber Kuchen kann man auch auf Sattsein essen“, erklärte Pitt. „Außerdem hab ich kräftig mitgeholfen beim Backen.“
„Dann ist die Sache natürlich klar“, sagte Lutz. „Unter diesen Umständen esse ich ein Stück. Marmorkuchen ist sowieso mein Lieblingskuchen.“
Pitt lächelte selig. Er langte selbst zu wie einer, der kurz vor dem Verhungern steht. Ganz offensichtlich mochte er Annettes Bruder auch gut leiden.
Lutz erzählte den Belkers von seinem Studium und von den Problemen der modernen Forstwirtschaft, die mit den Idyllen der schnulzigen Försterfilme absolut nichts zu tun habe, und er hörte aufmerksam zu, als Gregor von seiner Arbeit als Jugendrichter und der Chancenlosigkeit vieler junger Leute berichtete. Ihn interessierte Hannas Tätigkeit als Übersetzerin sehr, weil er mit dem Gedanken spielte, für ein Jahr als Austauschstudent nach Schweden zu gehen. Lena war außergewöhnlich schweigsam und gab sich Mühe, Annettes Bruder nicht immer anzustarren. Pitt war vor allem mit Kuchenmampfen beschäftigt.
Plötzlich legte Lutz Lena die Hand auf die Schulter. „Du,

Lena, die Annette hat nicht übertrieben. Du siehst wirklich ein bisschen wie eine Indianerin aus. So langes dunkles Haar … Und was für ein tolles Stirnband du trägst!“

„D-d-das hab ich zu Weihnachten bekommen“, stotterte Lena und spürte die Schmetterlinge in ihrem Magen. Sie dachte: Wenn der Lutz mir das bloß nicht ansieht, dass ich so verlegen bin! Doch gleichzeitig wurde ihr warm vor Freude.

„Meine Schwester Gabriela und ihr Freund sind schon wieder nach Schwaben gefahren, aber Lutz bleibt noch zwei Wochen zu Hause“, sagte Annette strahlend. „Und wir wollen zusammen Freunde im Teutoburger Wald besuchen. Wenn du Lust hast, Lena, also, wenn du mit uns fahren willst …“

Lena wollte etwas sagen, doch da steckte ein dicker Kloß in ihrem Hals, und so konnte sie nur verwirrt von Lutz zu Hanna und von Hanna zu Gregor schauen.

Lutz sagte: „Ja, wenn du Lust hast und wenn deine Eltern es erlauben, dann kannst du gern mit uns fahren. Es ist ein Hof von Öko-Bauern, die kenne ich gut, und da treffen sich jedes Jahr ein paar junge Leute zu einem Fest.“

Nur mühsam konnte Lena die Wörter formulieren. „Ja? Darf ich?“

„Von mir aus“, sagte Gregor und stopfte sich eine Pfeife. „Wo Herr Schulze-Gehling dabei ist und auf das junge Gemüse aufpasst. Was meinst du, Hanna?“

„Bitte“, wandte Lutz ein, „sagen Sie Lutz zu mir! Herr Schulze-Gehling: Das klingt furchtbar feierlich.“
Hanna legte den Kopf schief, als müsste sie angestrengt nachdenken. „Also, wo Lutz auf das junge Gemüse aufpasst, da hab ich eigentlich auch nichts dagegen.“ Und um Lena ein bisschen zu necken, fragte sie scheinbar besorgt: „Hast du auch wirklich Lust dazu?“
Lena hörte jemanden ganz laut „Ja!“ rufen, dann begriff sie, dass sie das selbst war. Und ob sie Lust hatte!
„Und was ist mit mir?“, nörgelte Pitt.
„Du kannst doch Ronja nicht allein lassen“, gab Hanna zu bedenken. „Außerdem brauchen wir ja einen Spezialisten auf dem Pferdehof.“
Das sah Pitt ein, er nahm sich ein weiteres Stück Marmorkuchen.
„Klasse, Lena!“, rief Annette. „Das wird bestimmt ganz toll!“
Lutz stand vom Tisch auf. „Ich hab gehört, dass die gute alte Raja bei Ihnen im Stall steht. Ob ich sie wohl mal sehen kann? Als ich ein kleiner Junge war, hat der Tewes mich manchmal auf ihr reiten lassen.“
„Ja, gehen wir in den Stall!“, rief Hanna. „Wir wollten die Tiere ohnehin ein bisschen in den Schnee lassen. Tewes meint, dieses Wetter sei für ihre Lungen und den Kreislauf gut.“
Im Gänsemarsch zogen alle zum Pferdestall. Lena, Pitt und Annette ließen die Tiere ins Freie. Xerxes machte

sich nicht viel aus Schnee, er meckerte ungehalten und veranstaltete Boxkämpfe mit den verschneiten Grasbüscheln auf der Koppel. Mux prüfte misstrauisch den weißen Teppich, der da auf einmal die Wiese bedeckte, er hatte noch nie in seinem kurzen Pferdeleben so etwas gesehen. Doch dann hob er fröhlich den Kopf und galoppierte mit seinen langen Beinen eine Ehrenrunde. Das Pony Sturmwind hoppelte hinterher.

„Jetzt zeige ich meine Reiterkunststücke!“, rief Pitt und forderte Lutz auf, nur ja aufmerksam zuzuschauen. Er schwang sich auf Sturmwinds Rücken, und während das kurzbeinige Pony brav am Gatter entlanglief, träumte Pitt seinen Reitertraum vom atemberaubenden Ritt über eine endlose Ebene.

„Bravo!“ Lutz klatschte Beifall. „Bravo, du schneidiger Reitersmann!“

Raja trat langsam aus dem Stall ins helle Licht hinaus. Lena hatte sich an sie geschmiegt und tätschelte ihr die Kruppe. Die sanfte Stute sog genüsslich die klare Luft ein, dann versuchte sie auf der Hausweide sogar einen leichten Trab.

„Kennst du mich nicht mehr?“, rief Lutz ihr nach. Er gab sich selbst die Antwort: „Nein, altes Mädchen, du kannst mich nicht mehr kennen. Das ist doch alles so lange her.“ Lächelnd schaute er ihr zu, wie sie mit spitzen Lippen nach den verschneiten Halmen schnappte. „Ich hab die Raja immer geliebt“, sagte Lutz leise.

Lena dachte: Dafür würde ich dich am liebsten küssen! Sie erschrak bei dem Gedanken. „Raja ist das schönste Pferd der Welt", murmelte sie verlegen.
Motte und Benno wieherten geradezu lustvoll und vollführten ausgelassene Pferdetänze, bevor sie sich prustend im Schnee wälzten.
„Ein schönes Gespann!" Lutz staunte. Er zeigte auf Mottes Fohlen. „Der Bursche dort stammt doch garantiert von Pirmin ab, hab ich Recht?"
„Kann man das erkennen?", fragte Hanna verblüfft.
„Aber sicher! Pirmin ist unter den Haflingern weit und breit der beste Vererber. Der Kleine wird mal ein prächtiges Pferd!" Lutz klopfte sich selber auf die Schulter. „Ein alter Fachmann erkennt das sofort. Die beiden Großen scheinen mir ein bisschen mollig zu sein. Vielleicht brauchen die etwas mehr Bewegung."
„Hat Tewes auch gesagt", verkündete Pitt.
Und genau in diesem Augenblick hatte Annette eine fabelhafte Idee. „He, Leute! Wie wär's denn, wenn wir unsere Fahrt in den Teutoburger Wald mit dem Planwagen und dem Haflingergespann unternähmen?"
Lena blieb schier die Spucke weg. „Das wär ein Ding!"
Lutz überlegte einen Augenblick. „Sind die Pferde denn an den Wagen gewöhnt? Ich meine, haben die schon Erfahrung mit dem Straßenverkehr und so?"
„Klar!", rief Lena. „Hubert Mühlenkamp aus Uhlendorf hat doch mit Benno und Motte schon Touristen

durch das Münsterland kutschiert! Der Planwagen steht in der Scheune, der ist völlig in Ordnung!"

„Na ja", sagte Lutz und zweifelte noch immer ein wenig, „zu überlegen wär es schon, und Spaß würde es sicher auch machen." Er schaute Hanna und Gregor an. „Was meinen Sie dazu?"

Gregor lachte. „Ich meine gar nichts dazu, weil ich davon keine Ahnung habe."

Annette schaltete sich ein. „Der Lutz ist ein erstklassiger Gespannfahrer mit viel Erfahrung!"

Hanna, die ja selbst oft die beiden Haflinger vor den Wagen spannte, wenn sie Besorgungen zu machen hatte oder wenn sie Pitt zur Grundschule kutschierte, wusste genau, dass Motte und Benno ausgesprochen ruhig vor dem Wagen gingen. Sie hatte keine Einwände.

„Also abgemacht", erklärte Lutz. „Ich tausche ganz gern mal die Zügel gegen die Leinen. Wir reisen also mit dem Planwagen."

„Leinen?" Lena verstand das nicht.

„Die Zügel für die Wagenpferde nennt man Leinen", erklärte Lutz.

„Weiß doch jeder", behauptete Pitt.

Lena rannte selig über die Wiese und erzählte ihrer Freundin Raja von der geplanten Reise mit dem Pferdewagen. „Wir werden uns dann ein paar Tage nicht sehen, wir zwei", flüsterte sie der Stute zu, „aber ich komme ja bald wieder."

Am späten Nachmittag, als die Sonne schon tief stand, ritten Lutz und Annette zum Hof von Schulze-Gehling zurück. Lena schaute den Reitern und ihren Pferden nach, die lange Schatten auf das verschneite Feld warfen.
Sie dachte: So ein schönes Weihnachtsfest!

Die Winterreise

Ein wenig aufgeregt waren sie alle, und sogar Tewes ließ sich anstecken. Er und Lutz überprüften in der kleinen Schmiede hinter dem Pferdestall die Hufe und die Hufeisen der Haflinger, wobei der Spezialist Pitt aufpasste, dass sie auch alles richtig machten. Als Tewes mit dem Hufkratzer Erdbrocken, Steinchen und Mist entfernt hatte, stellte er zufrieden fest, dass sowohl Hufe als auch Hufeisen in einwandfreiem Zustand waren. Unter seiner Aufsicht durfte Pitt anschließend Mottes und Bennos Hufe einfetten.

Lutz reinigte in der Scheune die Kumtgeschirre, die Leinen und die Deichselhalteriemen und rieb alles Lederzeug mit einem Pflegemittel ein. Natürlich war auch Ioannis zur Stelle und sprühte – wie üblich – vor Tatkraft. Zusammen mit Annette und Lena schrubbte er den gesamten Aufbau des Planwagens, schmierte die Achsen und säuberte die Reflektoren. Zur kleinen Probefahrt nach Uhlendorf, wo Lutz an der Tankstelle den Luftdruck der Reifen kontrollieren wollte, kletterten alle vier Kinder auf die Ladefläche und schrien und sangen. Den Haflingern schien es zu gefallen, dass sie diese fröhliche Fuhre durch die weiße Landschaft ziehen durften. Sie fielen von selbst in leichten Trab.

„Astrein, das Gespann!“, lobte Lutz. „Und wie leicht die beiden sich lenken lassen!“

Auf dem Rückweg schafften Pitt und Ioannis es dann mit allerlei Tricks, Lutz zu einem kurzen Halt vor Brunos Pizzeria zu überreden, wo Lutz dann alle zu einer Runde Pommes rot-weiß einlud.

Tewes hatte inzwischen auf dem Pferdehof die Futtersäcke für die Reise gefüllt. „Dass die Pferde unterwegs nur nicht zu viel kaltes Wasser saufen!“, mahnte er Lutz.

„Ich passe auf“, sagte Lutz. „Wir rasten auf Bauernhöfen. Entlang der ganzen Strecke gibt's Verwandte und Bekannte von uns. Manchmal glaube ich, dass jeder zweite Bewohner des Münsterlandes irgendwie mit uns Schulze-Gehlings verschwistert oder verschwägert ist.“

Zusammen mit Gregor hatte Lutz mit Hilfe der Messtischblätter eine Reiseroute ausgeklügelt, die durch besonders schöne Landschaften führte und auf der man größere Straßen und die Durchfahrt durch Dörfer und Städtchen vermeiden konnte. Am Nachmittag des zweiten Reisetages wollte Lutz den Öko-Hof bei Sentrup im nördlichen Teutoburger Wald erreichen.

„Schade, dass ich nicht mitfahren kann!“, maulte Ioannis traurig.

Hanna tröstete ihn. „Wir können während Lenas Abwesenheit gut und gerne einen zweiten Spezialisten hier brauchen. Ich dachte mir, dass du vielleicht zusammen mit Pitt den Laden schmeißen könntest. Also, wenn du willst und wenn deine Eltern keine Einwände haben, kannst du selbstverständlich auf dem Pferdehof wohnen."

„Du darfst sogar in meinem Wigwam schlafen", sagte Lena.

„Abgemacht!" Ioannis grinste zufrieden.

„Wie findet der Mux das denn wohl, dass seine Mutter ihn für ein paar Tage allein lässt?", wollte Lena von Tewes wissen.

Tewes schob mit der Zunge den Kautabak von der linken Backe in die rechte. „Ist ganz gut für den Halbstarken, dass er mal 'ne Weile nicht an Mutters Schürze hängt. Der ist inzwischen groß genug, um allein zurechtzukommen. Allmählich müssen wir uns sowieso Gedanken über die Zukunft des jungen Hengstes machen."

Was wollte Tewes damit sagen? Lena erschrak, sie gab sich alle Mühe, den Gedanken zu verscheuchen. Sie wusste, was das Wort Kastration bedeutete. Musste so etwas denn auch mit Mux geschehen? „Komm, Annette, wir kochen Tee!", rief sie.

Als sie allein in der Küche waren, sagte Annette, die bemerkt hatte, dass Lena ziemlich blass geworden war: „Nun mach dir mal bloß nicht in die Hose! Das mit dem Mux, das hat noch 'ne Menge Zeit. Wenn sie ihn kastrieren, muss er ein Jahr alt sein. Mindestens! Und es kann ja auch sein, dass man ihn zur Zucht auswählt, wo er doch ein Sohn vom berühmten Pirmin ist."

Lena lächelte der Freundin dankbar zu, dann legte sie allerlei Plätzchen und Kekse auf einem großen Tablett zu einem Muster zurecht, während Annette den Tee aufgoss.

Pitt und Ioannis lärmten wie zwei Fastverhungerte, als die Mädchen wieder in die Wohnhalle kamen, und Ronja meldete lauthals auch ihre Ansprüche an. Tewes nahm nur eine Tasse Tee mit einem Schuss Cognac und brach dann auf, um zu seinen vier Katzen zu gehen. Lutz und Annette hatten es auch eilig, weil sich zu Hause Besuch angesagt hatte. Ioannis schwang sich auf Hannas Drängen hin auf sein Mountainbike, denn es dunkelte schon.

Gregor zündete sich eine Pfeife an, kraulte sich behaglich den Bart und streckte sich im Sessel vor dem Kaminfeuer aus. „Die Belkers machen noch ein bisschen in Familie, ja?"

Hanna spielte eine Weile auf dem Klavier, Pitt las beinahe gierig die Geschichte von *Flicka*, Lena lag neben Ronja auf dem Sofa und war in ihren Gedanken schon auf der Reise. Gemeinsam versorgten sie später die Tiere. An diesem zweiten Weihnachtsabend gingen sie früh zu Bett.

Klar, dass Lena noch lange wach lag!

Das Rauschen der Dusche und Gregors mürrisches Gebrummel weckten sie am anderen Morgen auf. Für den Vater hatte ein harter Arbeitstag begonnen, für Lena der

schöne Tag der Abreise. Sie hüpfte aus dem Bett und eilte zum Fenster. Der Schnee war nicht geschmolzen!
„Herrlich!“, flüsterte Lena und klapperte dabei mit den Zähnen, weil es kalt war in ihrem Wigwam, und so wurde der anschließende Jubelschrei eine Mischung aus Apachenkriegsgeheul, Hundejaulen und Hustenanfall. Mit diesem Lärm machte Lena auch Pitt und Ronja wach.
Alles ging rasch an diesem Morgen. Gregor trank im Stehen seinen Kaffee, Hanna im Joggingdress betätigte mit der einen Hand den Toaster und mit der anderen die Knöpfe des Radios, um auf irgendeinem Sender den Wetterbericht zu erwischen. Pitt schaute neugierig zu, wie Lena ihren Proviantbeutel füllte.
Ein Auto näherte sich mit lautem Gehupe. Frau Schulze-Gehling chauffierte Lutz und Annette zum Pferdehof. Ronja schaute durch den Haustürspalt und bellte ihren Willkommensgruß.
„Brrr!“ Frau Schulze-Gehling rieb sich bibbernd die Hände. „Was für eine Kälte! Aber das wird ein schöner Tag. Kalt und klar. So muss es sein im Winter.“
Lena und Annette begrüßten sich wie Volleyballspielerinnen mit Händetatschen und liefen hinter Lutz her, um beim Pferdeanschirren zu helfen. Pitt, der noch im Schlafanzug war, kreischte, man solle gefälligst auf ihn warten, doch niemand hörte ihm zu.
Hanna und Frau Schulze-Gehling verstauten das Reise-

gepäck von Lutz, Annette und Lena auf dem Planwagen; sie legten die Schlafsackbündel dazu und schoben das Kistchen mit der Verpflegung und der großen Thermoskanne unter den Kutschbock. Motte und Benno ließen sich willig vor den Wagen spannen. Die Wuschelhündin sorgte für Getöse. Und als Pitt endlich aus dem Haus gestürmt kam, rollte der Pferdewagen schon über den Kiesweg davon.

Lutz knallte zum Abschied mit der Peitsche. Lena und Annette winkten. Gregors Ratschläge gingen im allgemeinen Lärm unter.

Lena sagte so leise, dass nur sie es hören konnte: „Jetzt sind wir auf der Reise."

Lutz hockte links auf dem Kutschbock, Annette saß in der Mitte, Lena hatte den Außenplatz. „Wir wechseln uns immer ab", hatte Annette vorgeschlagen, „der Platz in der Mitte ist natürlich der wärmste." Für Lena war das nur der eine Grund, dass sie damit einverstanden war, der andere hatte mit Lutz zu tun. Neben ihm wollte sie auch gern sitzen. Der Kutscher würde selbstverständlich immer links auf dem Bock seinen Platz haben.

Zunächst rollten sie durch vertraute Gegenden. Der Atem schien ihnen vor dem Mund zu gefrieren. Sie hatten sich dick vermummt, die Füße steckten im wärmenden Fußsack. Motte, die links ging, und Benno, der unentwegt die Ohren spielen ließ, legten sich gehörig ins Zeug. Der Streudienst war schon früh unterwegs gewe-

sen. Selbst auf den kleinen Straßen war die glatte Fläche mit den dunklen Punkten des Granulats gespickt.
Sie machten sich gegenseitig darauf aufmerksam, wenn sie etwas Ungewöhnliches entdeckten auf den verschneiten Flächen oder bei den Gehölzen: Da trippelten Krähen in großer Schar schreiend auf einem Tierkadaver herum, da hatte der Orkan ein Fichtenwäldchen umgeknickt, da bauten lärmende Kinder vor einem Hof in der Ferne einen gewaltigen Schneemann, da stieg hinter einem Hügel eine Rauchfahne senkrecht hoch und schien kein Ende zu haben, da watschelten bunte Enten über die dünne Eisdecke eines Hausteiches und brachen immer wieder ein ... Es gab so viel zu sehen!
Dreimal, viermal hupten Autofahrer hinter ihnen. Lutz lenkte dann das Gespann auf den Grasstreifen, damit die Wagen überholen konnten. Als ihnen ein Laster mit Baumstämmen entgegenkam, mussten sie fast bis in den Straßengraben hinein ausweichen. Benno und Motte reagierten auf jeden Zug der Leinen, sie waren an Autos gewöhnt und scheuten nicht. Dann sahen Lena, Lutz und Annette fast eine Stunde lang kein anderes Fahrzeug mehr. Sie fuhren auf einem Feldweg entlang des bewaldeten Höhenzuges, der sich von Westen nach Osten erstreckte, und hatten die Sonne schräg vor sich. Sie wärmte den Reisenden sogar ein wenig die Gesichter.
Die Hufe der Haflinger klopften gedämpft, hier war der Schnee nur von Wildspuren durchzogen. Bisweilen führte

der Weg ein Stück in den Wald hinein, und Lena genoss den Anblick der bepuderten Bäume und die Stille. Auf diesem ebenen Weg durfte sie selbst die Leinen halten. Sie stellte sich vor, dass die Fahrt bis zum Ende der Welt gehen würde.

Annette verteilte Kaugummis. Sie zeigte mit der Handschuhhand nach oben, wo eine dunkelgraue Wolke wie ein einsamer Ballon tief und ganz dicht über den Baumwipfeln vor der strahlenden Bläue schwamm.

Und dann fiel plötzlich Schnee aus der Wolke!

Lutz streckte die Zunge raus, um Schneeflocken aufzufangen.

Annette summte: „Leise rieselt der Schnee ...“

Lena dachte: Eigentlich ist das Quatsch. Der Schnee rieselt gar nicht leise, er fällt unhörbar. Lautlos! Das Wort lautlos gefiel ihr sehr. Sie schloss die Augen und spürte die zarten Berührungen auf den Wimpern.

Dann war der Zauber zu Ende. Als sie abbogen von der Hügelkette und in einen breiteren Fahrweg bogen, lenkte Lutz wieder das Gespann. Hier war rosafarbenes Salz verstreut worden, das hatte den Schneebelag zu schlieriger Matsche aufgelöst. Lutz ließ die Pferde langsam gehen, damit es nicht so sehr spritzte. Auf einem großen Feld an der rechten Wegseite brummte ein Trecker, und aus der Gülletonne auf dem Anhänger sprühte es in hohem Bogen braun und stinkend. Die Mädchen pressten die Handschuhe vor die Gesichter. Lutz fluchte.

„Pfui Deibel!“, stöhnte Annette.
„Das ist der Preis, den wir Schweinefleischfresser zahlen müssen“, knurrte Lutz. „Dass die Bauern und Schweinemäster den Boden und das Wasser verseuchen, daran sind auch wir Konsumenten schuld. Wir schlingen gierig diese Fleischmassen in uns rein, und sie lachen sich ins Fäustchen und produzieren, was das Zeug hält.“
„Bei uns zu Hause ist es auch nicht anders“, sagte Annette bedrückt, „wir haben ja auch einen Maststall auf dem Hof. Angeblich rentiert sich sonst die Landwirtschaft nicht mehr, behauptet Vater immer wieder. Ich weiß nicht, ob's stimmt.“
Lutz lachte bitter. „Das kenne ich! Es geht nur um die Piepen. Ob wir uns vergiften oder nicht: Umsatz ist alles! Mit der großen Giftspritze werden die Pestizide in die Landschaft gepustet, damit die Pflanzen ein bisschen üppiger wachsen, obwohl wir ohnehin Überschüsse haben. Und die Gülle aus den Mastbetrieben gibt dem Grundwasser dann den Rest. Den deutschen Rekord hält ein privater Brunnen in Meißen. Die Leute von Greenpeace haben dort 810 Milligramm Nitrat pro Liter Trinkwasser gemessen. Das müsst ihr euch mal vorstellen!“
„Ist das sehr viel?“, fragte Annette überflüssigerweise.
Lutz lachte bitter. „Das ist verdammt viel! Der Europa-Grenzwert liegt bei 50 Milligramm, was schon zu viel ist. Jetzt stellt euch mal das Sechzehnfache des Grenz-

wertes vor! Wer solches Wasser trinkt, bringt sich in Lebensgefahr. Dass Nitrat in Riesenmengen gesundheitsschädlich ist, sollte sich ja wohl inzwischen bis zum letzten Säugling herumgesprochen haben.“ Lutz zeigte mit der Peitsche in die Richtung, in der sie fuhren. „Auf der anderen Seite des Teutoburger Waldes liegen die Kreise Vechta und Cloppenburg. Dort gibt’s besonders viele Schweinemäster. Von dieser flüssigen Schweinescheiße fallen in diesen beiden Kreisen jährlich fünf Millionen Kubikmeter an. Fünf Millionen! Und ich sage euch: Im Münsterland ist es auch kaum anders.“

Lena schwieg betroffen. Sie hatte in einer Zeitschrift gelesen, dass es in Süddeutschland besonders schlimm sei und dass dort immer mehr Brunnen geschlossen werden müssten. Sie schaute zu dem Treckerfahrer hinüber und empfand ihn als Feind, obwohl sie wusste, dass das ungerecht war.

Lutz fragte: „Hat eine von euch Ahnung, wie viel Liter Luft ein Mensch von seiner Geburt bis zum Tod so etwa in seine Lungen zieht?“

Annette schüttelte entschieden den Kopf. Lena wusste es auch nicht.

„Mehr als 300 Millionen Liter“, erklärte Lutz. „Er braucht nun mal massenhaft von dem Sauerstoff, der in der Luft enthalten ist. Aber die giftigen Gase, die noch und noch in die Atmosphäre geblasen werden, die braucht er ganz und gar nicht: Schwefeldioxid, Stickoxide, Kohlenmonoxid, Kohlenwasserstoffe ..." Lutz schrie nun fast. „Benzol, dieses Teufelszeug, das im Benzin noch immer bis zu fünf Prozent enthalten ist, macht die Menschen kaputt. Es erzeugt Krebs. Jeder weiß es. Aber ziehen wir Konsequenzen daraus?"

Lena empfand zwiespältige Gefühle. Einerseits dachte sie: Es ist wichtig, dass Lutz mir solche Dinge erklärt, denn dann denke ich genauer und schärfer darüber nach. Andererseits dachte sie: Müssen wir gerade auf dieser schönen Reise über so erschreckende Themen reden?

Hatte Lutz etwas gemerkt? Er sprach auf einmal wieder ruhig. „Menschen sind lernunfähig. Das ist der Knackpunkt. Sie sind intelligent und können Informationen aufnehmen, doch sie sind anscheinend nicht in der Lage, Schlüsse daraus zu ziehen. Sie tanken im Laufe ihres Lebens eine Menge an Wissen, doch sie setzen es nicht in Einsichten und in Bildung um. Das ist das Problem. Und darum ist die Welt in so einem schlimmen Zustand. – Langweile ich euch?"

„Aber nein", sagte Lena schnell, „du langweilst mich nicht."

„Mich auch nicht." Annette kramte die Thermoskanne unter dem Sitz hervor. „Aber für heute reicht es. Da brummen einem ja Hummeln im Schädel. Puh!"

Sie ließen den Becher wandern und aßen Butterbrote, die ein bisschen knirschten, weil sie schon leicht angefroren

waren. Die Hügelkette lag hinter ihnen, flaches Wiesen- und Ackerland dehnte sich vor ihnen, so weit der Blick reichte. Kopfweiden und Telegrafenmasten, Zaunpfähle und Buschreihen wirkten wie dunkle Bleistiftstriche auf einem weißen Blatt Papier.
„Motte und Benno sind wirklich gut in Form", lobte Lutz.
Gerade wollte Lena sagen, dass das auch ihre Meinung sei, als von hinten ein Landrover unter gellendem Gehupe angebraust kam. Lena erschrak von dem plötzlichen Lärm. In gewagtem Manöver steuerte der Fahrer in grünem Jägerlook am Fuhrwerk vorbei, und er und die Beifahrerin wedelten wie zwei Verhaltensgestörte beim Überholen mit ihren Hüten. So dicht preschte der Wagen an den Pferden vorbei, dass Motte und Benno zur Seite sprangen und erschrocken hochstiegen. Die drei auf dem Kutschbock konnten sich nur mit Mühe festklammern. Der Planwagen schlingerte. Lutz brauchte alle Kraft, die Haflinger zu halten und den Wagen wieder sicher auf die Straße zu bringen. Die Schneematsche spritzte in hohem Bogen.
„Ihr Armleuchter!", brüllte Lutz den Leuten im Auto nach.
„Euch sollte man stundenlang in den Hintern treten!", schrie Annette.
Lena flüsterte: „Das war knapp!" Sie zitterte am ganzen Körper.

„Dieser Vollidiot! Fährt wie ein Henker ... Hat sich jemand die Autonummer gemerkt?"
„Es ging zu schnell", antwortete Lena.
Kaum fünf Minuten war der Wagen wieder ruhig gerollt, da wurde das Fahrzeug von der Polizei angehalten. An einer Straßenkreuzung hatten die beiden Polizisten ihren grün-weißen Passat geparkt. Der eine schwenkte wichtigtuerisch die Kelle, der andere hatte lässig und wie zufällig die Hand auf die Pistolentasche gelegt.
„Das soll wohl'n Witz sein", raunte Lutz den Mädchen zu.
„Allgemeine Verkehrskontrolle!", rief der Beamte mit der Kelle.
„Sind wir zu schnell gefahren?", fragte Lutz honigsüß.
Der andere Polizist zog die schwere Lederjacke unter dem Kinn zusammen. „Haben Sie eine Fahrerlaubnis für Pferdefuhrwerke?"
„Habe ich", sagte Lutz.
„Dann darf ich mal bitten", forderte der Mann mit der Kelle.
Lutz zog den Ausweis aus der Anoraktasche. Er war noch immer wütend auf die Raser mit dem Geländewagen und reagierte entsprechend gereizt. „Hier! Weil Sie so freundlich gebeten haben."
„Ach, Sie nehmen das wohl nicht ernst?", fragte der Polizist, der sich so betont lässig gab. „Sind die Bremsen des Fahrzeugs in Ordnung?"

„Sie sind", sagte Lutz. Dann fauchte er: „Hören Sie, wir fahren hier langsam und friedlich durch die Gegend, aber uns halten Sie an. Gerade ist hier ein wild gewordener Rennfahrer mit seiner Tussi vorbeigestocht, aber den haben Sie wohl nicht angehalten, wie?"

Der Polizist klemmte sich die Kelle unter den Arm und prüfte umständlich die Fahrerlaubnis. „Das überlassen Sie mal uns, wen wir anhalten und wen nicht!"

„Ungern", knurrte Lutz.

Lutz bekam den Ausweis zurück. Die Polizisten stiegen in ihren Passat und hatten offensichtlich jegliches Interesse an dem Pferdewagen verloren. Die drei jungen Leute brachen in Lachen aus.

Dann und wann schaute Lutz nun auf die Landkarte. Nach einer lang gezogenen Straßenkurve zeigte ein Schild die Ortschaft Hansell an, und dann war auch schon das große Reklameschild zu sehen: Landhandel van Oye.

„Kleine Pause!", verkündete Lutz.

Frau van Oye, quirlig, pummelig und lustig anzusehen in ihrem feuerroten Overall, begrüßte die Besucher überschwänglich. Sie war, wenn Lena das richtig verstanden hatte, wohl über drei Ecken mit Annettes Vater verwandt. Heinz müsse in der Lagerhalle nur noch ein paar Kunden abfertigen, dann komme er auch, sagte sie. Und das Mittagessen sei auch bald fertig.

„Wir bleiben nicht zum Essen", sagte Lutz, „wir wollen

nur die Pferde versorgen. Vor Anbruch der Dunkelheit müssen wir noch bis Gimbte kommen."

Frau van Oye war sichtlich betrübt. „Deine Mutter hat am Telefon aber nichts davon gesagt, dass ihr nicht zum Essen bleiben könnt!"

Lutz breitete bedauernd die Arme aus. Lena und Annette hatten inzwischen die Pferde ausgespannt und in die Lagerhalle geführt. Sie nahmen ihnen die Trensenzäume ab und legten ihnen Decken über. Lutz schleppte Wasser aus dem Wohnhaus heran, dann bekamen Motte und Benno die Säcke mit Hafer und Futtergemisch vorgehängt. Sie ließen es sich schmecken.

In der Küche tranken Lutz, Annette und Lena mit Frau van Oye Tee und aßen Weihnachtsstollen dazu. Heinz van Oye ließ sich nur kurz sehen, weil da noch immer Kunden warteten. Er guckte schmollend wie ein Kind durch die dicken Brillengläser, als er erfuhr, dass die Besucher gleich weiterführen – und war schon wieder verschwunden.

„Wir schauen auf der Heimfahrt noch mal rein", versprach Lutz, als er dann den Planwagen wieder auf die Straße lenkte.

Es war kälter geworden. Die Sonne verblasste. Lutz ließ die Pferde die erste Stunde nur langsam gehen, das war besser so nach dem Fressen. Lena saß nun in der Mitte auf dem Kutschbock und sah ein wenig scheu zu Lutz hoch.

Alle drei waren auf einmal schweigsam. Die Luft wirkte grau. Mäusebussarde kreisten über ihnen. Die Autos fuhren schon mit Licht. Lutz hatte auf dem Messtischblatt einen Wirtschaftsweg markiert, der kürzte ein erhebliches Stück der gewundenen Landstraße nach Sprakel ab. Außerdem fuhren hier keine Motorfahrzeuge. Einmal begegneten sie zwei Jägern mit Flinten, einmal einer Schar kreischender Kinder, die ein Pony spazieren führten. Dann unterquerten sie durch einen Tunnel die Autobahn. Der Hufschlag der Pferde vervielfältigte sich in der düsteren Röhre.

„Noch vier, fünf Kilometer", sagte Lutz, als müsste er die Mädchen trösten. „Bei den Pelkums wird's euch gefallen, da bleiben wir über Nacht."

Staunende Passanten winkten freundlich, als der Planwagen durch Sprakel rollte. Ein paar Mopedkids waren auf Zoff aus, doch als Lutz mit der Peitsche drohte, verschwanden sie grölend. Von der Ems stieg milchiger Dunst auf. Lutz lenkte das Gespann in den Uferweg hinein. Hier kannte er sich aus. An mehreren ausladenden, großen Gehöften ging es vorbei. Dann begrüßte heller Lampenschein am Torbogen eines reetgedeckten Hofes die Reisenden und ihre Pferde.

In dieser Reihenfolge kamen sie gerannt: zuerst ein winziger schwarzer Hund, dann zwei Knirpse mit Pudelmützen und endlich ein Mann und eine Frau. Die Kinder hatten zunächst nur Augen für die schönen Pferde.

„Hallo, da seid ihr ja! Herzlich willkommen!“, rief die Frau.

Lutz ließ die Peitsche knallen. „Ja, da sind wir, Tante Cilly!“

Lena spürte wieder einmal Schmetterlinge im Bauch.

Hinauf in den Wald

„Das ist nun mal so Sitte in Westfalen!“, dröhnte Onkel Gottfried. Er war also, wie Lena nun wusste, ein Vetter von Frau Schulze-Gehling. „Ein Begrüßungsschluck muss sein!“ Onkel Gottfried schwenkte mit der linken Hand die Kornschnapsflasche und mit der rechten das Tablett mit den Gläsern. „Das gilt auch für die jungen Damen.“

Sie hatten die Haflinger in den Kuhstall geführt und versorgt, weil der ehemalige Pferdestall längst zur Garage für den Trecker und die Landmaschinen umgebaut worden war. Motte und Benno hatten eindeutig nichts gegen Kühe. Lena hatte den beiden Haflingern die Hälse getätschelt und sich für ihre zuverlässige Arbeit bedankt. Der Planwagen stand im Schuppen, das Reisegepäck war im Haus. Und nun fand die lautstarke Begrüßung statt.

„Iiii!“ Annette schüttelte sich. „Ich trink doch keinen Schnaps! Und wenn das dreimal so Sitte ist.“

Auch Lena wehrte sich erfolgreich.

Also tranken der füllige, rotgesichtige Onkel Gottfried, die gut gelaunte Tante Cilly und Lutz den Begrüßungsschnaps. Und dann noch einen und dann noch einen.

„Armer Lutz!“, flüsterte Annette Lena zu. „Er mag doch gar keinen Schnaps.“

Thomas und Bernd, die Zwillinge mit den abstehenden Ohren, die sich nur durch die Farbe ihrer Pullover unterschieden, entpuppten sich als zärtliche Quälgeister, die sich ohne lange Umstände an Lena und Annette heranmachten, um sie ins Kinderzimmer zu entführen. Ihre Malereien wollten sie zeigen und ihre Warmwasserfische und ihre Urkunden als schnellste Läufer der Grundschule – und Monopoly wollten sie mit den Mädchen spielen. Tante Cilly machte aber resolut klar, dass zuerst einmal gegessen werde.

Während die Zwillinge noch schmollten, weil sie doch wenigstens ihre Weihnachtsgeschenke vorführen wollten, kam Helga, die ältere Schwester, mit ihrem Polo angesaust. Lena fand das Mädchen mit dem aschblonden langen Haar und der lustigen Nickelbrille auf Anhieb sympathisch, doch dass sie Lutz mit einem schmatzenden Kuss begrüßte und für sie und Annette nur einen flüchtigen Händedruck übrig hatte, gefiel Lena weniger. Sie erfuhr, dass Helga bei der Sparkasse arbeitete.

Im großen Wohnzimmer, dessen Wände mit Rehgeweihen und allerlei ausgestopften Tieren bedeckt waren, fand das Abendessen statt. Tante Cilly wuchtete gusseiserne Pfannen mit gewaltigen Schnitzeln und fetttriefenden Bratkartoffeln und Schüsseln mit Möhrengemüse und grünen Bohnen auf den Tisch. Onkel Gottfried schenkte Bier ein. Für die Zwillinge und für Lena und Annette gab es ein Gemisch aus Apfelsaft und Sprudel-

wasser. Lena langte mutig zu, obwohl ihr dieses mächtige Mahl auf den Magen schlug. Sie dachte: Das wäre was für Pitt!
Und später, während wieder die Schnapsflasche kreiste, wurde erzählt. Lutz und Annette mussten von zu Hause berichten, alle Grüße ausrichten und Oma Tonis Befinden schildern, Tante Cilly spulte bei einem großen Glas Bier die Familiennachrichten der Pelkums herunter, assistiert von ihrer großen Tochter. Gottfried, jetzt weniger Onkel als vielmehr landwirtschaftlicher Unternehmer und Kommunalpolitiker, hielt einen Vortrag über die Chancen des Rapsanbaus und seine anstehende Wiederwahl beim Vorstand des Bauernverbandes. Natürlich kamen auch die Sturmschäden und die Versicherungsprobleme zur Sprache.
Lena hörte das alles, aber sie lauschte mehr dem Klang der Stimmen als den Inhalten all dieser Reden. Doch plötzlich schreckte sie aus ihrem wohligen Halbschlaf auf, denn nun war sie an der Reihe.
Onkel Gottfried sagte: „Prächtig, Lena, dass ihr den Pferdehof wieder zum Leben erweckt habt! So einen berühmten Hof darf man einfach nicht verkommen lassen. Heutzutage mach ich ja alles mit dem Trecker, aber damals, als wir noch Pferde hatten, da hat mein Vater mich manchmal mitgenommen zum Pferdehof. Alle unsere Pferde haben wir nur bei Mattes Jansen gekauft, alle! Gibt's eigentlich den alten Tewes noch?“

„Und wie es den gibt!“ Lena erzählte und erzählte, und ihr wurde richtig warm dabei, wie sie so von zu Hause und von Raja und den anderen Tieren berichten konnte. Sie fühlte sich auf einmal sehr behaglich, und sicher wäre dies ein gemütlicher Abend geworden, wenn Tante Cilly nicht auf einmal aufgesprungen wäre.

„Hallo, vor lauter Reden hätten wir's ja beinahe verpasst! Heut gibt es was Tolles im Fernsehen. Wollen wir uns das zusammen anschauen?“

Annette zwinkerte Lena zu, Lena zwinkerte Annette zu. Das fehlte noch, dass sie sich mit diesem Schwachsinn den Abend versauen ließen! Eine Show mit viel Lärm und Trara: Prominente führten sich wie Halbgescheite auf, beantworteten kichernd alberne Fragen, spielten kindische Spielchen und bekamen Punkte dafür.

„Lena und ich, wir sind sehr müde von der Fahrt“, sagte Annette. „Habt ihr was dagegen, dass wir schon schlafen gehen?“

„Aber natürlich nicht“, antwortete Tante Cilly, obwohl ihr anzusehen war, dass sie dafür kein Verständnis hatte. Wie konnte man sich so eine großartige Übertragung entgehen lassen!

„Armer Lutz!“, flüsterte Annette an diesem Abend zum zweiten Mal. Laut sagte sie: „Lutz, rufst du noch bei uns und bei den Belkers an, dass alles okay ist und so?“

„Aber sicher“, gab Lutz zurück und verdrehte ein bisschen die Augen, was aber nur Lena und Annette bemerkten. Er hatte sich den Abend gewiss auch anders vorgestellt.

Im Obergeschoss gab es ein kleines Zimmer, das von einem breiten, altmodischen Doppelbett beinahe ausgefüllt wurde. Hier waren Lena und Annette für die Nacht untergebracht. Die Matratzen hatten zwar tiefe Kuhlen, doch das war den Mädchen egal. Sie hatten natürlich Bücher in ihren Reisetaschen mitgebracht.

„Wow, kalt hier!" Annette schüttelte sich, während sie sich auszog. „Wie findest du meine Verwandten?"

„Gestreift", antwortete Lena ehrlich.

„Genau wie ich, Lena!" Annette huschte hinüber ins Badezimmer.

„Hauptsache, wir haben einen schönen Tag vor uns!", rief Lena ihr nach. Sie dachte: Heute war doch auch ein schöner Tag! So vieles habe ich gesehen, so vieles gehört. Und dazu der Schnee ...

Undeutlich plärrten von unten die Geräusche der Fernsehübertragung herauf: Musikfetzen, Klatschen, Gelächter. Onkel Gottfrieds Stimme wurde immer lauter. Von Lutz war nichts zu hören. Lena und Annette lagen auf dem Bauch und lasen beim funzligen Schein der Nachttischlampen.

„Ich muss noch mal pinkeln", sagte Annette auf einmal und lief aus dem Zimmer. Als sie wiederkam, wurde sie von einem riesigen grauen Kater begleitet. „Besuch, Lena!", rief Annette.

Der Kater sprang auf Lenas Bettseite und kratzte sich im Oberbett eine Kuhle. Dann lag er da mit unbewegtem Katergesicht und reagierte weder auf Schmeicheleien noch auf die Streichelversuche der Mädchen. Er war einfach nur da: wie eine Porzellanfigur. Sein Blick war irgendwohin gerichtet, vielleicht nach innen, die beiden Menschen schienen für ihn nicht vorhanden zu sein.
Lena nahm dieses Bild mit in ihren Schlaf, und als sie am Morgen im spärlichen Frühlicht aufwachte, lag der Kater fast an derselben Stelle auf der Bettdecke wie am Abend. Lena war sicher, dass er sich die ganze Nacht nicht bewegt hatte. Merkwürdig! Lena weckte Annette. Die brummte unwillig, wollte sich auf die andere Seite wälzen und weiterschlafen, doch da klopfte Lutz energisch an die Tür.
„Aufstehen, ihr zwei Murmeltiere! Die Pferde warten schon auf euch!"
Der graue Kater sprang vom Bett und schritt würdevoll aus dem Zimmer, als Lena die Tür öffnete. Danach blieb er unsichtbar.
Der kleine schwarze Hund allerdings machte lautstark klar, dass er jede Menge Zuwendung brauchte, und wäre wohl am liebsten auf den Frühstückstisch gesprungen. Das kam Lena sehr bekannt vor. Es gab Spiegeleier mit Schinken, Milchkaffee, Butter, Mettwurst und selbst gebackenes Brot. Onkel Gottfried machte einen ziemlich verkaterten Eindruck, Tante Cillys Haare standen in alle

Windrichtungen ab, Helga war schon fort zum Dienst, die Zwillinge wollten unbedingt mit Annette und Lena eine Schneeballschlacht machen.
Lutz blieb fest. „Gleich nach dem Frühstück fahren wir los!"
„Gemein!", schrie Bernd und war den Tränen nahe. „Jetzt haben wir euch nicht mal unsere Weihnachtsgeschenke gezeigt!"
Annette vertröstete ihn. „Wir kommen bestimmt irgendwann wieder zu Besuch. Dann spielen wir auch Monopoly. Versprochen!"
Langes Abschiedswinken, Hundegebell, Kinderlachen: Benno und Motte gingen los, als könnten sie es kaum erwarten. Mitten auf der Emsbrücke apfelten die Pferde ausgiebig. Dann stieg der Weg merklich an, aber das schien den Haflingern nichts auszumachen. Vielleicht wurde da so etwas wie die Erinnerung wach, dass ihre Vorfahren aus dem Südtiroler Berggebiet um das Dorf Hafling stammten, wo sie den Bergbauern bei der Arbeit auf den steilen Hängen zuverlässige Helfer gewesen waren.
In Serpentinen wand sich der Weg dem Waldrand zu. Der Schnee auf den Wiesen hatte seinen Glanz verloren, der Wind wehte flattrig von Südwesten, Feuchtigkeit hing in der Luft.
Lena und Annette allerdings waren strahlender Laune. Die Vorfreude auf den Öko-Hof und seine Bewohner,

von denen Lutz ihnen erzählt hatte, machte sie kribbelig. Lutz nahm ihr Kichern und Getuschel gelassen hin.
Nach einer steilen Spitzkehre führte der Weg direkt in den Hochwald hinein. Die Haflinger rutschten einige Male auf dem schneenassen Asphaltweg, doch geschickt fanden sie ihr Gleichgewicht wieder. Einige Nadelbäume waren vom Orkan umgerissen worden, doch die hohen Buchen hatten das Unwetter unbeschadet überstanden. Die Mädchen wurden still und bestaunten die moosüberzogenen Felsbrocken, die sich wie Köpfe schlafender Märchenriesen aus dem Berghang reckten.
„Schön ist es hier", flüsterte Lena.
„Es war eine gute Idee, mit dem Pferdewagen zu reisen", sagte Lutz. „Die Schönheit einer Landschaft bekommt man beim Autofahren kaum mit."
Aus der Ferne tönte das Sirren von Baumsägen. Dicke Schwarzdrosseln stöberten im Laub herum. An den Schlehdornhecken turnten Meisen. Und dann, als sie sich einer großen Lichtung näherten, erblickten die drei Reisenden plötzlich eine große Gruppe von Rehen. Als hätten sie keine Scheu, so äugten die Tiere dem Fuhrwerk entgegen.
„Oh, so ein großes Rudel!", wisperte Annette. „Schön!"
„Neun Ricken mit fünf Kitzen", murmelte Lutz. „Ungewöhnlich, so ein großes Rudel. Eigentlich leben die Muttertiere mit einem oder mit zwei Rehkälbern allein, es kommt auch vor, dass sich drei, vier Tiere zu einem so

genannten Sprung zusammenschließen. Aber solch eine Herde – das ist unnatürlich!“

Lena verstand das nicht. Wieso nörgelte Lutz denn so herum? War das denn nicht ein wunderbares Bild? Die schlanken Rehe, die bewegungslos verharrten und die Ohren gespitzt hatten ... „Magst du Rehe denn nicht leiden?“, fragte sie Lutz.

Lutz hob kaum merklich die Hand, als wollte er anzeigen: Du verstehst mich falsch. Leise sagte er dann: „Rehe sind herrliche Tiere. Einerseits so schnell und elegant, andererseits so verletzbar. Und so hilflos in den Scheinwerferkegeln der Autos.“ Es schien, als wollte er nicht weitersprechen, sondern nur die Rehe beobachten, doch dann sprudelte es geradezu aus ihm heraus: „Es gibt zu viele Rehe hier in den Wäldern. Das ist das Problem. Der Wald hält das nicht aus. Die Rehe haben längst keine natürlichen Feinde mehr. Und die bescheuerten Jagdherren, die können ja nicht genug Rehe in ihren Revieren haben! Ist doch schick, wenn man die einflussreichen Geschäftsfreunde und ein paar schießgeile Politiker zur Jagd einladen kann, und man hat dann ordentlich was zum Abballern. Ein toter Rehbock mit einem schönen Geweih: Das ist doch was! Schönes Foto, schöne Trophäe, schönes Besäufnis. Da können sich die Forstleute das Maul fusselig reden, auf die hören die Herren Jagdpächter ja nicht!“ Lutz lachte bitter.

„Pst!“, mahnte Annette.

„Das mit dem Wald“, sagte Lena, „das verstehe ich nicht. Wieso hält der das nicht aus?“

Lutz erklärte es ihr. „Im Winter, wenn sie kein Gras finden, knabbern die Rehe die Rinde von den jungen Bäumen, und die Keimlinge der Bäume fressen sie mit Stumpf und Stiel. Das bedeutet, dass viele Bäume eingehen und dass nichts nachwächst. Gerade im Münsterland, wo es meist nur kleine Wälder gibt, ist das Baumsterben durch Wildverbiss eine akute Gefahr. Und was tun die Jagdpächter? Sie halten künstlich den Rehbestand so hoch wie nur möglich, sie richten jede Menge Futterstellen ein, was zwar nach Tierliebe aussieht, aber absolut egoistisch und widernatürlich ist. So kommen auch kranke und schwache Tiere, die die Natur sonst aussondern würde, über den Winter.“

„Aber wenn sie doch an den Futterstellen was zu fressen kriegen“, wandte Lena ein, „dann brauchen sie doch nicht die jungen Bäume anzufressen.“

„Schön wär’s!“ Lutz schniefte. „Wenn die Rehe an den Futterstellen all das Kraftfutter mit den chemischen Zusätzen verputzt haben, dann brauchen sie dringend Verdauungsstoffe. Und was fressen sie dann, Lena?“

„Ich weiß schon“, sagte Lena kleinlaut.

„Genau! Baumrinde und Baumsprösslinge!“ Lutz sagte das sehr laut.

„Mist, verdammter!“, schimpfte Annette. „Warum hast du so laut krakeelt? Jetzt sind sie weg.“

Fast wie in Zeitlupe verschwanden die Rehe mit großen Sätzen über den Hügelkamm. Wildtauben stoben auf, gurrten aufgeregt und stoben mit knatterndem Flügelschlag durch das Astwerk der kahlen Buchen.
„Ich finde Rehe aber trotzdem schön“, beharrte Lena.
„Finde ich auch, das hab ich doch grad gesagt!“ Lutz schwenkte ein bisschen ärgerlich die lange Peitsche. „Die Rehe können nichts dafür, dass sie sich hier so stark vermehren. Die Menschen haben die Schuld. Hast du schon mal was von dem Philosophen Hans Jonas gehört?“
Lena schüttelte den Kopf.
„Der Hans Jonas hat mal was Bemerkenswertes gesagt: Der Mensch ist das einzige uns bekannte Wesen, das Verantwortung haben kann. Indem er sie haben kann, hat er sie. – Kapiert?“ Lutz stieß einen Pfiff aus. „Hopp, Benno! Hopp, Motte! Noch knappe zehn Kilometer, dann sind wir am Ziel!“
Die Haflinger fielen in Trab. Sie schüttelten die weißen Mähnen, als wollten sie sagen: Das ist es doch, was wir die ganze Zeit schon wollten.
Zwei Stunden waren ungefähr vergangen, da erreichten sie auf der Hochebene eine zauberhafte Landschaft. Alte Linden säumten die Allee, an deren Ende das Gehöft lag. Hinter großen Gartenflächen rechts und links waren Obstplantagen zu erkennen. Zwischen den winterkahlen Beerenbüschen weideten Schafe und kleine Esel. Pfauen und Truthähne stolzierten zwischen dem Hühnervolk.

„Was für ein Haus!“ Lena staunte. Sie dachte: In Büchern gibt es solche Häuser und in der Fantasie. Aber dies ist die Wirklichkeit.

Es war ein zweigeschossiges Fachwerkhaus, wunderschön in der Struktur seines Gefüges, voll Harmonie in den Ausmaßen. Ein Rankgewächs umrahmte die Tür. Im Türmchen auf dem Dach hing eine kleine Glocke. An der großen Scheune im Hintergrund wuchs wilder Wein, ein flacher Bau – die Fassade von großen Fenstern wie bei den Orangerien barocker Schlösser gegliedert – schien das Winterquartier von Oleander und Palmgewächsen zu sein. Schuppen und Treibhäuser waren weiter dahinter zu erkennen. Mächtige Kiefern überragten das Dach und standen wie Scherenschnitte vor dem Horizont.

„Ja“, echote Annette, „was für ein Haus!“

„Wir sind am Ziel“, sagte Lutz.

„Man hat uns schon gesehen.“ Lena zeigte auf das Fenster neben der Haustür. „Seht ihr? Da winkt jemand.“

In diesem Augenblick begann das Glöckchen zu bimmeln.

Im Hexenhaus

Chantal und Björn kamen aus dem Haus geeilt, als Lutz vom Kutschbock kletterte. Sie begrüßten ihn herzlich und ernsthaft zugleich, schauten ihn prüfend an und lachten dann, als wollten sie sagen: Du bist noch unser alter Freund. Wie schön, dass es dich gibt!
Lutz stellte Annette und Lena vor. Auch die beiden Mädchen wurden freundlich umarmt. Erleichtert erkannte Lena, dass die Gastgeber sich in ihrem Äußeren und in ihrer Art von jenen Öko-Freaks unterschieden, die Lena nicht besonders mochte: Männer mit ungepflegten Zottelbärten, in demonstrativ zerrissenen Kordhosen und in Holzpantinen, Frauen mit Schuppen im zerzausten Langhaar, in sackähnlichen Kleidern und mit Ketten aus dicken Holzperlen – selbstgerecht, überheblich und schwatzhaft zumeist. Nein, Björn und Chantal waren ganz anders.
Chantal war schmal und von südländischem Charme, nicht nur die Färbung ihrer Sprache verriet, dass sie aus Frankreich stammte. Sie trug schwarze Leggins, Wildlederstiefeletten und eine bestickte Kosakenjacke. Björn sah ein bisschen so aus, wie Lena sich immer Architekten vorstellte: Goldrandbrille, Schnurrbart, Jeans und dunkles Blouson. Nur dass Björn sich keine modische

Fliege vorgebunden hatte. Sein Haar war über der Stirn schon ziemlich gelichtet, obwohl er wohl kaum älter als dreißig Jahre war. Lena dachte: Ich mag die beiden.

„Willkommen im Hexenhaus!", sagte Chantal.

„Hexenhaus?" Annette und Lena riefen es gleichzeitig aus.

„So heißt unser Haus bei den Leuten in der Umgebung", erklärte Björn. „Angeblich hat hier einmal eine Frau gewohnt, die hexen konnte."

„Hexenhäuser sehen eigentlich ganz anders aus", sagte Lena. „Jedenfalls in Märchenbüchern."

Chantal nickte. „In den meisten Märchenbüchern sind die Hexen ja auch als schrecklich hässliche und böse Weiber dargestellt. Doch in Wirklichkeit waren die so genannten Hexen besonders kluge Frauen, was natürlich den herrschenden Männercliquen nicht gefiel. Darum haben sie die Hexen verfolgt und verbrannt. Aber nun kommt endlich rein in unser Hexenhaus, ihr Mädchen! Es ist lausig kalt."

„Aber die Pferde ..."

Björn unterbrach Annette. „Lutz und ich kümmern uns um die schönen Haflinger. Ich finde das ganz stark, dass ihr mit dem Pferdewagen gekommen seid."

„Es hat viel Spaß gemacht!", rief Annette über die Schulter, als sie mit Chantal und Lena ins Haus ging.

Lena war vom Inneren des Hexenhauses genauso angetan wie vom äußeren Anblick. Ein Herdfeuer in der

Diele, Massen von Büchern an den Wänden im Wohnraum, überall Bronze- und Steinskulpturen und Bilder von erregender Farbigkeit, Wollteppiche auf den Holzbohlenfußböden, eine große Küche mit einem Rauchfang, wo es nach Früchten und Gewürzen und Gebackenem duftete. Lena wusste von Lutz, dass Björn und Chantal an der Bielefelder Hochschule als Dozenten gearbeitet hatten, bevor sie den Öko-Hof zu bewirtschaften begannen. Dass es hier so heimelig sein würde, hatte Lena nicht erwartet. Sie stand da mit ihrer Reisetasche und der Schlafsackrolle und staunte.

„Schön haben Sie's hier!", sagte Lena.

Chantal tippte ihr auf die Nasenspitze. „Unter Freunden sagt man doch du zueinander, oder? Bewegt euch im Haus, wie es euch gefällt. Wenn ihr irgendwo jemanden schnarchen hört, dann ist es der Longus, der hat eine lange Autofahrt hinter sich. Und wenn gleich jemand ganz laut kräht, dann ist es unsere kleine Véronique, die wird dann Hunger haben. Am besten zeige ich euch erst mal euren Schlafplatz für die Nacht."

Die Mädchen folgten Chantal die Treppe hinauf. In einem Raum, der offenbar als Atelier diente, waren Strohmatratzen ausgebreitet. Lena und Annette rollten ihre Schlafsäcke aus. Erst jetzt erkannte Lena an den Signaturen, dass die meisten Bilder im Haus von Chantal stammten.

„Das Badezimmer hat eine blaue Tür", sagte Chantal,

„nicht zu übersehen. Und, wie gesagt, versucht einfach, euch wie zu Hause zu bewegen. Zwischendurch haben wir ja immer Zeit, miteinander zu reden, damit wir uns auch besser kennen lernen. Wer zwischen den Mahlzeiten Hunger oder Durst hat, muss sich in der Küche was suchen. Okay?"

„Okay!", riefen die Mädchen.

Chantal hob die Hand und verschwand wieder nach unten, wo Babygeschrei eingesetzt hatte. Véronique war also aufgewacht und verlangte Nahrung.

„Klasse ist's hier!" Annette war ans Fenster getreten und schaute in den Hof hinunter. „Motte und Benno wohnen drüben in dem flachen Stall. Lutz und Björn füttern sie gerade. Hast du die Winzesel gesehen, Lena?"

„Logo!"

„Lutz hat mir erzählt, dass die Esel und die Schafe sozusagen als Rasenmäher arbeiten. Sie weiden auch zwischen den Beerensträuchern und in der Baumschule mit den größeren Nadelbäumen. Lutz meint, das funktioniert astrein, und Dünger produzieren sie natürlich auch reichlich. Wollen wir uns die Tiere mal aus der Nähe anschauen?"

„Na klar", antwortete Lena, „den ganzen Hof sollten wir uns mal aus der Nähe anschauen. Ich bin rasend neugierig. Hast du gesehen, dass es auf der Wiese ein Windkraftwerk gibt?"

„Ich kann die Flügel von dem Ding sogar von hier aus

sehen.“ Annette presste die Backe gegen die Fensterscheibe.

„Und das Ding liefert so viel Energie, dass Björn und Chantal fast den ganzen Strombedarf für ihren Hof damit decken können“, sagte da plötzlich jemand von der Tür her. Die Mädchen fuhren herum. Da stand ein junger Mann, der war enorm dünn und enorm lang. Er steckte in einem fast knielangen Rollkragenpullover, war barfuß, rauchte einen Zigarillo und hatte sich die Brille auf die Stirn geschoben.

„Ich bin der Longus“, sagte der dünne Mann. „Und ich wette, ihr seid die Mädchen, die zusammen mit Lutz erwartet wurden. Eigentlich heiße ich zwar Friedbert, aber ich finde den Namen so bescheuert, dass ich mich längst an Longus gewöhnt habe. Schön, dass ihr gekommen seid!“ Geradezu feierlich gab Longus den Mädchen die Hand.

„Jesses, du musst mindestens zwei Meter groß sein!“, entfuhr es Annette.

Longus schüttelte scheinbar gequält den Kopf. „Eben nicht. Ein Zentimeter fehlt, ein winziger Zentimeter. Das muss man sich mal vorstellen!“

„Aber es reicht auch so“, tröstete Annette. „Ich heiße Annette und bin die Schwester vom Lutz.“

„Sieht jeder“, sagte Longus.

„Ich heiße Lena und bin die Freundin der Schwester vom Lutz“, erklärte Lena.

„Sieht auch jeder. Hast du Indianer unter deinen Vorfahren?"

Lena strahlte. „Jede Menge. Ich stamme in direkter Linie von Winnetou ab." Sie dachte: Der lange Lulatsch scheint in Ordnung zu sein.

„Die anderen kommen erst morgen", sagte Longus.

Da platzte Lena einfach so raus. „Sag mal, woher kennt ihr euch denn eigentlich alle? Ich meine, der Lutz und du und Chantal und Björn und die anderen."

Longus war erstaunt. „Das wisst ihr gar nicht? Beim Sitzstreik haben wir uns kennen gelernt. Beim Sitzstreik gegen die verbrecherischen Pferdetransporte. Wir waren sozusagen die Gruppe Münsterland bei der großen Blockade an der österreichisch-italienischen Grenze oben auf dem Brenner-Pass. Hat Lutz euch nichts davon erzählt?"

„Nein", sagte Annette, „hat er nicht. Wie war das denn?"

Longus zog den Pullover noch mehr in die Länge. „Wir sind alle beim Deutschen Tierschutzbund engagiert. Als das damals so richtig bekannt wurde, was viele schon geahnt hatten, dass da nämlich Massen von Schlachtpferden unter geradezu mörderischen Bedingungen auf riesigen Lastwagen nach Süden transportiert wurden, also, da sind wir zu einer internationalen Aktion zusammengekommen. Wir haben uns aneinander gekettet und die Trucks mit den entsetzlich zugerichteten Pferden nicht durchgelassen, obwohl die Fahrer mit Knüppeln auf uns eingeschlagen haben. Ich weiß noch, es war brütend heiß. Und all die gequälten Tiere in diesen rollenden Folterkammern ..." Longus ballte die Fäuste und biss sich auf die Unterlippe, als ständen die schrecklichen Bilder der Erinnerung zum Greifen nah vor ihm.

Lena und Annette hielten für Sekunden den Atem an. Was Longus da berichtete, das machte sie sprachlos. Warum hatte Lutz nie davon gesprochen? Er war doch dabei gewesen! Traute er sich nicht, so schlimme Erlebnisse zu schildern? Wollte er den Mädchen so etwas nicht zumuten?

Longus redete weiter. „Wir waren informiert worden, dass wieder Transporter der Killer-Buyers unterwegs waren."

Annette schaute ihn fragend an. „Killer-Buyers?"

„Todeskäufer", übersetzte Longus. „Sie ersteigern oder kaufen billige Pferde für den Schlachtmarkt und transportieren die lebenden Tiere unter grauenhaften Bedingungen dorthin, wo man ihnen den höchsten Fleischpreis bietet. Über Tage können solche Fahrten gehen, viele der Pferde ersticken oder sterben vor Schwäche, andere verdursten oder verhungern oder werden von den anderen Tieren in Panik totgetreten. Ich kann euch sagen, wir haben so entsetzliche Bilder gesehen, dass man gar keine Worte dafür findet. Es gibt Menschen, die sind zu jeder Brutalität fähig, wenn der Zaster lockt. Da waren Pferde mit gebrochenen Beinen, zerfetzter Haut, blutenden Köpfen … Und sie klebten da geradezu zusammengepresst aneinander. Und die schreckliche Angst in ihren Augen …" Longus schüttelte sich. „Ich will euch das nicht näher beschreiben."

Die Bilder der Vorstellung zogen wie in einem Albtraum durch Lenas Kopf. Sie versuchte, die Gedanken abzuschütteln. „Und eure Sitzblockade? Wie ging das dann weiter?"

Longus wischte mit den Händen durch die Luft. „Die Zollbeamten guckten zunächst weg, als die Brutalinskis von Fahrern auf uns einprügelten, dann riefen sie die Polizei. Wir hatten nämlich dafür gesorgt, dass Journalisten und Fernsehleute erschienen. Und wenn das Fernsehen da ist, dann kommen auch sofort die Politiker geflitzt und halten die Köpfe vor die Kamera. Sie zeigten sich alle zutiefst betroffen. Ich sage euch, wenn ich die Phrase zutiefst betroffen von einem Politiker höre – egal, in welchem Zusammenhang –, dann kommt mir die kalte Kotze. Wenn diese Heuchler strengere Gesetze beschlossen hätten und für schärfere Kontrollen und knallharte Knaststrafen gesorgt hätten, dann wären solche Todestransporte nicht möglich."

„Aber gibt es so etwas denn immer noch?", fragte Annette.

„Natürlich." Longus zog den Mund zusammen, als wollte er ausspucken. „Glaubt ihr denn, mit ein paar spektakulären Aktionen könnte man den geldgeilen Tierschindern das Handwerk legen? Damals am Brenner, da wurden dann Tierärzte geholt, da wurden die Pferde von der Folter erlöst und rasch getötet. Durch den Druck der Öffentlichkeit sind vielleicht manche Behörden aus dem Tiefschlaf aufgeschreckt worden, man kontrolliert wahrscheinlich inzwischen genauer. Aber die Transporte gehen ungehindert weiter, da hat sich nichts geändert. Das Problem muss grundsätzlich und europaweit – ja, sogar weltweit – angegangen werden. Eine Gesellschaft, die sich human nennt, dürfte solche Verbrechen an der hilflosen Kreatur nicht hinnehmen. Aber Menschen führen ja leider auch Kriege gegen Menschen. Es ist nicht zu fassen!"

„Aber ... Aber was müsste denn geschehen wegen der Pferde ..." Annette war verwirrt, sie konnte ihre Gedanken nicht richtig ordnen. „Was könnte man denn tun?"

Longus berichtete, was damals geschehen war. Gemeinsam mit dem Tierschutzbund und vielen zornigen Tierschützern und streitbaren Journalisten hatte man Forderungen an das Europa-Parlament gerichtet, und viele tausende Tierfreunde hatten mit ihren Unterschriften diese Forderungen unterstützt. Macht Schluss mit den Todestransporten! Das war die Hauptforderung. Longus sagte: „Das bedeutete das grundsätzliche Verbot von Import und Export lebender Schlachtpferde. Ein generelles Schlachtverbot ist nicht durchsetzbar. Wir essen ja nun mal Tiere, das kann man drehen und wenden, wie man will. Nur wenige Menschen verzichten bewusst auf Fleisch. Aber die fachgerechte Tötung auf dem nächstgelegenen Schlachthof: Die muss ja wohl durchsetzbar sein. Selbst auf kurzen Transporten müssen die Tiere versorgt und von Fachleuten beobachtet werden. Ein europäisches Tierschutzgesetz, in dem Tiere nicht als Sache, sondern als Lebewesen behandelt werden und das Tierquälerei schwer bestraft, wurde überfällig. Aber ihr wisst ja, wie weit Theorie und Praxis auseinander klaffen. Und neuerdings haben wir ja ein zusätzliches Problem. Ich meine: was die Pferdetransporte betrifft."

„Welches denn?", fragte Lena.

„In Europa sind weitgehend die Grenzen offen. Zwischen den EG-Mitgliedsländern gibt es also kaum noch Grenzkontrollen. Das bedeutet, dass ein Lastzug mit Schlachtpferden quer durch Europa brausen kann, und keiner kümmert sich drum. Eine Scheiße ist das! Wenn doch endlich alle tierliebenden Menschen aufwachten und den Tierquälern auf die Finger hauten! Da ist noch viel zu tun. Wir müssen vor allem die Politiker unter Druck setzen." Longus holte tief Luft.

„Und Lutz und Chantal und Björn, die waren damals auf dem Brenner alle dabei?", wollte Annette wissen.

„Ja, wir alle!" Longus nickte.

„Dass Lutz mir nie davon erzählt hat!", sagte Annette leise.

Longus sagte: „Damals haben wir Leutchen aus dem Münsterland beschlossen, dass wir uns mindestens einmal im Jahr treffen, um unsere Erfahrungen auszutauschen und um einfach ein bisschen beieinander zu sein. Das wärmt. Das macht Mut. Darum treffen wir uns hier im Hexenhaus. Ich bin eigens aus Ravensburg angetuckert. Dort hab ich einen Ferienjob als Kellner. Tja, und diesmal seid ihr zwei also auch dabei. Finde ich schön! Und jetzt ziehe ich mir mal ganz rasch meine Klamotten an und begrüße den ollen Lutz."

Longus sauste aus dem Zimmer. Der Pullover schlabberte ihm um die dünnen Beine.

Lena und Annette brauchten einige Zeit, um sich wieder in der Gegenwart zurechtzufinden. Sie schauten sich im ganzen Haus um, spielten ein bisschen mit den drei Katzen, und sahen dann Chantal und Véronique in der Küche zu, weil die mit dem Möhrenbrei eine lustige Schlacht veranstalteten. Die kleine Véronique mit der witzigen Hahnenkammfrisur hatte ihren hellgrünen Overall schon voll gespuckt. Sie hockte auf dem Tisch und strampelte vergnügt.

„Wir laufen mal durch euer ganzes Gehöft", sagte Annette. „Es ist ja noch ziemlich hell."

„Ja, macht das!", rief Chantal. „Dann seht ihr auch, dass das alles mit sehr viel Arbeit zu tun hat."

„Hast du denn dann noch Zeit zum Malen?", fragte Lena.

„Nein, eigentlich nicht.“ Chantal lachte.

Als sie über den Sandweg zwischen den jungen Obstbäumen zu der Wiese liefen, wo sich die Zwergesel tummelten, hielt Annette ihre Freundin plötzlich an den Haaren fest. „Du, sag mal, wie findest du eigentlich den Longus?“, fragte sie.

Lena guckte auf ihre Schuhspitzen. „Ganz toller Typ. Und was der uns alles erzählt hat!“

„Magst du ihn?“

„Nicht so, wie du denkst“, antwortete Lena schnell. Sie wusste selber: Das konnte alles und gar nichts bedeuten. Aber was sollte sie denn auch antworten? Longus gefiel ihr sehr, aber Lutz gefiel ihr auch sehr. Verrückt, solche Gefühle! Und die Schmetterlinge im Bauch machten sich auch wieder bemerkbar.

Die sieben kleinen Esel ließen sich gern streicheln. Allerdings schienen sie aber auch darauf aus zu sein, Hosen und Jacken zu zerbeißen. Die Mädchen mussten höllisch aufpassen. Die Schafe lagen wiederkäuend im Schnee und blickten gleichmütig.

Bei den Gartenbeeten zwischen den Treibhäusern trafen Lena und Annette auf Björn und einen fremden Mann. Die beiden waren dabei, einen Treckeranhänger mit Grünkohl zu beladen.

„Wenn er Frost bekommen hat, dann ist der Grünkohl am besten“, erklärte Björn, „genauso wie der Rosenkohl. Herr Hentschel beliefert heute Abend noch ein

paar Geschäftsleute." Björn zeigte auf den Mann in lehmverschmierten Stiefeln, der tippte sich nur kurz an die Kappe. Dann zeigte Björn auf die Mädchen. „Das sind Lena und Annette, die sind zu Besuch gekommen."
Als der Trecker mit dem beladenen Anhänger losknatterte, streifte Björn sich die Gärtnerhandschuhe ab und forderte die Mädchen auf, mit ihm im Treibhaus Küchenkräuter abzuschneiden, weil gleich am nächsten Morgen zwei Supermärkte beliefert werden mussten. Lena und Annette freuten sich, dass sie ein wenig helfen konnten.
„Wir haben feste Kunden", erklärte Björn, „die beliefern wir mit Gemüse, Obst und Kartoffeln, was halt so jahreszeitlich anfällt. Sie wissen, dass es bei uns etwas teurer ist als anderswo, weil wir die Pflanzen nicht mit Chemikalien hochpuschen. Wir verwenden auch keinerlei Herbizide, und das bedeutet natürlich intensive Arbeit bei der Landbestellung in unserer Großgärtnerei. Aber dafür bekommt man bei uns garantiert unvergiftete Ware." Leise fügte Björn hinzu: „Gegen das Gift, das aus der Luft kommt, sind wir allerdings machtlos."
„Handelt ihr auch mit Eiern?", wollte Annette wissen.
„Ein bisschen", sagte Björn. „Wir haben ungefähr sechzig Hühner, die laufen selbstverständlich frei herum."
„Sehen wir", meinte Lena. „Und die Pfauen ..."
„Oje!", unterbrach Björn. „Die haben wir bloß so. Ich meine: Weil sie so schön sind. Aber die müssen jetzt ganz

schnell in ihren Stall. Sonst wird's zu kalt für die großen Vögel. Ich hab sie ganz vergessen. Das kann passieren, wenn man Besuch kriegt."

Als Björn eine Flügeltür der Orangerie öffnete, stolzierten die beiden Pfauen von selbst in ihre Nachtbehausung. Sie stießen dabei seltsame Kieks-Laute aus. Ihre Krönchen zitterten.

„Ihr habt ja ganz schön viel um die Ohren!" Annette breitete die Arme aus, als wollte sie das gesamte Gehöft umfassen.

„Das haben wir!" Björn nickte. „Ein paar Leute aus der Umgebung arbeiten für uns. Manchmal ist es schon hart. Aber es macht ja auch Spaß. Vor allem: Wir wollten es so. Und nun kommt erst mal mit ins Haus! Die Tiere versorgen wir später. Auch eure tollen Haflinger."

Chantal, Lutz und Longus saßen am Küchentisch, tranken Bier und klönten und tratschten. Auf dem großen eisernen Allesbrennerherd blubberte duftende Gemüsesuppe in einem mächtigen Topf. Chantal hatte auch frisches Brot aus der Vorratskammer geholt, das sie selbst gebacken hatte.

„Auf euer Wohl, Freunde!" Björn hatte sich einen Krug bis zum Rand voll gegossen, sodass der Schaum überquoll, und stieß mit Lutz und Longus an. „Auf euer Wohl, Freundinnen!" Björn prostete den Mädchen zu. „Was wollt ihr denn trinken?"

Chantal schlug selbst abgefüllten Saft von eigenen Obstbeständen vor. Annette und Lena waren sofort einverstanden. Véronique krabbelte quiekend Björn entgegen und rupfte dann an seinem Schnurrbart herum.

„Es wird wieder kalt", sagte Björn, „kalt und sternenklar. Gutes Wetter."

Lutz fragte: „Kann ich mal euer Telefon benutzen? Ich hab Gesine einen Anruf versprochen. Sie sitzt in Göttingen an ihrer Examensarbeit, während ich hier gemütlich Bier trinke."

„Du weißt ja, wo das Ding steht." Björn zeigte zur Tür des Nebenraumes, der als Büro eingerichtet war.

Als Lutz verschwunden war, fragte Lena leise: „Gesine? Wer ist das?" Sie fragte so, als hätte es eigentlich gar nichts weiter zu bedeuten.

Annette kicherte. „Na, wer schon! Du kannst vielleicht doof fragen."

„Ach so!" Lena kicherte auch, doch es fiel ihr schwer, und sie wusste genau, dass sie rot wurde. Irgendwo in ihr drin tat es ein bisschen weh.

Telefonieren schien ansteckend zu sein. Kaum war Lutz wieder in der Küche, da reckte Longus seine hundertneunundneunzig Zentimeter in die Höhe, um ebenfalls ganz dringend jemanden anzurufen.

„Rosemarie büffelt in Münster für ihr Mündliches. In drei Wochen ist sie an der Reihe. Germanistik, Skandinavistik und Soziologie. Völlig beknackte Fächerkombination. Auf der Rückfahrt werde ich sie besuchen."

Als Longus verschwunden war, gluckste Annette: „Lena, jetzt frag mich bloß nicht, wer Rosemarie ist!“

„Keine Sorge“, antwortete Lena. Die verdammten Schmetterlinge! Sie dachte: Warum kann ich nicht vernünftig ticken? Was bilde ich mir eigentlich ein, ich blödes Huhn?

Später fragte Chantal sie, ob sie nicht zu Hause anrufen möchte, weil die Eltern doch sicher gern wüssten, was die Tochter so mache. Lena nickte und ging auch zum Telefon.

Gregor meldete sich. Ja, auf dem Pferdehof laufe alles gut, die Sturmschäden seien beseitigt, Pitt habe den üblichen Bärenhunger, Hanna befinde sich zurzeit bei einer Diskussion über Düsenjägerlärm in der Kreisstadt, Raja gehe es ausgezeichnet. „Und was ist mit dir, Lena?“

Lena dachte einen Augenblick nach.

„Ich glaube, mir geht es gut. Ich hatte eine wunderbare Reise, ich habe tolle Leute kennen gelernt, und ich habe dabei viel Neues erfahren. Wenn ich wieder zu Hause bin, habe ich euch eine Menge zu erzählen.“

Sie tauschten Grüße aus. Gregor versprach, die alte Stute in Lenas Namen zu streicheln. Lena überlegte: Habe ich Heimweh?

Chantal rief zum Abendessen. „Nachher versorgen wir gemeinsam die Tiere, und dann machen wir uns einen gemütlichen Abend. Wir haben uns doch so viel zu sagen nach der langen Zeit!“

Es wurde ein sehr langer Abend. Lena fühlte sich glücklich und traurig zugleich, als sie dann in ihrem Schlafsack lag und die Sterne funkeln sah.

Das Fest

Winzige Schneekristalle flimmerten in den Strahlen der Morgensonne und brachten die Luft zum Glänzen. Der Atemhauch blieb in den Augenbrauen kleben und gefror. Die verharschte dünne Schneedecke auf der Wiese knirschte bei jedem Schritt. Lena und Annette zogen die dick vermummte Véronique im Bollerwagen hinter sich her. Das kleine Mädchen brabbelte endlose Geschichten. Einer der Pfauen schrie kläglich. Die Hühner und die Puten pickten Maiskörner. Tief im Wald hörten sie Tauben gurren.

Das wird ein guter Tag, dachte Lena.

Lutz half Chantal im Haus bei den Festvorbereitungen. Longus war gleich nach dem Frühstück mit dem Caravan zum kleinen Flugplatz nach Greven gefahren, um die drei Gäste aus München dort abzuholen. Björn hatte in einem der Gewächshäuser zu tun. Zwei Esel übten Boxen.

„Nachher müssen wir Motte und Benno ein bisschen bewegen“, sagte Annette und kickte mit der Schuhspitze die Eishauben von den vertrockneten Tomatenpflanzen.

„Ausmisten müssen wir auch.“ Lena schüttelte sich die Anorakkapuze vom Kopf. „Ob’s zu kalt ist für die Kleine?“

„I wo! Solche Winzlinge müssen früh abgehärtet werden. Das ist gesund für die Lungen."
Lena stellte sich in Pose. „Verehrte Zuschauerinnen, verehrte Zuschauer, sie hörten den heutigen Gesundheitstipp der bekannten Kinderärztin Frau Doktor Annette Schulze-Gehling! Und nun folgen die Nachrichten mit der Wettervorhersage."
Die folgten dann allerdings nicht mehr, weil Annette ihre Freundin mit harten Schneebrocken attackierte. Véronique hatte ihre Freude an der Kabbelei der Mädchen. Die Schafe guckten auch zu und schienen zu grinsen.
Als Lena und Annette eine Stunde später mit den Haflingern am Führstrick vom Kiefernhang zum Hof zurückkamen, stand der Caravan im Schuppen. Longus war wieder da!
„Schnell, Lena!", rief Annette. „Wir bringen die Pferde in den Stall, komm! Ich bin neugierig auf die Neuen!"
Fröhliche, laute Stimmen schallten aus der Küche. Die ersten Begrüßungsrituale waren wohl schon vorüber. Longus machte die Ankömmlinge mit Annette und Lena bekannt.
Die Neuen, das waren Angelika, ihr Bruder Gabriel und dessen Freundin Esther. Gabriel, stämmig, athletisch und mit schulterlangen Locken, redete mit dröhnender Bassstimme. Die schmale Esther mit den ovalen Brillengläsern und der olivfarbenen Haut brachte höchstens die Hälfte von Gabriels Gewicht auf die Waage. Angelika

war offenbar älter als ihr Bruder und hatte einen herben Zug um den schmallippigen Mund, doch das fröhliche Blitzen in ihren Augen wirkte fast wie ein Widerspruch dazu. Lena fand Angelikas Gesicht ungemein anziehend. Sie suchte nach dem richtigen Wort dafür, fand es aber nicht.

Gabriel sagte: „Liebe Freunde, das war Millimeterarbeit! Wenn unser Alter uns nicht die Flugtickets zu Weihnachten spendiert hätte, wären wir schön angeschmiert gewesen. Angelika hat seit Monaten keinen Pfennig Gage gesehen, weil das Fleckerl-Theater wieder mal pleite ist, Esther hat ihren Scheck aus Tel Aviv noch nicht bekommen, und ich armer Hund von Assistenzarzt nage sowieso am Hungertuch. Aber jetzt sind wir ja da!“

„Trinken wir auf das Wohl unseres Alten!“, schlug Angelika vor. „Dem grantigsten Vater mit dem goldenen Herzen!“

Alle griffen nach ihren Begrüßungsschnapsgläschen und nur Lena und Annette standen mit leeren Händen da. Das machte ihnen aber nichts.

Lena und Anette erfuhren, dass der gemeinsame Spaziergang durch den Wald und über das Hochmoor fester Bestandteil der Treffen im Hexenhaus war.

Dieses Mal lud das Wetter in besonderem Maße zum Wandern ein. Manchmal, wenn einer etwas sehr Wichtiges zu berichten hatte, blieben alle stehen und stellten

sich im Kreis zusammen, diskutierten, berieten, schimpften und lachten.
Esther, die in München Sozialpädagogik studierte, erzählte von einem aktuellen Fall schlimmer Tiermisshandlungen. Zusammen mit anderen Tierschützern war sie dem Besitzer eines Trabergestüts auf die Schliche gekommen, der mehr als zwanzig Pferde in total verwahrlostem Zustand ohne Pflege und Futter in einen Stall eingeschlossen hatte. Die Tiere waren nur noch Haut und Knochen gewesen, als man mit Hilfe der Polizei die Türen gewaltsam öffnete. Einige Pferde mussten getötet werden. Die Leute in der Umgebung hatten angeblich nichts gemerkt. Doch nun war endlich der Staatsanwalt tätig geworden. Esther wusste aber auch von einem schönen Ereignis zu berichten. Nach dem Vorbild einer Frau im Sauerland, die ein großes Gelände als neues Zuhause für alte und herrenlose Hunde eingerichtet hatte, waren junge Leute auf der Schwäbischen Alb aktiv geworden und kümmerten sich unter fachlicher Leitung um alte Pferde, die auf einem Einödhof eine Heimat gefunden hatten, und eine Schule und ein Verlag hatten die Patenschaft übernommen.
Dann, als die anderen ihre Berichte beendet hatten, forderte Lutz Lena auf, vom neuen Leben auf dem Pferdehof zu erzählen. Lena überwand ihre Scheu sehr schnell, denn sie war ja unter Freunden, und sagte alles, was ihr einfiel. Klar, dass Raja dabei die Hauptrolle spielte!

Natürlich bekam Lutz eine Menge Beifall, weil er ganz zünftig mit dem Planwagen zum Jahrestreffen angereist war, doch er gab das Lob an die beiden Mädchen weiter. „Also, damit die Sache auch ihre Richtigkeit hat! Die Idee stammt von Annette und das Fuhrwerk stammt vom Pferdehof. Ich bin bloß der Kutscher.“
Sie erzählten von ihren Plänen und persönlichen Schwierigkeiten, von Erfolgserlebnissen und kleinen privaten Dingen, plauderten in Grüppchen oder Zweiergesprächen, und Lena und Annette lernten diese jungen Leute allmählich kennen, die sich damals beim Sitzstreik angefreundet hatten. Sie schlenderten über Wildpfade, stapften durch angefrorenes Laub, überquerten zwischen Birken und Ginsterstauden das Hochmoor. In einer Art Rucksack hockte Véronique auf Björns Rücken und summte ganz leise vor sich hin.
Der Raureif hatte Gräser und Büsche verzaubert. In den Gräben gleißte das Eis. Lena dachte: Hoffentlich hört unser Rundweg niemals auf. Ich könnte tagelang so gehen.
Esther ließ die Arme wie Propeller kreisen. „Mir wird langsam kalt. Ein heißer Tee wär jetzt nicht schlecht.“
Gabriel schlang den Arm um die Freundin. „Gleich sind wir im Hexenhaus, da bullert ein heißer Ofen, und da kriegst du auch deinen Tee, du Zittertante, du.“
Lena zeigte auf die Baumwipfel hoch. „So viele Tannenzapfen hab ich noch nie gesehen! Schön sieht das aus.“

Lutz knurrte unwillig. „Lass dich nicht täuschen, Lena! Das sind Paniktriebe. Die meisten Bäume hier im Teutoburger Wald sind nicht mehr gesund. Aber wir sollten das Thema jetzt nicht noch weiter vertiefen, denn ab jetzt wird gefeiert."

Ein kleiner Trecker parkte vor dem Hexenhaus. Im Näherkommen sah Lena einen Mann mit Pudelmütze, der einen großen Grill vom Anhänger lud.

„Hallo, Ansgar!", rief Chantal. Zu Lena und Annette sagte sie: „Ansgar ist ein guter Freund von uns. Er betreibt im Dorf eine Reparaturwerkstatt für Landmaschinen. Wenn er uns nicht schon so oft geholfen hätte, wären wir mit unserem Betrieb ganz schön baden gegangen. Von technischen Dingen hatten Björn und ich am Anfang überhaupt keine Ahnung."

Ansgar zeigte zum Hausdach hinauf. „Ihr habt ganz enorm Schwein gehabt, Chantal. Euch hat der Sturm verschont."

Chantal lächelte. „Vielleicht hat uns die gute Hexe beschützt. Hast du Heike nicht mitgebracht?"

„Sie kommt etwas später." Ansgar stellte den Grill vor dem Hauseingang auf. „Soll ich schon anheizen?"

„Aber sicher!", rief Björn. „Bis die Glut richtig ist, dauert's glatt zwei Stunden. Ich schätze, die Leutchen hier werden bald vor Hunger schreien."

Sofort stieß Longus einen Schrei aus. Angelika fasste sich wie gequält an den Magen. Alle trampelten sich den

Schnee von den Schuhen und strebten ins Haus, wo Lutz das Bierfässchen angestochen hatte. Annette und Lena kochten in der Küche das Spezialgetränk aus Früchtetee und Säften und Gewürzen. Esther und Angelika wurden vom Duft angezogen. Sie machten sich nichts aus Bier.

Hentschel und seine Frau trafen ein und brachten einen Topf Kartoffelsalat mit.

Mit einem uralten VW-Bus kamen junge Leute aus dem Dorf getuckert, brachten Gelächter ins Haus, bewegten sich ungezwungen, spielten mit Véronique und schleppten dann Eichenscheite und Strohballen aus dem Gerätehaus heran und entzündeten auf dem Vorplatz ein Feuer. Der Eisenofen in der Küche, das Kaminfeuer in der Diele, die Flammen unter den Grillkohlen und das große Feuer vor dem Haus: Eine Wärmezone entstand an diesem kalten Spätnachmittag, die eine wundersame Stimmung verbreitete.

Annette stieß Lena an. „Träumst du?“

„Ein bisschen“, sagte Lena. „Ja, ein bisschen träume ich.“

Lutz und Chantal hatten am Vormittag verschiedene Salate gemacht, Fleischstücke geschnitten und Würste zurechtgelegt. Die Brotlaibe dufteten würzig, und als dann das Feuer im Grill zu heißer Glut geworden war, legten Gabriel und Annette Kartoffeln und Äpfel zum Garen auf den Rost. Fett spritzte, Würstchen zischelten, Musik ertönte aus der Diele.

Gabriel verkündete, ein wirklich guter Rotwein-Punsch könne selbstverständlich nur von einem Mediziner hergestellt werden, und so machte er sich, assistiert von Longus, an die Arbeit. Der große Kessel auf dem Herd war bald von Neugierigen umstellt.

„Aber mach das Gesöff nicht zu stark!“, forderte Esther.

„Anweisungen an einen der erfahrensten Punschbrauer der Welt!“ Gabriel tat empört. „Hört bloß nicht auf das Weib! Vertraut dem Meister! Verraten euch eure Nasen nicht, dass hier etwas Göttliches entsteht?“

„Was ist denn da alles drin?“, fragte eine Frau skeptisch. Alle Gifte, die ein Hexenhaus halt zu bieten habe, antwortete Gabriel, den Rest verrate er aber nicht. Und während er mit der linken Hand Gewürze in den siedenden Wein streute, schüttete er mit der rechten Hochprozentiges aus einer bauchigen Flasche dazu.

„Riecht wie im Krankenhaus“, bemerkte Lutz.

„Man merkt, dass du noch nie in einem Krankenhaus warst“, gab Gabriel zurück. „Und nun stört mich nicht, denn der Meister muss sich konzentrieren.“

„Das Fleisch wird allmählich gar!“, rief Ansgar von draußen. „Und zehn Würstchen sind auch schon fertig. Die hungrigsten Figuren können schon mal antraben. Bringt euch Senf mit!“

Teller, Gläser und Bestecke waren auf einer langen Bank in der Diele bereitgestellt. Munteres Getümmel begann. Die einen umlagerten den Grill, die anderen drängten

sich in der Küche, wo Gabriel mit einer Schöpfkelle das dampfende Gebräu ausschenkte.
Lena genoss das fröhliche Durcheinander. Den Grund wusste sie nicht genau, doch sie mochte all diese Leute, von denen sie einige gerade erst kennen gelernt hatte und von denen ihr andere nicht einmal mit dem Namen bekannt waren. Vielleicht war es die offene Art, in der dieses Völkchen plauderte, fragte, berichtete und schmauste.
Annette häufte sich Unmengen Nudelsalat auf einen großen Teller. „Da sind Kapern drin“, erklärte sie Lena. „Hmm... Für Kapern würd ich glatt meine Großmutter verkaufen.“
„Das verrate ich Oma Toni“, sagte Lena, „und dann wirst du enterbt. Hast du den Radieschensalat schon mal probiert?“
„Nee, aber den kalten Käseauflauf. Allererste Spitze!“
Also machte Lena sich an den Käseauflauf heran. Sie fand Annettes Urteil bestätigt, probierte anschließend den Möhrensalat und das Knoblauchbrot und verputzte auch noch ein paar gefüllte Zucchini. Ihr Spezialgetränk war inzwischen von mehreren Frauen gelobt worden. Von den Männern hatte kaum einer daran genippt. Typisch, dachte Lena, bei denen muss immer Alkohol im Spiel sein.
Beim großen Feuer hatten inzwischen die ersten Tänzerinnen und Tänzer die dicken Jacken abgestreift. Lena erkannte die Rhythmen aus Orfeo Negro. Chantal legte

die Platten auf. Björn brachte derweil die kleine Véronique zu Bett, und das nahm eine Menge Zeit in Anspruch. Als er später aus dem Haus kam, brachte er eine Hand voll Zigarren mit, doch nur Gabriel, Hentschel und er selber wollten rauchen.

Angelika stand ein wenig abseits mit ihrem Punschglas. Sie schirmte mit der Hand die Augen gegen das Licht des Feuers ab und schaute zum Sternenhimmel hinauf. Plötzlich wusste Lena das Wort, das ihr zuerst nicht eingefallen war: Schön! Angelikas Gesicht war einfach schön.

Auf einmal nahm einer der Jungen aus dem Dorf Lena bei der Hand. „Komm schon!“, bat er. „Oder willst du nicht tanzen?“

„I-i-i-ich kann doch gar nicht tanzen“, stammelte Lena verwirrt. Doch da war sie schon hineingezogen in das Gequirle und Gewoge beim Feuer. Sie spürte, wie sich die Bewegungen der anderen auf sie übertrugen, das war fast wie ein gemeinsames Atmen. Nur dann oder wann fühlte sie die Hände des Jungen mit der Baskenmütze, dann war auf einmal Longus vor ihr, dann Lutz und dann Björn. Sie tanzte auch mit Esther und Chantal, und eigentlich tanzten sie alle miteinander. Als sie Annettes Stimme dicht an ihrem Ohr hörte, musste sie lachen.

„Macht’s dir Spaß?“, rief Annette.

Lena nickte nur. Sie schloss die Augen und bewegte sich ganz leicht zu den schwingenden Takten einer Handtrommel, dann röhrte ein Saxophon auf. Jemand nannte den Namen Gerry Mulligan, doch den hatte Lena noch nie gehört. Lena erfuhr ein Lebensgefühl, das ihr bis jetzt unbekannt gewesen war. Sie dachte an Lutz und an Longus, gab sich Mühe, die Gesichter der beiden aus der Vorstellung zu streichen, schaffte es aber nicht. Lutz tanzte mit Chantal, Longus war im Haus, um die nächste Platte auszusuchen, Gabriel hatte die Arme um Esther geschlungen. Eine junge Frau tanzte weltvergessen für sich ganz allein am Rande des Feuerscheins. Hentschel brachte den Trinkern Nachschub.

Und danach hatte Lena den dringenden Wunsch, die Haflinger im Stall zu besuchen. Als ob sie auf diese Weise in dieser merkwürdigen Stunde eine Beziehung zum Pferdehof herstellen müsste: So kam ihr das vor.

Niemand schien es zu merken, dass Lena den Kreis der Feiernden verließ. Die Musik war im niedrigen Stall nur schwach zu vernehmen. Die kleinen Esel schauten von ihrem Strohlager auf, als Lena hereingeschlüpft kam. Sie erhoben sich aber nicht. Motte und Benno gaben mit leisem Schnauben zu verstehen, dass sie Lena erkannt hatten. Lena wühlte mit den Händen in den Mähnen der Haflinger. Sie fühlte sich wohlig müde. Sie atmete den Geruch ein, der von den Pferden ausging. Ein Schaf blökte klagend im Schlaf.

Als Lena den Stall verließ, sah sie Longus im Dunkeln stehen. Er betrachtete intensiv den Sternenhimmel, der zu vibrieren und zu fließen schien.

„Hallo, Lena!", rief Longus leise. „Guck dir den Orion an! Mein Lieblingssternbild. Er war der griechischen Sage nach ein schöner Jüngling und ein gewaltiger Jäger, aber Artemis hat ihn getötet. So eine blöde Kuh! – Da, erkennst du ihn? Der Gürtel, das Schwert, die Schultersterne. Sogar vom Orionnebel ist was zu sehen. Es ist wunderbar klar in dieser Nacht."

Lena sagte: „Mein Lieblingssternbild ist die Große Bärin. Ich muss dann immer an Peterchens Mondfahrt denken. Sehr kitschig?"

„Aber wieso denn?" Longus sprach sehr ernst. „Warum sollen in unseren Träumen nicht die Märchengestalten herumspuken? Der Alltag ist doch so schrecklich vernünftig, dagegen müssen wir unsere Träume setzen, sonst werden wir meschugge. Wenn wir die Große Bärin anschauen wollen, müssen wir uns allerdings umdrehen."

„Weiß ich doch", sagte Lena. „Die ist im Norden, und wenn wir die Achse der hinteren Sterne fünfmal verlängern ..."

„... dann sehen wir den Polarstern."

Sie kicherten beide und schlenderten zum Feuer zurück, das zu dunkler Glut zusammengefallen war. Lena erkannte die Musik: The Soul Cage von Sting. Manche der Tänzerinnen und Tänzer waren ein bisschen beschwipst, und alle bewegten sich nun ruhiger. Sie hatten einander die Hände auf die Schultern gelegt und einen großen Kreis gebildet. Lena und Longus reihten sich ein.

Später holte Chantal eine Gitarre aus dem Haus und sang französische Lieder: die Ballade von den Matrosen von Groix, das Lied vom Leuchtfeuer von Saint Malo und zum Schluss *Au clair de la lune*. Alle, die die Melodien und ein wenig vom Text kannten, sangen und summten mit. Gabriels Bassstimme dröhnte immer einen Viertelton zu tief.
Zeit zum Schlafengehen!
Die Leute aus dem Dorf zogen still davon.
Ansgar sagte: „Lasst das Feuerchen einfach ausbrennen. Es geht kein Wind. Da kann nichts passieren. Wir helfen dann alle beim Aufräumen und Spülen und so. Ehrensache. Aber jetzt brauche ich erst mal 'ne Mütze Schlaf."
Angelika hatte sich auf dem Matratzenlager bei Annette und Lena einen Schlafplatz gesucht. Sie atmete nun ruhig, als Lena als Letzte in den Schlafsack kroch. Aus den anderen Zimmern waren noch eine Weile Geräusche zu hören, dann wurde es still im Hexenhaus.
Lena beugte sich zu Angelika hinüber und betrachtete sekundenlang ihr friedliches Gesicht im fahlen Sternlicht. Sie dachte: Dass sie Schauspielerin ist! Ich weiß so wenig über diese Frau. Hoffentlich sehe ich sie im nächsten Jahr wieder.
„Leg dich endlich hin!", wisperte Annette.
Lena hatte noch eine von Chantals Melodien im Kopf, die nahm sie mit in ihren Schlaf.

Wieder daheim!

Ach, diese heiter-traurigen Abschiede, bei denen einem zum Lachen und Tränenzerdrücken ist! Vorbei das Fest, vorbei die Stunden mit den neuen Freunden, vorbei die Zeit im Hexenhaus. Und während es irgendwo ums Herz herum noch wehtut, weil das Erlebte so stark nachklingt, flattern die Schmetterlinge schon wieder aufgeregt im Magen herum, weil es heimwärts geht.

Jedenfalls empfand Lena das an diesem Morgen so, als sie mit Annette und Lutz auf den Kutschbock kletterte. Beim Frühstück waren alle ziemlich schweigsam gewesen und hatten reichlich zerknittert ausgeschaut. Kunststück nach solch einer Nacht! Aber Björns starker Kaffee weckte die Lebensgeister allmählich. Ansgar war auch gekommen und hatte knusprige Brötchen mitgebracht.

Dann war nervöse Aufbruchstimmung ausgebrochen, die steckte an, die machte alle hastig und etwas albern. Véronique spürte das und plärrte. Lutz hatte schon früh die Haflinger versorgt und angeschirrt. Obwohl es keinen wirklichen Grund gab, hatte er die Mädchen zur Eile angetrieben.

Lutz knallte kunstvoll mit der Peitsche. „Los, Motte! He, Benno! Auf geht's!“ Als die Pferde sich ins Geschirr legten und den Planwagen zum Rollen brachten, stieg Lutz auf die Sitzbank und drehte sich noch einmal den Freunden zu. „Wir sehen uns wieder! Freunde, wir sehen uns wieder!“

Annette und Lena winkten, doch sie schauten sich nicht um. Der Kloß im Hals machte die Stimme fremd. „Lebt wohl! Lebt wohl!“

Und bis zum Waldrand klangen ihnen die Rufe nach von Björn und Chantal, von Angelika, Esther und Gabriel, von Ansgar und vom langen, langen Longus. Véroniques Stimmchen war längst nicht mehr zu hören. Die Pferde gewannen offensichtlich rasch Gefallen an ihrem flotten Tempo. Lutz musste sie energisch zurückhalten auf dem abschüssigen Waldweg. Holzarbeiter schauten dem Fuhrwerk zu und riefen ihnen allerlei Blödsinn zu. Nach der klaren Nacht war Dunst aufgekommen. Die Temperatur stieg merklich. Die Schneeflächen schienen zu schrumpfen und wirkten im schräg einfallenden Licht beinahe blau. Lutz pfiff das Lied von den Matrosen von Groix. Den Kehrreim schmetterte er mehr laut als schön: „Mon traderi tra, tralata! Mon traderi tra lanlère …“

In das Gesinge und Gepfeife hinein fragte Annette: „Mal ganz ehrlich, Lena, hat sich die Reise gelohnt?“

Lena lächelte, sie überlegte einen Augenblick. „Die Reise ist ja noch nicht zu Ende“, sagte sie, „wir sind noch nicht wieder zu Hause.“ Aber das war nicht ganz richtig so. Lena legte der Freundin die Hand auf den Arm. „Und ob die Reise sich gelohnt hat! Ich werde das alles nicht vergessen."

„Ich auch nicht", antwortete Annette leise.

Lutz hatte für die Heimfahrt eine andere Route ausgesucht. Nördlich von Bad Iburg fuhren sie unterhalb des Dörenbergs auf den Ort Lienen zu. Dunkelgrauer Matsch spritzte, wenn Autos überholten. Die Beine der Pferde glänzten nass und schwarz. Ein Hof im Kattenvenn war das Tagesziel.

Die Leute vom Sägewerk waren mit den Schulze-Gehlings zwar nicht verwandt, doch es gab anscheinend starke familiäre Bindungen: Lutz und Annette duzten sich mit den Großeltern, Eltern und Kindern der Familie Averesch. Es gab wohl fünf Kinder. Lena überschaute das Gequirle der fröhlichen Schar nicht ganz.

Hatte Lutz den van Oyes auf der Hinfahrt nicht auch einen Besuch auf der Rückreise zugesagt?, überlegte sie zwischendurch, vergaß es dann aber gleich wieder, wie auch Lutz das Versprechen wohl vergessen hatte. Oder war das vielleicht nur eine Floskel gewesen, die garnicht ernst gemeint war?

Beim Abendbrot und beim allgemeinen Geplauder war Lena nicht bei der Sache. Alles ging ihr nun nicht schnell genug. Sie brannte darauf, nach Hause zu kommen. Auf einer ausziehbaren Couch in einem kühlen Büroraum schlief sie neben Annette, wälzte sich unruhig, träumte

auch von bissigen Zwergeseln und sturmzerzausten Wäldern und kam erst gegen Morgen wirklich zur Ruhe.
„Das war der letzte Schlaf in diesem Jahr!“, kreischte Annette, als sie Lena aufweckte. „Weißt du nicht, was für einen Tag wir haben?“
Die verdutzte Lena wusste zunächst nicht einmal, wo sie sich befand. Doch dann begriff sie. „Silvester!“
„Ja, du Schlafwagen! Silvester ist heute. Schnupper mal! Riechst du auch Spiegeleier und Speck? Raus aus der Schlafkoje, Lena! Bald sind wir zu Hause.“
Johlend begleiteten die Kinder vom Sägewerk die trabenden Haflinger bis zur Landstraße.
„Und bestellt zu Hause gute Wünsche zum neuen Jahr!“, rief Frau Averesch dem Wagen nach.
„Machen wir!“, schrie Lutz gegen den Lärm der Kinder an. „Und danke für die Gastfreundschaft!“
Bald erreichten sie Landschaften, die ihnen vertraut waren. Die Pferde spürten das und Annette und Lena erst recht. Lutz machte altkluge Bemerkungen über die Aufgeregtheit der Mädchen, doch die tuschelten unbeeindruckt weiter. Lena hatte sich auf der Heimfahrt ganz bewusst auf den rechten Außenplatz gesetzt, obwohl sie sich über den Grund dafür nicht recht klar war. Sie ahnte jedoch, dass es mit ihr selbst zu tun hatte und nicht mit Lutz. Entspannt lauschte sie dem Klappern der Hufe und dem Summen der Wagenräder auf der nassen Straße.
„Gutes Stündchen noch“, sagte Lutz.

Annette zeigte zu den Wespenbussarden hoch, die auf der Spitze einer Zitterpappel thronten. „Das ist das Begrüßungskomitee!"
Am frühen Nachmittag erreichten sie den Pferdehof. Die hölzernen Pferdeköpfe am Hausgiebel schienen zu wiehern – jedenfalls empfand Lena das so. Heim zu kommen: so stark hatte sie das vorher nie erlebt.
Als die Räder auf dem Kies knirschten, sprang die Haustür auf. Pitt und Ronja kamen gleichzeitig die Stufen heruntergepurzelt. Die Wuschelhündin überschlug sich fast vor Freude. Dann erschien auch Hanna unter der Tür und winkte.
„Hallooo!", brüllte Pitt. „Habt ihr mir was mitgebracht?"
Annette und Lena schauten sich betreten an. Daran hatten sie wirklich nicht gedacht. Aber Lutz wusste Rat. Er klopfte auf die Klappe der Sitzbank. Im Kasten waren doch noch die Butterbrote, die Mutter Averesch geschmiert hatte. Pitt und Ronja freuten sich über die zusätzliche Mahlzeit.
„Die habt ihr extra für mich mitgebracht?", fragte Pitt freudig erregt. „Alle diese Butterbrote? Mensch, mit Schinken und mit meiner Lieblingsleberwurst! Danke!"
Die Haflinger hielten an. Sie wippten mit den Köpfen, ihre Nüstern dampften. Hanna streichelte ihre Flanken und nahm ihre zärtlichen Nasenstüber entgegen.
„Wie war die Reise?", fragte Hanna.

„Gut!“, riefen Lutz und Annette und Lena zugleich.
„Ich hab euch so viel zu erzählen!“, fügte Lena hinzu, als sie vom Bock gesprungen war und der Mutter einen Kuss auf die Backe drückte. Spontan wollte sie auch Pitt umarmen, doch der ergriff entsetzt die Flucht. Die Wuschelhündin konnte sich nicht recht entscheiden, ob sie noch weiteres Begrüßungsgehopse vollführen oder besser zu Pitt mit den Butterbroten laufen sollte.
„Wirklich, es war eine gute Reise“, sagte Lutz zu Hanna. „Wir hatten schöne Tage bei guten Freunden. Was will man mehr?“
„Das ist sehr viel“, entgegnete Hanna ernst.
„Und wie war's hier bei euch?“, wollte Lena wissen.
„Wie immer“, sagte Hanna. „Aber du hast uns natürlich gefehlt. Und ehe du weiterfragst: Raja ist gesund und munter. Xerxes und Mux hatten zweimal Streit. Sturmwind ist auf Sparration gesetzt worden, weil der Bursche nach Tewes' Meinung zu fett geworden ist. Ach ja, deinem Vater geht es auch gut, falls dich das interessiert. Da kommt er gerade.“
Gregor hatte die letzten Sätze gehört. Zusammen mit Ioannis transportierte er mit einer Schubkarre Kaminholz von der Scheune zum Wohnhaus. „Typisch!“ Er lachte laut. „Erst wird über das Befinden der Tiere schwadroniert, und dann verliert man so nebenher auch mal ein Wort über den ollen Vater. Na, ich bin's ja gewöhnt. Hallo, Lutz! Hallo, Annette! Wie mein trübes

Auge feststellt, sind alle Beteiligten wohlbehalten heimgekehrt. Prima! Wollen wir ins Haus gehen?"

Lutz und Annette hatten es aber eilig, zum Hof von Schulze-Gehling zu kommen, und darum waren sie dankbar, dass Hanna sofort den Volvo aus der Scheune holte. Während Lutz noch mit Gregor über die Stationen der Fahrt sprach, luden Lena und Annette schon das Gepäck vom Planwagen und verstauten die Reisetaschen und die Schlafsäcke von Lutz und Annette auf der Ladefläche des Volvo.

„Zum Erzählen haben wir noch 'ne Menge Zeit", sagte Annette zu Hanna. „Die Ferien sind ja noch nicht zu Ende. Und jetzt freue ich mich auf unseren Hof. Und besonders auf Odin!"

„Darf ich die Haflinger ausspannen?", fragte Ioannis.

„He, ich helfe mit!", schrie Pitt mit vollem Mund.

„Aber vorsichtig!", mahnte Gregor.

„Und reibt die Pferde gut trocken!", erinnerte Hanna.

„Das wissen wir doch alles", erklärte Pitt. „Wir sind ja schließlich keine Kinder mehr. Wir sind Spezialisten."

„Genau", bestätigte Ioannis, „wir sind Spezialisten."

„Das hab ich doch schon mal irgendwann gehört", murmelte Gregor. „Hatte das nicht mit einem beleuchteten Weihnachtsbaum zu tun?" Er nahm Lenas Tasche und den Schlafsack. „Ich trage die Sachen ins Haus, einverstanden? Ich weiß doch, wohin du jetzt erst mal ganz dringend laufen musst."

„Aufs Klo?“, fragte Pitt.
„Käsekopp!“ Lena tippte sich an die Stirn. „Zu Raja natürlich.“
„Sehen wir uns morgen?“, fragte Annette.
„Logo.“ Lena klatschte die Handflächen gegen die der Freundin. „Dann müssen wir uns doch ein gutes neues Jahr wünschen – und ganz viel erzählen.“
„Tschüss zusammen!“, rief Lutz aus dem Seitenfenster.
Lena winkte dem Volvo nach. Eigentlich wollte sie sich bei Lutz bedanken, doch auf einmal fühlte sie sich merkwürdig unsicher. „Wahrscheinlich weiß Lutz doch auch so, dass er mir mit dieser Reise eine große Freude bereitet hat“, dachte sie.
Und dann rannte Lena zum Pferdestall und schlang die Arme um Rajas Hals und lachte unter Tränen. „Raja, gute alte Raja, ich bin wieder bei dir! Frag mich nicht, warum ich heule, hörst du? Ich weiß es nämlich selber nicht.“
Sie hatte der alten Stute so viel zu erzählen: von den neuen Freunden, von ihren Gesprächen und Erfahrungen, von der Reise und vom Hexenhaus. Lena flüsterte: „Ich denke jetzt über viele Dinge schärfer und genauer. Ich habe viele Gedanken der Freunde in meine eigenen Gedanken aufgenommen. Ich bin ein bisschen älter geworden. Verstehst du das, Raja?“
Raja schnaubte leise und zeigte die Zähne. Dass dies Lachen bedeutete, wusste nur Lena. Und Lena verstand

auch, was Raja ihr mitteilen wollte: Hör mal, Lena, ich wär für einen kleinen Ausritt. Was hältst du davon?

„Ja", sagte Lena, „wir machen jetzt zusammen einen kleinen Ausritt. Und unterwegs erzähle ich dir die ganze Geschichte von meiner Winterreise."